"一带一路"沿线国家教育政策法规研究丛书

越南、老挝、泰国、柬埔寨、缅甸
教育政策法规

主编 / 张德祥 李枭鹰

编译 / 王喜娟 苏婷婷 韦洁璨 唐敏莉 齐小鹏 刘玉成

大连理工大学出版社
Dalian University of Technology Press

图书在版编目(CIP)数据

越南、老挝、泰国、柬埔寨、缅甸教育政策法规 /
王喜娟等编译. — 大连：大连理工大学出版社，2020.11
  ("一带一路"沿线国家教育政策法规研究丛书 /
张德祥，李枭鹰主编)
  ISBN 978-7-5685-2386-8

  Ⅰ.①越…　Ⅱ.①王…　Ⅲ.①教育政策－东南亚②教
育法令规程－东南亚　Ⅳ.①D933.021.6

  中国版本图书馆 CIP 数据核字(2019)第 243080 号

YUENAN LAOWO TAIGUO JIANPUZHAI MIANDIAN
JIAOYU ZHENGCE FAGUI

大连理工大学出版社出版
地址：大连市软件园路 80 号　　邮政编码：116023
发行：0411-84708842　　邮购：0411-84708943　　传真：0411-84701466
E-mail：dutp@dutp.cn　　　URL：http://dutp.dlut.edu.cn
上海利丰雅高印刷有限公司印刷　　　　大连理工大学出版社发行

幅面尺寸：185mm×260mm　　　印张：15.25　　　字数：320千字
2020 年 11 月第 1 版　　　　　2020 年 11 月第 1 次印刷

责任编辑：于　泓　　　　　　　　　　　　责任校对：白　璐
封面设计：奇景创意

ISBN 978-7-5685-2386-8　　　　　　　　定　价：106.00 元

总　序

　　共建"一带一路"是中国提出的伟大倡议，也是中国与"一带一路"沿线国家的共同愿望。"一带一路"倡议出自中国，却不只属于中国，而属于"一带一路"沿线所有国家，乃至全世界。中国是"一带一路"的倡导者和推动者，沿线所有国家是"一带一路"的共商者、共建者和共享者。

　　为推进共建"一带一路"伟大倡议，让古丝绸之路焕发新的生机与活力，以新的形式使亚欧非各国联系更加紧密，互利合作迈向新的历史高度，中国政府于 2015 年 3 月 28 日发布了《推动共建丝绸之路经济带和 21 世纪海上丝绸之路的愿景与行动》，强调"一带一路"是促进共同发展、实现共同繁荣的合作共赢之路，是增进理解信任、加强全方位交流的和平友谊之路。中国政府倡议，秉持和平合作、开放包容、相互借鉴、互利共赢的理念，全方位推进务实合作，打造政治互信、经济融合、文化包容的利益共同体、命运共同体和责任共同体。

　　为贯彻落实《推动共建丝绸之路经济带和 21 世纪海上丝绸之路的愿景与行动》，2016 年 7 月 13 日中华人民共和国教育部牵头制定了《推进共建"一带一路"教育行动》。该文件指出，推进共建"丝绸之路经济带"和"21 世纪海上丝绸之路"，为推动区域教育大开放、大交流、大融合提供了大契机。"一带一路"沿线国家教育加强合作、共同行动，既是共建"一带一路"的重要组成部分，又为共建"一带一路"提供人才支撑。中国愿与沿线国家一道，扩大人文交流，加强人才培养，共同开创教育的美好明天。

　　自共建"一带一路"倡议提出至 2019 年 8 月底，已有 136 个国家和 30 个国际组织与中国签署了 195 份共建"一带一路"合作文件。"一带一路"是一个多极的和多文化的世界，无论是政治、经济、文化、教育、生态还是种族、民族、宗教、习俗等，不同国家或地区之间存在这样或那样的差异。因此，只有全面了解民间需求与广泛民意、消除误解误判，只有国家的学者、企业家、政府部门、民间组织和民众充分理解各国的国际关系、宗教信仰、历史文化、风俗习惯、法律法规和民心社情，才能更好地推动"一带一路"建设。也就是说，"一带一路"沿线国家建立政治互信、经济融合、文化包容的利益共同体、命运共同体和责任共同体，必须根基于沿线国家间的"文化理解或认同"，而这又与教育尤其是高等教育的交流合作密切相关。

　　教育政策法规是了解一个国家教育发展状况和治理水平的重要窗口,是各国之间教育合作交流的基本依据。为此,教育部牵头制定的《推进共建"一带一路"教育行动》呼吁沿线国家"加强教育政策沟通",即通过开展"一带一路"教育法律、政策协同研究,构建沿线各国教育政策信息交流通报机制,为沿线各国政府推进教育政策互通提供依据与建议,为沿线各国学校和社会力量开展教育合作交流提供政策咨询;积极签署双边、多边和次区域教育合作框架协议,制定沿线各国教育合作交流国际公约,逐步疏通教育合作交流政策性瓶颈,实现学分互认、学位互授联授,协力推进教育共同体建设。

　　大连理工大学切实贯彻《推进共建"一带一路"教育行动》的精神,精心谋划和大力支持"一带一路"教育研究。该校原党委书记张德祥教授带领课题组成员克服文本搜集、组建团队、筹措经费等多重困难,充分发挥学校高等教育研究院、"一带一路"高等教育研究中心、中俄暨独联体合作研究中心以及教育部国别和区域研究中心"独联体国家研究中心"的优势和特色,积极参与和服务于"一带一路"的推进和共建,编译"一带一路"沿线国家教育政策法规,并在国内率先开展"一带一路"沿线国家教育政策法规研究,具有很好的教育发展战略意识和强烈的服务国家发展战略的责任感和使命感。中国高等教育学会大力支持这项工作,将"'一带一路'国家高等教育政策法规研究"立项为2016年高等教育科学研究"十三五"规划重大攻关课题,并建议课题组首先聚焦于编译"一带一路"沿线国家的教育法、高等教育法以及教育中长期发展规划等,及时为国家推进共建"一带一路"教育行动搭建教育政策沟通桥梁。该课题组根据中国高等教育学会专家组的意见,组织力量,编译了这套《"一带一路"沿线国家教育政策法规研究丛书》。作为中国高等教育学界的一名老兵,看到自己的学生们带领国内一批青年学者甘于奉献、不辞辛劳、不畏艰难,率先耕耘在"一带一路"沿线国家教育研究这片土地上,我由衷地感到欣慰。同时,大连理工大学出版社全力支持这套丛书的出版,不遗余力地为丛书的出版工作提供支持,使这套丛书能及时出版发行。最后,我真诚地希望参与这项工作的师生们努力工作,高质量、高水平地把编译成果呈现给"一带一路"的教育工作者。

　　是为序。

潘懋元于厦门大学高等教育研究中心

2019 年 9 月 10 日

前　言

　　2015 年 3 月 28 日《推动共建丝绸之路经济带和 21 世纪海上丝绸之路的愿景与行动》和 2016 年 7 月 13 日《推进共建"一带一路"教育行动》的相继颁布,将"政策沟通"置于"五通"之首,让我们意识到编译《"一带一路"沿线国家教育政策法规研究丛书》的重要性和紧迫性。对我们来说,承担这一艰巨任务是一种考验,更是一种使命。

　　2016 年中国高等教育学会组织申报高等教育科学研究"十三五"规划课题,将"'一带一路'背景下我国高等教育国际化研究"列入重大攻关课题指南。我们在这个框架之下组织申报的"'一带一路'国家高等教育政策法规研究",获得了中国高等教育学会专家组的认可和支持,这对我们是极大的鞭策和鼓励。2016 年 11 月,我们认真筹备和精心谋划,参加了中国高等教育学会组织的开题论证工作,汇报了课题的研究设想。听取了专家组的宝贵意见后,我们及时调整了课题研究重心。我们考虑首先要聚焦于编译"一带一路"沿线国家教育政策法规,因为,我们对许多国家的高等教育政策法规还不了解,国内也缺乏这方面的资料。编译这些资料既可以为我们日后的研究打下基础,也可以为其他研究者和部门进行相关研究、制定政策提供基础性的资料和参考。于是,我们调整了工作思路,即先编译,然后再进行研究。同时,考虑到许多国家的高等教育政策法规常常包括在教育政策法规中,我们的编译从"高等教育政策法规"拓展到"教育政策法规",这种转变正好呼应了《推进共建"一带一路"教育行动》中的"政策沟通"。

　　主编《"一带一路"沿线国家教育政策法规研究丛书》,是一项相当繁重和极其艰辛的工作,其中的酸甜苦辣只有经历了才能体会到。第一,参与共建"一带一路"的国家相当多,截至 2019 年 8 月底,已有 136 个国家和 30 个国际组织与中国签署了共建"一带一路"合作文件。这套教育政策法规研究丛书虽然只涉及其中的 69 个国家,但即使是选择性地编译这些国家的教育法、高等教育法以及中长期教育发展规划等,也需要大量的人力、财力等的支持。第二,不少"一带一路"沿线国家的教育本身不够发达,与之密切关联的教育政策法规通常还在制定和健全之中,我们只能找到和编译那些现已出台的政策法规文本,抑或某些不属于政策法规却比较重要的文献。编译这类教育政策法规时,我们根据实际需要对某些文本进行了适当删减。由于编译这套丛书的工作量很大、历时较长,我们经常刚编译完某些国家旧有的教育政策法规,新的教育政策法规又出台了,我们不得不再次翻译最新的文本而舍弃旧有的文本。如此反反复复,做了不少"无用功"。即便如此,我们依然不敢担保所编译的教育政策法规是最新的。第三,"一带一路"沿线国家或地区的官方语言有 80 多种,涉及非通用语种 70 种(这套教育政策法规研究丛书涉及的 69 个国家,官方语言有 50 多种),我们竭尽全力邀请谙熟非通用语种的人士加盟,但依然还很不够。由于缺乏足够的谙熟非通用语种的人士加盟,很多教育政策法规被迫采用英文文本。在编译过程中,我们发现那些非英语国家的英文文本的表达方式与标准英文经常存在很大的出入,而且经常夹杂着这样或那样的"官方语言"或"民族语言"。这对编译工作是一个极大的挑战和考验,我们做到了尽最大努力去克服和处理。譬如,新西兰是一个特别注重原住民及其文化的国家,其教育政策法规设有专门的毛利语教育板块,因而文本中存有大量的毛利语。为了翻译这些毛利语,编译者查阅了大量有关毛利文化的书籍和文献,有时译准一个毛利语词语要花上数十天甚至更长的时间。类似的情况经常碰到,编译者们付出了难以计量的劳动,真诚地希望这套丛书的出版能给他们带来足够的精神上的慰藉。

为了顺利推进研究工作,我们围绕研究目标和研究重点,竭尽全力组建结构合理的研究团队,制订详尽的研究计划,规划时间表和线路图,及时启动研究工作,进入研究状态。大连理工大学积极参与"一带一路"建设,高度重视"一带一路"沿线国家教育研究工作,成立了"'一带一路'高等教育研究中心"、"中俄暨独联体合作研究中心"和教育部国别和区域研究中心"独联体国家研究中心"。大连理工大学、大连外国语大学、大连民族大学、杭州师范大学、广西民族大学、广西财经学院、广西职业技术学院、广西桂林市委党校、南开大学、海南大学、重庆大学、赤峰学院、天津市教育科学研究院等单位的有关专家、学者、教师、学生积极参与此项工作,没有他们的艰辛付出和辛勤劳动,编译工作将举步维艰。这项工作得到了大连理工大学出版社的大力支持,出版社的同志们不畏艰辛、不厌其烦、不计回报,为这套丛书的出版付出了难以想象的汗水和精力。对此,课题组由衷地表示感谢。

张德祥　李枭鹰

2019 年 9 月 8 日

目 录

越南

越南高等教育法

2012 年 6 月 18 日国会第 08/2012/QH13 号决议
（本法自 2013 年 1 月 1 日起生效）

根据 1992 年《越南宪法》，对 2001 年 12 月 25 日第 51/2001/QH10 号决议修改、补充了一些条例，国会颁行《越南高等教育法》。

第一章 总 则

第一条 调整范围

该法律规定了大学教育、培养活动、科学技术活动、国际合作方面的组织方式、任务和权限，保证和确定国家对大学教育机构的教育活动、教育质量以及教师、学生的管理。

第二条 适用对象

该法律适用于高等学校（大专）、大学、学院、区域大学、国家大学、有权培养博士研究生的科学研究院以及与大学教育有关的组织和个人。

第三条 高等教育法的应用

大学教育和大学教育管理机构所组织的活动须遵守本法、《越南教育法》（以下简称《教育法》）和其他相关法律的规定。

第四条 术语解释

本法中部分术语解释如下：

1. 正规教育，指在大学教育机构章程中规定进行的全日制式的集中学科培养，以完成大学教育水平为目的的教育。

2. 经常性教育，包括半工半读和远程教育，是在大学教育机构或其他相关机构中根据各班级、各学科进行的培养形式，满足学习者想要达到大学、大专教育水平的需要。

3. 培训业，是某个行业、科学活动领域中专门知识和技能的集合。培训业包含多种培训专业。

4. 培训专业，是培训业中某类专门知识和技能的集合。

5. 大学教育间联通，是指学习者利用已获得成果来继续更高层次的培训，或者指在其转专业、转其他培养层次时进行的组织培训的办法。

6.培训章程的知识、技能标准,是指在结束某一培养层次后学习者至少要达到的一定的知识和技能要求。

7.共有财产,当私立大学教育机构和有国外投资者投资的大学教育机构运营时,不能因其利润是大学教育机构每年累积所得而进行资金分配,而应将其作为共有财产用作大学教育机构再投资发展资金;学校股东或其他投资成员不享受利息,或者每年的利息不得超过政府债券利率所得。

8.大学教育机构,包括各高等学校(大专)、综合大学、不同专业领域中所属的科学研究院以及兼具两个层次的大学教育机构的集合。

第五条　高等教育的目标

一、总目标

1.人才培养,提高国民素质;研究科学、技术创造的新知识、新产品,以满足服务经济社会发展的要求;保障国防安全,融入国际社会。

2.培养具有良好政治素质、道德品质,有实践常识、技能的人才,对于相应的培养层次而言,应有研究科学和发展应用科学技术的能力,身体健康,有创造能力和职业责任感以及对工作环境有良好的适应力,有为人民服务的意识。

二、大专、大学、硕士、博士的具体培养目标

1.高等阶段(大专类院校)的培养,培养学生具有专门的知识和基本的实践技能,懂得实践中自然社会原理、规律的作用,能够解决属于所学专业中遇到的一般问题。

2.大学阶段的培养,培养学生具有全面的专业知识,牢固掌握自然社会的原理、规律,有基本的执行能力,有独立研究、创造的工作能力,并能解决一些专业问题。

3.硕士阶段的培养,培养学生具有基础科学知识,有对某一科学领域或职业活动深入研究的能力,有独立研究、创造的工作能力,在专业培训领域内,有发现问题、解决问题的能力。

4.博士阶段的培养,培养学生具有较高的理论与实践能力,有独立研究、创造的能力,能发展新知识,发现自然社会的原理、规律,能解决科学、技术中遇到的一些新问题,能够引导科学研究和专业活动。

第六条　高等教育培养层次和形式

1.高等教育培养层次包括大专、大学、硕士和博士。

教育培训部部长与有关部门的部长、首长相互配合,具体规定一些大学特殊专业毕业生在实践技能、专业应用方面所接受的培养。

2.高等教育各培养层次以正规教育和经常性教育两种形式来体现。

第七条　大学教育机构

一、国民教育系统的大学教育机构包括:

1.高等学校(大专)。

2.大学、学院。

3.区域大学、国家大学(以下统称为大学)。

4.有权培养博士研究生的科学研究院。

二、越南大学教育机构有以下组织类型：

1.公立大学教育机构,属于国家所有,由国家投资、建设。

2.私立大学教育机构,属于社会组织、社会行业组织、私人或个人经济组织所有,由社会组织、社会行业组织、私人或个人经济组织投资、建设。

三、有国外投资者投资的大学教育机构包括：

1.完全由国外投资者投资的大学教育机构。

2.国外投资者与国内投资者联营的大学教育机构。

第八条 国家大学

1.国家大学是教育、科学研究、多种行业技术以及多个高质量领域的中心,得到国家优先发展支持。

2.国家大学在培养活动、科学研究、财政、国际关系和部门组织方面有高度的主动权。在政府规定的职能范围和法律范围内,国家大学除了受教育培训部和其他部门、行业的管理,还受其所在地的各级人民委员会的管理。

国家大学直接对省级、直辖市政府和人民委员会所属的各机关部门负责,以解决与国家大学相关的问题。必要时,国家大学校委会可以向政府总理报告有关国家大学发展的问题。

3.国家大学校委会、校长、副校长由政府总理任免。

4.政府具体规定国家大学的职能、任务和权限。

第九条 大学教育机构的分类

1.为服务大学教育机构规划工作,符合经济社会发展要求,制订投资发展计划,提高大学教育机构的培养能力和科学研究能力,大学教育机构通过分类来实现国家管理。

2.大学教育机构以信誉评价和培养质量为参考标准进行分类和排名,服务国家管理工作,优先获得国家财政投资。

3.大学教育机构按以下指标进行分类和排名：

a.高等教育系统所处位置、角色；

b.各层次教育的规模、专业；

c.科学技术活动的结构；

d.教育和科学研究质量；

e.高等教育质量认证结果。

4.大学教育机构的分类：

a.以研究为方向的大学教育机构；

b.以应用为方向的大学教育机构；

c.以实践为方向的大学教育机构。

5.政府规定大学教育机构分类的标准,按照每一类的大学教育机构确定排名框架,并规定框架内服务国家管理的每一类的标准,优先对大学教育机构进行财政投资。

政府总理对大学排名予以认可,教育培训部部长对大专排名予以认可。根据排名结果,国家管理机关有权决定优先投资计划和任务,大学教育机构管理机制要符合每一阶段国家经济社会发展的条件和人力需求。

根据排名结果,教育培训部与省级、中央直辖市人民委员会(以下统称为省级人民委员会)配合,设立大学教育机构办事处或培训活动组织,协助私立大学处理有关土地、信用贷款和干部培养等事宜。

第十条　大学教育机构所用语言

越南语是大学教育机构的正式用语。

根据政府规定,大学教育机构可决定学校在教学中所使用的外语。

第十一条　大学教育机构的规划布局

1.大学教育机构的规划布局是指系统地分布、安排各个高等学校(大专)、大学、学院,且其专业结构、培养层次要符合全国领土范围内不同地区的人口规模、地理位置,还要符合不同时期国家经济社会发展战略以及国防安全的要求。

2.大学教育机构规划布局的原则:

a.符合国家、行业、地区的经济社会发展战略和规划,保证职业结构、培养层次结构和地区结构,满足人民学习的需求;

b.保证高等教育系统的多样性、同步性,教育与科学研究、生产服务相结合,逐步提高教育质量,服务于工业化、现代化和国际化;

c.符合国家投资和全社会资源筹集的要求,为全民都有机会参与大学建设创造条件;

d.集中为主要教育任务、重点大学、重点专业、经济重点发展地区和特别贫困地区进行投资。

3.大学教育机构的规划布局包括以下主要内容:

a.以学科专业、培养层次、大学教育机构类型为依据的高等教育系统结构和培养规模;

b.以各地区经济社会的性质、特点为依据设置大学教育机构;

c.教师、教育管理干部队伍;

d.物质、技术基础。

4.政府总理审阅大学教育机构规划布局。

第十二条　国家关于高等教育发展的政策

1.发展高等教育,培养能够满足经济社会发展需求、保证国家国防安全的高质量人才。

2.加大对高等教育的财政投入,有重点地进行投资,以建立一些高质量的大学教育机构,使其能够在基础科学领域内进行定向研究,并在高技术行业和经济社会关键行业达到区域先进水平。

3.实现高等教育社会化,在土地、信用贷款、干部培养上优先考虑,使私立大学和有国外投资的大学不以营利为主要目的;优先批准成立投资金额较大的私立大学,保证其具备法律规定的各项成立条件;禁止利用大学教育活动进行牟利。

4.教育与研究相结合,开展科学技术应用活动,促进大学教育机构与科研组织、企业之间的合作。

5.国家保证经费和物资供应,促使在科学技术方面有较大潜力的大学教育机构执行科研技术任务。

6.机关、组织、企业有权利和责任配合,为学生和教师实践、实习、科学研究以及技术转化创造条件,为提高教育质量做贡献。

7.有合适的吸收、使用人才制度和待遇制度,以提高教师队伍质量,注重发展具有博士学位和副教授、教授职称的大学教育机构教师队伍。

8.实现对享受社会优惠政策对象、少数民族地区同胞、社会经济条件特别困难地区以及满足经济社会发展人力需求的特殊专业的优先政策,实现高等教育平等。

第十三条　大学教育机构中的越南共产党组织、社会团体和组织

1.在宪法、法律规定的范围内,大学教育机构中的越南共产党组织应根据越南共产党党章的规定成立和活动。

2.大学教育机构中的社会团体和组织应根据宪法、法律及社会团体和组织条例的规定成立和活动。

3.大学教育机构有责任根据本条第1款和第2款的规定,为越南共产党组织、社会团体和组织的成立和活动创造条件。

第二章　大学教育机构组织

第一节　大学教育机构的组织结构

第十四条　高等学校(大专)、大学、学院的组织结构

1.公立高等学校(大专)的组织结构包括:

a.学校委员会;

b.高等学校(大专)、大学的校长、副校长,学院的院长、副院长;

c.职能部门;

d.各系部,科学技术研究组织;

e.培训、科学技术研究的服务组织,生产、经营、服务机构;

f.分校;

g.科学和培训会议,各种咨询会议。

2.按照大学组织和活动制度的规定设立高等学校(大专)、大学的组织结构。

3.私立高等学校(大专)、大学根据本条第1款中b、c、d、e、f、g的规定设立组织结构,并设有管理委员会和监察处。

4.有国外投资者投资的大学自主设立教育科研组织结构。

第十五条　大学的组织结构

1.大学委员会。

2.校长、副校长。

3.行政职能部门。

4.大学;科学研究院。

5.高等学校(大专)成员;系部、科学技术研究组织。

6.培训、科学研究和开展应用的服务组织;生产、经营、服务机构。

7.分校。

8.科学和培训会议;各种咨询会议。

第十六条　学校委员会

1.公立高等学校(大专)、大学、学院成立学校委员会。

2.学校委员会是管理组织,是学校所有权的代表。学校委员会有以下任务、权限:

a.决定学校发展战略、规划、计划、组织与活动的制度;

b.决定培训、科学技术、国际合作活动的方向,保证教育质量;

c.决定学校的组织结构和发展投资方向;

d.决定大学教育机构中各组织的成立、合并、分解、分离、解体相关事宜;

e.监督学校对各决议的执行情况,监督学校各项活动中民主制度的执行情况。

3.学校委员会成员:

a.校长、副校长、党委书记、工会主席、胡志明共产青年团书记;部分科系代表、大学教育机构主管机关代表;

b.教育、科学、技术、生产、经营活动领域中的一些成员。

4.学校委员会主席由国家机关首长任免。

学校委员会主席标准参照本法第二十条第2款中校长标准的规定。

5.学校委员会与校长任期相同,任期为5年。

学校委员会根据集体原则、少数服从多数的原则行事。

6.学校委员会的成立手续、数量、成员结构、任务和权限;学校委员会主席、书记的任务和权限;学校委员会主席和其他成员的任免,都在学校章程中做具体规定。

第十七条　管理委员会

1.管理委员会在私立高等学校(大专)、大学中成立。

2.管理委员会是学校所有权的唯一代表组织。具有以下任务、权限:

a.组织执行股东全体大会的各项决议;

b.决定学校发展战略、规划、计划、组织与活动的制度;

c.决定培养、科学技术、国际合作活动的方向,保证教育质量;

d.决定有关学校组织、人事、财政、财产和发展投资方向的事宜;

e.监督管理委员会对各项决议的执行情况,监督学校各项活动中民主制度的执行情况。

3.管理委员会成员:

a.按规定持有一定比例股份的个人、组织代表;

b.校长,大学教育机构所在地的地方管理机关代表,越南共产党组织、社会团体代表,教师代表。

4.管理委员会主席必须具有本科以上学历。

5.管理委员会任期为5年。管理委员会根据集体原则、少数服从多数的原则行事。

6.成立手续、成员数量和结构;管理委员会的任务和权限;主席、秘书的任职标准、任务和权限;管理委员会主席及成员的公职和非公职工作,都在学校的组织和活动制度中做具体规定。

第十八条 大学委员会

1.大学委员会有以下任务、权限:

a.审阅大学的发展战略、规划、计划;

b.决定培养、科学技术、国际合作活动的方向,保证教育质量;

c.决定大学关于组织结构和发展投资方向的事宜;

d.决定本法第十五条第3、5、6、7款中述及的各组织有关成立、解体、合并、分离、分解事宜,通过本法第十五条第4款规定的各组织成立、解体、合并、分离、分解方案;

e.监督大学对各项决议的执行情况,监督大学各项活动中民主制度的执行情况。

2.大学委员会成员:

a.校长、副校长,党委书记、工会主席、胡志明共产青年团书记,各学院的院长,科学研究院的院长;

b.国家管理机关代表,活跃在教育、科学、技术、生产、经营领域中的一些成员。

3.大学委员会任期与大学校长任期相同,为5年。大学委员会根据集体原则、服从大多数决定的原则行事。

4.成立手续、成员数量和结构;大学委员会的任务和权限;主席、秘书的任职标准、任务和权限;大学委员会主席和其他成员的任免工作,都在大学的组织和活动制度中做具体规定。

第十九条 科学与培训委员会

1.科学与培训委员会根据高等学校(大专)、大学、学院的校长决定成立,有为校长提供建设方面咨询的任务:

　　a.有关培训、科学技术活动,教师、研究员、图书馆和实验室人员在聘用标准方面的制度、规定;

　　b.学校教师、研究员队伍的发展计划;

　　c.学科专业开设、培养章程的展开和撤销方案,科学和技术发展定向,科学和技术活动计划,各项培训、科学技术任务的分工。

　　2.科学与培训委员会包括:校长;各个负责培训和科研的副校长;各项培训、科学研究单位负责人;各专业领域中有一定影响力的科学家代表。

第二十条　校　长

　　1.高等学校(大专)、大学、学院的校(院)长(以下统称为校长)是大学教育机构的法人代表,有管理大学教育机构各项活动的责任。校长由相关的国家职权机关任免和公示。

　　校长任期为5年。校长在新的任期前进行任免,最多连任两届。

　　2.校长标准:

　　a.有良好的政治素质、道德品质,有科学、教育威信,有管理能力,有至少5年的大学教育机构各部门中层干部的管理经验;

　　b.大学校长应具有博士学位,高等学校(大专)校长应具有硕士以上学位;

　　c.身体健康。公立大学教育机构的校长在上任时其年龄要保证至少还能担任一届校长。

　　3.校长的任务和权限:

　　a.根据学校委员会、管理委员会、大学委员会的决议颁行大学教育机构的各项制度、规定;

　　b.根据学校委员会、管理委员会、大学委员会的决议决定大学教育机构各组织的成立、合并、分解、分离、解体,可以任命、罢免大学教育机构各组织的正、副级职位;

　　c.组织实施学校委员会、管理委员会、大学委员会的决议;

　　d.制定教师、管理干部队伍发展规划;

　　e.组织实施各种培训、科学研究、国际合作活动,保证大学教育质量;

　　f.实现通报、报告制度,按规定受到监察、清查、检查;

　　g.制定和执行民主制度,接受大学教育机构中个人、组织、团体提出的意见并接受监督;

　　h.每年向学校委员会、管理委员会、大学委员会报告校长和校务委员会对任务的执行情况;

　　i.法律规定的其他任务和权限。

　　4.公立大学教育机构校长、私立大学教育机构管理委员会主席主管财务,对大学教育机构的全部财政、财产管理工作负法律责任;实现自主权,并按照法律规定对财政的公开、透明负责;执行财务和审计方面的规定。私立大学教育机构校长是财务执行者,在授权范围内履行对财务管理的权限和义务。

第二十一条　大学教育机构的分校

1.大学教育机构的分校属于组织机构,受大学教育机构的管理、调整。大学教育机构的分校不具有独立的法人资格,是大学教育机构在省、市设立的组织机构,又有别于当地设置的办事处,分校受当地省级人民委员会管理。

2.大学教育机构的分校根据校长的指示执行各项任务,并向校长报告分校的各项活动情况,向省级人民委员会报告与分校所在地的管理职权相关的各项活动情况。

3.大学教育机构的分校在满足本法第二十二条规定的各项条件下,由教育培训部部长决定成立或批准成立。

第二节　大学教育机构的成立、合并、分离、分解、解体；教育活动的批准、停止

第二十二条　大学教育机构成立或批准成立的条件

1.大学教育机构成立或批准成立需满足以下条件:

a.有符合经济社会发展规划和获得批准的大学教育机构布局规划成立方案;

b.有大学教育机构办事处所在地省级人民委员会关于大学教育机构成立工作和确认土地使用权的批准文件;

c.有相关职权机关对于大学教育机构投资建设财政能力的确认;

d.对于有国外投资者投资的大学教育机构,还需要有相关职权机关的投资证明。

2.从决定成立或批准成立有效之日起4年内,若发现大学教育机构未开展教育活动,则该成立或批准成立的决定失效。

第二十三条　教育活动批准的条件

1.大学教育机构满足以下条件时可批准其开展教育活动:

a.有成立或批准成立大学教育机构的决定;

b.根据批准的方案内容,有能满足教育活动要求的土地、设备、学生宿舍、体制教育的服务机构,能满足学习者、教学者和劳动者活动要求的安全环境;

c.有符合规定的培养章程和教程、教学资料;

d.有达到专业标准、业务标准,且数量充足、结构合理的教师和管理干部队伍;

e.根据规定,有足够的财政资源,以保障大学教育机构活动的维持和发展;

f.有大学教育机构的组织和活动制度。

2.自决定批准可开展教育活动有效之日起,3年之后,若大学教育机构未开展教育活动,则该批准可开展教育活动的决定失效。

第二十四条　大学教育机构的合并、分离、分解

大学教育机构的合并、分离、分解必须满足以下要求:

1.符合大学教育机构布局规划。

2.满足经济、社会发展要求。

3.保障教师、学生、职员和劳动者的权益。

4.为提高大学教育的成效和质量做贡献。

第二十五条　教育活动的停止

1.若发生以下情况,大学教育机构将被停止教育活动:

a.为获得成立或批准成立、批准教育活动存在欺诈行为;

b.不能满足本法第二十三条第1款规定条件中的任何一条;

c.由不符合其职权范围的人来批准教育活动;

d.在一定程度上违反了有关教育行政处罚法律规定;

e.法律规定的其他情况。

2.教育活动停止的决定必须明确停止原因、停止时限,以保障教师、学生和劳动者的合法权益。教育活动停止的决定要在大众传媒上公布。

3.大学教育机构的活动停止时限结束后,若能克服之前导致停止的因素,则有权停止教育活动的人员应重新做出批准教育活动的决定。

第二十六条　大学教育机构的解体

1.大学教育机构出现下列情况会被解体:

a.严重违反法律规定;

b.教育活动停止期限结束后,仍未能克服之前导致停止的因素;

c.大学教育机构成立或批准成立决定中的目标和活动内容不再符合经济、社会发展要求;

d.根据成立大学教育机构的组织或个人提议;

e.自决定成立或批准成立有效之日起,5年之后,未能按照批准方案执行。

2.大学教育机构解体的决定必须明确解体原因,通过各种措施保障教师、学生和劳动者的合法权益。大学教育机构解体的决定必须通过大众传媒公布。

第二十七条　大学教育机构成立或批准成立、批准教育活动、停止教育活动、合并、分离、分解、解体的条件和手续

1.政府总理具体规定大学、学院和有国外投资者投资的大学教育机构的成立或批准成立、批准教育活动、停止教育活动、合并、分离、分解、解体的条件和手续。

教育培训部部长具体规定高等学校(大专)的成立或批准成立、批准教育活动、停止教育活动、合并、分离、分解、解体的条件和手续。

2.政府总理决定大学、学院、公立大学的成立;决定私立大学和有国外投资者投资的大学教育机构的批准成立。

教育培训部部长决定公立高等学校(大专)和私立高等学校(大专)的成立。

3.有权决定成立或批准成立大学教育机构者,也有权决定大学教育机构的合并、分离、分解、解体。

4.教育培训部部长决定高等学校(大专)、大学、学院、允许培养博士的科学研究院和有国外投资者投资的大学教育机构的批准教育活动、停止教育活动。

第三章 大学教育机构的任务和权限

第二十八条 高等学校(大专)、大学、学院的任务和权限

1.制定大学教育机构的发展战略、计划。

2.开展培训、科学技术研究、国际合作活动,保证大学教育质量。

3.按照确定的目标制定培养章程;保证各章程与培养层次之间的联系。

4.组织人事、录用、管理和建设教师、职员、管理干部、劳动者队伍。

5.进行学生管理,保证教师、职员、管理干部和学生的合法权益;留有经费以执行针对享受社会优惠政策对象、少数民族地区、经济社会条件特别困难地区的教育政策;保证教育活动的教学环境。

6.教育质量自我评价,并接受教育质量认证。

7.获得国家给予或租用土地、物资设备;根据法律规定可以免税、减税。

8.调集、管理、使用各种资源;建设和增强物质基础,投资设备设施。

9.与国内外的经济、教育、文化、体育、医疗、科学研究组织进行合作。

10.实现通报制度,按规定向教育培训部、各相关部门、行业以及大学教育机构所在地的省级人民委员会或规定的教育活动组织进行报告,并受其检查、清查。

11.法律规定的其他任务和权限。

第二十九条 大学的任务和权限

1.大学的任务和权限:

a.制定大学发展战略、计划;

b.大学对各项培训活动的管理、调整、组织;

c.调集、管理、使用各种资源,在大学中共同使用资源和物质基础;

d.实现通报制度,按规定向教育培训部、各相关部门、行业以及大学教育机构所在地的省级人民委员会或规定的教育活动组织进行报告,并受其检查、清查;

e.在各项培训、科学技术研究、财政、国际合作、部门组织中具有较高的主动性;

f.法律规定的其他任务和权限。

2.政府总理颁行国家大学和其他大学教育机构成员的组织和活动制度;教育培训部部长颁行区域大学和其他大学教育机构成员的组织和活动制度。

第三十条 具有培养博士资格的科学研究院的任务和权限

1.根据博士培养规定实现各项任务和权限。

2.必须由专门的系部、科室或部门来组织和管理博士的培养活动。

第三十一条 有国外投资者投资的大学教育机构的任务和权限

1.建设和实现教学及科学研究的目标、章程、内容;建设教师队伍,确保物质基础、设备、教程、教学资料;保证大学教育的质量和质量鉴定;按照法律规定组织培训活动,颁发文凭或证书。

2.按照批准成立、允许进行培养活动的决定来组织和开展活动。

3.公开保证教育质量,公开资源和财政。

4.接受教育培训部的管理。

按要求定期向教育培训部,有相关职权的各部门、行业、机关,有国外投资者投资的大学教育机构办事处和活动所在地的省级人民委员会报告活动情况并做解释说明。

5.保证学生、教师和其他劳动者的合法权益,包括在其终止或被迫终止活动之前的时限内。

6.尊重越南的法律、风俗、习惯。

7.按照越南法律和越南作为成员国之一加入的国际公约的规定,可获得国家保护其各项合法权益。

8.法律规定的其他任务和权限。

第三十二条 大学教育机构的自主权

1.大学教育机构在人事组织、财政财产、培训、科学技术、国际合作、保证大学教育质量各方面的主要活动中,或者在符合其能力、排名和大学教育质量认证结果上都具有很高程度的自主权。

2.大学教育机构在实现其自主权的过程中若不再有足够能力实现自主权,或者违反了法律,则要依法接受处理。

第四章 大学教育机构的教育活动

第三十三条 专业开设

1.在大学教育机构中开设大专、大学专业和硕士、博士专业的条件:

a.登记的专业,其培养要符合地方、区域、全国乃至各个领域经济、社会发展的人力资源需求;

b.具备在数量、质量、水平和结构上都保证合格的教师、科学干部队伍;

c.有能满足教学需要的物质基础、设施设备、图书馆、教程;

d.有能保证学生毕业后具有一定知识和技能的培养章程,并能满足各培养水平与其他培养章程之间相互连通的要求。

2.教育培训部部长具体规定大专、大学专业和硕士、博士专业活动开设和停止的条件、程序、手续;决定允许大专、大学专业和硕士、博士专业的开设和停止。

国家大学、达到国家标准的各大学教育机构在大专、大学专业和硕士、博士专业的设置中享有自主权,并自负责任,其专业要属于学校有能力满足规定的各项条件时的培养领域中经过审阅的专业目录。

第三十四条　招生指标和组织招生

1.招生指标：

a.招生指标在经济、社会发展要求和人力资源发展规划的基础上得以确定,应符合教师队伍数量和质量、物质基础和设施设备的条件；

b.大学教育机构自主确定招生指标,对公布的招生指标、大学教育机构的培养质量和各保障培养质量的条件负责；

c.大学教育机构在确定招生指标时若违反规定,则需根据违反程度按法律规定接受处理。

2.组织招生：

a.招生方式包括:考试招生、审核招生、考试招生和审核招生相结合；

b.大学教育机构自主决定招生方式,并对招生工作负责。

3.教育培训部部长规定招生指标确定工作,颁行招生制度。

第三十五条　培养时间

1.各层次的大学教育培养时间根据《教育法》第三十八条中的规定执行。

2.培养时间根据每个培养章程和层次,在规定累计的学分数和工作量基础上确定。大学教育机构校长决定每个培养章程和层次规定累计的学分数和工作量。

3.大学教育机构每个层次的培养时间,经常性教育至少要比正规教育的培养时间多一学期。

第三十六条　高等教育培养章程、教程

1.高等教育培养章程：

a.大专、大学层次的培养章程包括:学生毕业之后的目标、知识和技能标准,每门课程、专业,每个培养层次的培养内容、评价方式,保证各层次与其他各项培养章程之间相互连通的要求；

b.硕士、博士层次的培养章程包括:学员、研究生毕业之后的目标、知识和技能标准,硕士、博士层次的知识储备,论文、答辩；

c.使用国外教育机构培养章程的大学教育机构,应经过认证,并在质量上得到公认,以实现高等教育各层次的培养任务；

d.大学教育机构在建设、审定、颁行大专、大学、硕士、博士层次的培养章程中有自主权,并自负责任；

e.有国外投资者投资的大学教育机构,在制定和实现已经得到越南教育质量认证组织认证的培养章程工作中有自主权,并自负责任,保证不会对国防、国家安定、公共利益造成威胁,没有歪曲历史和对文化、道德、风俗、越南民族团结、世界和平造成不良影响的内容,没有传播宗教的内容；

f.经常性教育的培养章程跟正规教育的培养章程同样具有相应的内容。

2.高等教育教程：

a.高等教育教程对每门课程、专业的培养章程中的知识内容、技能做具体要求，保证各层次大学教育机构目标的实现；

b.教育培训部组织编辑综合使用的教程，如政治理论、国防安全的教程，以作为大学教育机构中的教学材料；

c.大学教育机构校长组织编辑或者选择、审阅高等教育教程，教程在经大学教育机构校长成立的教程审定委员会审定通过的基础上，作为大学教育机构中的教学材料；

d.大学教育机构在使用教程和公布科学研究工程的过程中，必须执行有关知识产权的规定。

3.教育培训部部长规定高等教育的每个培养章程具体包括：学生毕业之后至少要具有的知识量和能力要求；大专、大学、硕士、博士层次培养章程的制定规程、审定和颁行；有国外投资者投资的各层次大学教育机构培养章程中的必修课程；高等教育教学材料、教程的编辑、选择、审定、审阅和使用工作。

第三十七条　培养的组织和管理

1.培养的组织和管理工作根据制度或培养时间来执行。

2.大学教育机构按照学科、学年和学期自主组织和管理，自负责任，遵照每个培养层次、培养形式的制度和培养章程。

3.大学教育机构将大学、高等学校（大专）的经常性教育形式与大学，高等学校（大专），专业中级学校，省级经常性教育中心，国家机关，政治组织、社会组织的学校，人民武装力量的教育机构相结合，保证教学环境、物质基础、设备设施、图书馆和管理干部的各项要求。

4.教育培训部部长颁行培养和联合培养的制度。

第三十八条　大学教育文凭

1.大学教育文凭颁发给按照某种培养形式完成某一培养层次教育毕业的大学生，包括大专毕业文凭、大学毕业文凭、硕士文凭和博士文凭。

a.完成大专培养层次的大学生，满足参加毕业考试或毕业论文、专题答辩的条件，若按规定达到要求或累计学分足够，并达到大学教育机构提出的标准，则可获得校长颁给的大专毕业文凭；

b.完成大学培养章程的大学生，满足参加毕业考试或毕业论文答辩的条件，若按规定达到要求或累计学分足够，并达到大学教育机构提出的标准，则可获得校长颁给的大学毕业文凭；

c.完成硕士培养章程的研究生，满足论文答辩的条件，若按规定达到要求则可获得校长颁给的硕士文凭；

d.完成博士培养章程的研究生，满足论文答辩的条件，若按规定达到要求则可获得校长颁给的博士文凭。

2.大学教育机构印制文凭,颁发文凭给学生;在大学教育机构的网站上公布给学生颁发文凭的相关信息。

教育培训部部长规定高等教育文凭样式、印制、管理、发放、收回、取消;当越南大学教育机构与国外大学教育机构进行联合培养时,规定文凭颁发的责任和权限;规定有国外投资者投资的大学教育机构在越南颁发高等教育文凭的责任;与各个国家签订协议和互认文凭;规定由国外大学教育机构颁发的高等教育文凭的程序、手续和承认事宜。

3.教育培训部部长主持,相关机关的部长、首长配合,规定获得文凭的技能实践、应用水平,使部分受教育者在毕业后能在某些特殊专门行业得到更好的培养。

第五章　科学和技术活动

第三十九条　科学和技术活动的目标

1.提高高等教育质量以及教师、研究员、管理干部、职员的研究能力和科学技术应用能力。

2.形成和发展学生的科学研究能力;发现和培养人才,满足高水平人力培养的要求。

3.创造知识、技术、方法,以发展科学和教育,为经济社会发展做贡献,保障国家国防安全。

第四十条　科学和技术活动的内容

1.研究基础科学、社会和人文科学、教育科学、科学技术,创造新知识和新产品。

2.应用各种研究结果,并将技术应用到生产实践和生活当中。

3.建设各种实验室、科学研究机构、技术试验园,将技术发展与新产品创造结合起来。

4.参与科学技术合同、订货单任务的选择、咨询、论证、执行当中。

第四十一条　科学和技术活动中大学教育机构的任务和权限

1.制定、实现科学和技术发展战略和计划。

2.研究科学和技术以服务和提高教育质量。

3.科学研究和技术转化旨在创造出新的知识、技术和方法,使经济社会发展符合学校对科学、技术能力的要求。

4.在科学和技术合同签订中享有自主权,并自负责任;实现科学和技术的各项任务;确定参加科学和技术各项任务的选择和执行情况。

5.使用钱款、财产、知识产权、合法收入资源,以实现科学和技术的各项任务、生产经营。

6.成立研究和发展组织、科学和技术服务组织、科学和技术企业。

7.知识所有权得到保护;转化、转让科学和技术活动成果;公布科学和技术活动结果。

8.维护国家和社会利益;科学和技术活动合法组织、个人权益;按照法律规定做好科学和技术的保密工作。

9.法律规定的其他任务和权限。

第四十二条　国家对科学和技术发展的责任

1.政府全力支持科技发展投资工作,鼓励大学教育机构中的科学技术活动,优先投资给潜力较大的大学教育机构。

2.科学和技术部主持,配合教育培训部、计划和投资部、财政部制定政策,优先投资发展大学教育机构的科学技术。

3.教育培训部主持,配合科学和技术部、各相关部门行业,制定大学教育机构中科学技术活动相关规定。

第六章　国际合作活动

第四十三条　国际合作活动的目标

1.根据现代化方向提高高等教育质量,与区域和世界先进高等教育接轨。

2.为大学教育机构的稳固发展、培养高水平和高质量的人力资源创造条件,服务国家工业化、现代化事业。

第四十四条　大学教育机构的国家合作形式

1.联合培养。

2.在越南的外国大学教育机构成立多样化办公室。

3.科学研究和技术转化合作,组织会议、科学研讨会。

4.咨询、资助、投资发展基础设施。

5.培养和交换教师、研究员、管理干部和学生。

6.与图书馆联合,交换信息以服务于培养活动和科学技术活动;提供培养章程;交换各种培养活动和科学技术活动的印刷品、资料和成果。

7.参加区域和国际的各种教育、科学组织和行业协会。

8.对在国外的越南大学教育机构开设多样化办公室。

9.法律规定的其他合作形式。

第四十五条　与外国联合培养

1.与外国联合培养是建设和实现越南大学教育机构与外国大学教育机构之间的合作培养章程,完成培养章程后颁发文凭或证书,但不形成新的法人。

2.与外国联合培养章程是外国的章程或者是双方共同制定的章程。培养章程全部在越南执行,或一部分在越南执行,另一部分在国外执行。

3.各大学教育机构与外国联合培养必须满足一些条件,如教师队伍、物质和设施设备基础、教学内容和章程、法理资格、由外国质量认证机关开具的或教育培训部承认的质量认证证明、允许在某领域联合培养的证明。

4.教育培训部部长审阅高等学校（大专）、大学的外国联合培养章程。

大学校长审阅高等学校（大专）、大学、硕士、博士的国外联合培养章程。

5.当外国联合培养章程因未满足本条第3款规定的条件而被停止招生或被终止活动时，大学教育机构必须保证教师、学生和劳动者的合法利益，退还学生费用，并根据签订的劳动合同或与劳动团体间的协议，清算教师和劳动者的授课酬劳等各项权益，清算各项税款和欠款。

6.大学教育机构必须在学校网站和大众传媒上公布与外国联合培养的相关信息。

第四十六条　代表办公室

1.外国大学教育机构的代表办公室具有代表外国大学教育机构的职能。

2.代表办公室具有以下任务和权限：

a.通过加强建设各章程和高等教育领域内的合作方案来促进与越南大学教育机构之间的合作；

b.组织各种高等教育领域内的交流、咨询、交换信息、研讨会、展览活动，以此介绍外国大学教育机构、组织；

c.监督与越南大学教育机构签订的各项高等教育合作协议的执行工作；

d.不得在越南直接开展高等教育活动，不允许在越南成立直属于外国大学教育机构代表办公室的分支机构。

3.外国大学教育机构满足以下条件时，可以在越南成立代表办公室：

a.具有法人资格；

b.在本国至少从事5年大学教育活动；

c.有明确的活动条例、宗旨和目标；

d.计划在越南成立代表办公室时，要有符合越南法律规定的组织和活动制度。

4.教育培训部部长在高等教育领域内发给成立外国大学教育机构的代表办公室的批准书。

5.外国大学教育机构的代表办公室在发生下述情况时，被要求终止活动：

a.批准书中写明的时间到期；

b.根据外国大学教育机构代表办公室的提议；

c.自首次获得批准书之日起6个月内，或自延长批准书之日起3个月内未开展活动；

d.在申请批准成立代表办公室的档案中发现虚假信息；

e.有违背批准书内容的活动；

f.违反越南法律规定。

第四十七条　国际合作活动中大学教育机构的任务和权限

1.实现本法第四十四条规定的国家合作形式。

2.遵守越南法律各项规定,遵守越南作为成员国之一加入的国际公约的规定。

3.根据越南法律和越南作为成员国之一加入的国际公约的规定,保护其合法权益。

第四十八条　国家对于国际合作的责任

1.政府制定符合实现双方和地方要求的政策,按照满足国家经济、社会发展要求,符合高等教育发展战略和规划的原则,为大学教育机构的合作发展创造条件;加强对高等教育与外国联营、联系的管理。

2.政府总理规定投资政策、队伍组建,以吸收国外的越南科学家和人才参与资助、教学、科学研究和技术转化活动;具体规定参照本法第四十四条、第四十五条和第四十六条中规定的国际合作的条件、手续。

3.教育培训部部长规定鼓励大学教育机构在与外国进行教学、培养、科学研究和技术转化活动范围内的投资,扩大国家之间的合作交流;规定设立在越南的外国大学教育机构的活动管理事宜;规定越南大学教育机构和外国大学教育机构的联合事宜。

第七章　保证高等教育质量和质量认证

第四十九条　高等教育质量认证的目标、原则和对象

1.高等教育质量认证的目标:

a.保证和提高高等教育质量;

b.确认在一定阶段里大学教育机构或培养章程对于高等教育目标的满足程度;

c.大学教育机构就教育质量的实际情况向有职权的国家管理机关和社会解释说明的根据;

d.为学生选择大学教育机构、培养章程以及学校录用职员、招聘人力奠定基础。

2.高等教育质量认证的原则:

a.独立、客观,符合法律规定;

b.忠实、公开、透明;

c.平等、强制、定期。

3.高等教育质量认证的对象:

a.大学教育机构;

b.高等教育各层次的培养章程。

第五十条　保证高等教育质量工作中大学教育机构的责任

1.成立保证高等教育质量的专门组织。

2.制订和实现保证高等教育质量的计划。

3.自评、改善、提高教育质量;定期进行培养章程质量认证和大学教育机构认证。

4.维持和发展保证高等教育质量的条件,包括:

a.教师、管理干部、职员队伍;

b.培养章程、教程、授课和学习资料；

c.教室、工作室、图书馆、技术通信系统、实验室、实践机构、宿舍和其他服务机构；

d.财政资源。

5.在教育培训部、大学教育机构的网站和大众传媒上公布各项保证高等教育质量的条件、培养章程和科学研究结果、质量评价和认证结果。

第五十一条　大学教育机构对于高等教育质量认证的任务和权限

1.当国家管理机构对教育有要求时，大学教育机构要接受高等教育认证。

2.实行通报制度，报告高等教育质量认证结果。

3.选择教育培训部承认的高等教育质量认证组织进行大学教育机构和培养章程的质量认证。

4.当执行高等教育质量认证的组织、个人有违法的决定或行为时，大学教育机构可以向相关职权机关对其进行上诉、控告。

第五十二条　教育质量认证组织

1.教育质量认证组织有评价和承认大学教育机构和培养章程是否达到高等教育质量标准的责任。

教育质量认证组织具有法人资格，高等教育质量认证活动负有法律责任。

2.在具有符合教育质量认证组织规划布局的成立方案时，教育质量认证组织才能得以成立；在物质基础、设备、财政、认证人员队伍能够满足高端教育质量认证活动要求时，才允许进行教育质量认证活动。

3.教育培训部部长颁行国家对大学教育机构的标准；高等教育质量评价标准，各层次高等教育培养章程的标准，实现培养章程的最低要求的规定；高等教育质量认证的规程和周期；活动原则，教育质量认证活动组织、个人的条件和标准；教育质量认证证明的提供和收回；决定成立或批准成立教育质量认证组织；开展教育质量认证活动的允许条件。

第五十三条　高等教育质量认证结果的运用

为确认高等教育质量、大学教育机构的社会地位和威信提供根据；实现自主权，并自负责任；资助投资，交予任务；为国家和社会监督大学教育质量活动提供根据。

第八章　教　师

第五十四条　对教师的基本要求

1.大学教育机构中的教师要有清晰的个人履历，有良好的道德品质，有符合职业要求的身体素质。专业水平达到《教育法》第七十七条规定的要求。

2.教师职称包括助教、讲师、正式讲师、副教授、教授。

3.大学讲师要具有硕士以上学位。一些特殊专业，由教育培训部部长予以规定。

大学教育机构校长优先选择具有硕士以上学位的人员担任教师。

4.教育培训部部长颁行师范业务培养章程,规定教师的培养和录用制度。

第五十五条　教师的任务和权利

1.根据培养目标、章程进行教学,要充分、高质量地执行培养章程。

2.研究、发展科学应用和技术转化,保证教育质量。

3.定期学习、培养、提高教师政治理论、专业业务和教学水平。

4.维护教师的品质、威信、名誉。

5.尊重学生的人格,公平对待学生,保障学生的正当权益。

6.参与大学教育机构的管理和监督,参与党、团体的工作和其他工作。

7.按照法律规定,与大学教育机构、科学研究机构签订科学研究合同。

8.根据法律规定,教师职称可授予和取消,可以获得"人民教师""优秀教师"的称号。

9.法律规定的其他任务和权利。

第五十六条　对教师的政策

1.大学教育机构里的教师可参加提升学习、专业、业务的培训;按照政府规定,可以根据职业享受薪资、优惠补贴、工龄补贴和其他补贴。

2.在经济、社会条件特别困难地区的大学教育机构就职的教师,可为其提供住宿条件,并且可以享受补贴政策和政府规定的其他优惠政策。

3.国家有调动政策,会临时调动教师到经济、社会条件特别困难地区工作;鼓励条件便利地区的大学教育机构教师到经济、社会条件特别困难地区的大学教育机构工作,并为这些地区的教师安心工作创造条件。

4.大学教育机构中具有博士学位的教师,有教授、副教授职称的教师达到退休年龄,可延长工作时间,继续进行教学、科学研究,前提是身体条件允许,自愿延长工作时间,并且大学教育机构有这样的需求。

5.政府总理具体规定大学教育机构教师的政策。

第五十七条　客座教师和报告员

1.大学教育机构的客座教师在《教育法》第七十四条中有相关规定。

客座教师完成各项任务,并根据大学教育机构校长与客座教师之间签订的合同享有各项权利。

2.大学教育机构邀请的客座教师、报告员可以是国内外的专家、科学家、名人、艺人。

3.教育培训部部长对客座教师和报告员做具体规定。

第五十八条　不允许的教师行为

1.侵犯学生和其他人的名誉、人格,损害个人权益。

2.培训活动、科学研究中的舞弊行为。

3.利用教师名义和教育活动进行违法活动。

第九章　学　生

第五十九条　学生的定义

学生是指正在大学教育机构中学习和进行科学研究的人员,包括大专、大学培养章程的大学生,硕士培养章程和博士培养章程的研究生。

第六十条　学生的任务和权利

1.按照规定进行学习、科学研究、锻炼。

2.尊重大学教育机构中的教师、管理干部、职员和其他人员;在学习和锻炼中团结协作、互相帮助。

3.参加劳动和社会实践、环境保护活动,维护社会秩序,在学习和考试中防止和抵制消极态度、欺诈舞弊行为,防止犯罪行为和社会弊端的出现。

4.无论学生的性别、民族、宗教、出身如何,都受到尊重和平等对待,并可获得充分的学习和训练机会。

5.在学习中创造便利条件,参加科学技术活动及各种文化、体育活动。

6.积极提供意见,参与教育管理和监督活动,保证教育质量。

7.享受学生政策的对象,必须是享受社会优惠政策的对象。

8.法律规定的其他任务和权利。

第六十一条　禁止的学生行为

1.侵犯大学教育机构中的教师、教育管理干部、职工、学生和其他人员的名誉、人格,损害个人权益。

2.学习、检查、考试、招生中的舞弊行为。

3.参与社会不良行为;扰乱大学教育机构或公共场所的安宁、秩序以及其他违法行为。

4.组织或参加违法活动。

第六十二条　对学生的政策

1.根据《教育法》第八十九条、第九十条、第九十一条和第九十二条的规定,大学教育机构中的学生可以享受各种奖助学金和社会资助、招考制度、教育信用贷款、减免社会公共服务费用的政策。

2.为满足经济社会发展、国防安全要求的特殊专业的学生,不需要缴纳学费,并在奖助学金和社会资助中可以优先考虑。

3.政府具体规定的优先政策内容。

第六十三条　按照国家分配进行一定时限工作的义务

1.根据高等教育章程规定,学生若享受国家提供或者按照越南签订的协议由国外资助的奖助学金、培养费用,则毕业后必须服从国家的工作分配,且时间至少是享受奖助学金或培养费用时间的两倍,若不执行,则须退还奖助学金或培养费用。

2.自学生确认毕业之日起 12 个月内,相关职权的国家机关有责任对已毕业的学生分配工作。若超过上述时间仍未对学生分配工作,则无须退还奖助学金或培养费用。

3.政府具体规定退还奖助学金或培养费用相关事宜。

第十章　大学教育机构的财政、财产

第六十四条　大学教育机构的财政资源

大学教育机构的财政资源包括:

1.国家财政预算。

2.收取的学费和招生手续费。

3.从合作培养、科学技术、生产、经营和服务中获得的费用。

4.国内外组织、个人的资助、援助、赠予、给予。

5.国内外组织、个人的投资。

6.法律规定的其他合法收入。

第六十五条　学费、招生手续费

1.学费、招生手续费是指学生缴纳给大学教育机构以弥补培养费用的钱款。

2.政府规定公立大学教育机构的收费内容、学费标准制定方法、招生手续费、学费范围。

3.在政府规定的学费、招生手续费范围内,公立大学教育机构在制定和决定学费、招生手续费收费标准中拥有主动权。

4.私立大学教育机构、有国外投资者投资的大学教育机构根据法律规定,在制定和决定学费、招生手续费收费标准中拥有主动权。

5.学费、招生手续费收费标准必须在招生的时候公布。

6.大学教育机构实行高质量培养章程,所收学费要与培养质量相对应。

教育培训部部长规定高质量培养章程的标准;有责任管理、监督与培养质量相对应的学费标准。

第六十六条　大学教育机构的财政管理和使用

1.大学教育机构实行财政制度、预算和审计,并根据法律规定公开财政和税收情况。

2.大学教育机构可以使用国家给予任务的国家财政预算,并有责任根据《国家财政预算法》的规定,完成国家财政预算管理、使用的任务。

3.私立大学教育机构在培养活动、科学研究活动中收支差额部分的财政使用如下:

a.至少留有 25% 用于发展大学教育机构,用于各项教育活动,基础设施建设,购买设备,教师、职员、教育管理干部的培训,以服务于学生的学习和生活,或者用于慈善,以实现社会责任,该部分可以免税;

b.剩余部分,若分配给大学教育机构的投资者和劳动者,则必须根据税法相关规定纳税。

4.私立大学教育机构在活动过程中累积的财产和资助、捐助、赠献给私立大学教育机构的财产,是共有财产,不可以分出,并根据保全和发展的原则进行管理。

5.私立大学教育机构根据政府总理的规定调动和转让资金,保证大学教育机构的稳定发展。

6.政府规定分配给大学教育机构国家财政预算的方式和标准以及教育活动中有国外投资者投资的大学教育机构的财政。

7.由教育培训部、各同级部门和机关、省级人民委员会检查、清查各大学教育机构财政资源的使用是否符合规定。

第六十七条　大学教育机构的财产管理和使用

1.按照国家关于财产使用管理的法律规定,大学教育机构管理、使用由国家财政预算所形成的财产;对从国家财政预算之外的资源所形成的财产享有自主权,并自负责任。

2.国家给予私立大学教育机构的财产和土地,资助、捐助、赠献给私立大学教育机构的财产,都必须按规定使用,不得用于其他目的,也不得变为个人所有。

3.有国外投资者投资的大学教育机构的财产,根据越南法律和越南作为成员国之一的国际公约规定获得保护。

4.根据政府规定,由教育培训部、各同级部门和机关、省级人民委员会检查、清查大学教育机构对国家财产的管理和使用。

第十一章　高等教育的国家管理

第六十八条　国家管理高等教育的内容

1.制定和指导高等教育发展战略、规划、计划、政策。

2.颁行和组织实现高等教育相关法律的规范文本。

3.规定培养章程的结构、工作量以及学生毕业之后至少要达到的标准;规定教师标准;规定大学教育机构基础设施设备的标准;规定教程、教学材料的编撰、出版、印刷和发行的标准;规定考试和证书、文凭颁发制度。

4.保证对高等教育质量的管理;对高等教育质量的评价标准、国家大学教育机构的标准、各层次高等教育培养章程标准的规定,实现培养章程的最低要求;对教育质量认证的规程、周期的管理。

5.高等教育组织和活动的统计,通信工作的实现。

6.组建高等教育管理部门。

7.组织、指导高等教育教师和管理干部的培训、管理工作。

8.调动、管理、使用各种资源以发展高等教育。

9.在高等教育领域内组织、管理科学技术的研究、应用和生产经营工作。

10.组织、管理高等教育的国际合作事宜。

11.规定对高等教育事业有突出贡献者的奖励和荣誉授予工作。

12.清查、检查法律的执行工作,解决高等教育中对于违反法律行为的上诉、控告和处理。

第六十九条 高等教育的国家管理机关

1.政府统一管理国家的高等教育。

2.教育培训部对高等教育的国家管理执行情况直接负责。

3.根据职能,同级部门、机关需配合教育培训部实现国家对高等教育的管理。

4.根据行政区域划分,省级人民委员会应在其任务和权限范围内实现国家对高等教育的管理;检查本地大学教育机构对教育法律的执行情况;实现高等教育社会化;保证本地高等教育满足扩大规模、提高质量的要求。

第七十条 清查、检查

1.高等教育活动的清查包括:

a.清查高等教育法律、政策的执行情况;

b.根据职权或有处理职权的国家机关的建议,发现、阻止和处理违反高等教育法律的行为;

c.核实、建议有职权的国家机关解决高等教育的上诉、控告事件。

2.清查教育培训部对高等教育行政清查和专业清查权限任务的执行情况。

3.教育培训部部长指导和组织高等教育的清查、检查任务。根据政府的分工和分级,各同级部门和机关、省级人民委员会应配合教育培训部完成高等教育的清查、检查任务。

4.大学教育机构应按照法律规定实现自我清查和检查。大学教育机构校长对大学教育机构的清查、检查任务负责。

第七十一条 违反处理

组织、个人有以下行为之一的,根据违反的性质、程度,受到纪律处分、行政处罚;个人还可以追究其刑事责任;若造成损害的,则须按照法律规定进行赔偿:

1.违反法律成立大学教育机构或组织教育活动。

2.违反大学教育机构关于组织、活动的各项规定。

3.出版、印刷、发行违法材料。

4.档案造假,违反招生、考试和文凭、证书颁发制度。

5.侵犯教师、教育管理干部人格、身体,虐待学生。

6.违反保证高等教育质量和质量认证的相关规定。

7.扰乱大学教育机构、秩序。

8.造成经费流失,利用高等教育活动获取违反规定的收入或以牟利为目的。

9. 造成大学教育机构基础设施损失。

10. 其他违反高等教育相关法律的行为。

第十二章　条款的施行

第七十二条　施行效力

本法自 2013 年 1 月 1 日起生效。

第七十三条　施行的细节和引导规定

由政府、各相关职权机关规定各项条款在法律中的实施细节和引导。

本法已于 2012 年 6 月 18 日在第 13 届越南国会第 3 次会议上通过。

老挝

老挝教育法(修订版)

根据《老挝宪法》第五十三条第 2 款以及国会法律第三条第 1 款关于国会权力及职责的阐述。

2015 年 7 月 16 日,第七届国会第九次会议对《老挝教育法》(修订版)的内容进行了广泛而深刻的研究及审议,开始实施本法。

第一部分 总 则

第一条 (修订)目标

本法规定了教育实施过程中有关管理、监督、检查的原则、程序和标准,使上述工作能根据质量及可持续发展的相关要求开展,并致力于人力资源的开发,培养品德优良、有文化、有技能、有专长、身体健康的好公民,保护并弘扬国家优秀传统文化,能够与地区及国际接轨,为保卫、建设及发展国家做出应有的贡献。

第二条 (修订)教育

教育是自然科学、社会科学在理论及实践上教与学的过程,促使公民全面发展。

第三条 (修订)词语解析

本法中部分术语解释如下:

1.居民:居住在老挝的老挝人、长期居留老挝的外国人、短期居留老挝的外国人及无国籍人士。

2.连接课程:更高层次地连接某一个相同专业课程的课程。

3.关联课程:更高层次地连接某一个相近专业课程的课程。

4.有问题者:被拘禁、改造、救治者。

5.家庭:父母、被监护人(学生)及其他共同生活的亲属。

6.国家教育体系:统一的教育体系,包括学校教育和非学历教育。

7.继续教育:深入研究某一科目的教育。

8.非学历教育质量保障组织:外部或不属于教育平台的组织。

9.不良行为:偏袒、欺骗等行为。

10.教师品行:教师的作风,包括诚实守信、爱岗敬业、关爱学生、模范表率及提高自身能力。

11.单位价值:国家对个人每年的教育专项资金数目。

12.成果测定:通过检查、测试、考试等方式来确定学生的学习成果。

13.成果评估:运用测评结果来评判学习成果的价值。

14.教育发展委员会:负责学校教育以及非学历教育发展的组织机构,促进全民教育并为其提供便利条件。该委员会成员由相关领域的管理人员组成。

第四条 （修订）教育政策

国家将教育作为发展人力资源的中心工作,大力推进各年龄段、各民族人民接受教育。

国家重视学前教育,倡导校内安全及基本培养,并规定义务教育是免费教育(另行规定的情形除外)。

国家加强在教育发展方面的投资力度,保证教育质量的同时,争取全面普及教育。同时,重视师资队伍、教育行政人员及学生的建设和发展,并出台了与之相适应的政策。

国家通过提供便利条件,信贷政策,依法降低或者免除关税、手续费等优惠政策来鼓励国内外的自然人、法人或组织投资国家教育发展行业,特别是职业教育及技能培训,使其质量得到保证。

第五条 （修订）教育原则

教育实施遵循以下基本原则:

1.与社会经济发展规划及国家人力资源发展计划相符。

2.保证国家性、科学性、现代化性以及大众性的有机结合。

3.坚持品德教育、智力教育、劳动教育、体育教育、艺术教育的统一。

4.保证学习与实践相辅相成、平等发展。

5.保证学校教育、非学历教育与家庭、社会培训教育相结合。

6.保证教育质量,并融入地区及国际的教育体系中。

第六条 （修订）公民的教育权

公民不论国籍、血统、宗教、民族、性别、年龄、健康状况及社会、经济地位如何,都依法平等享有高质量、终身的受教育权。

第七条 （修订）公民的教育义务

老挝公民有为教育的发展出资、捐物、出力、出谋划策的义务,包括对学生、教师以及教育工作者的教育培训和帮助。

第八条 （新）法律的适用范围

本法适用于在老挝从事教育行业的自然人、法人、政府组织及民间组织。

第九条 （修订）国际合作

国家提倡通过专业技能、科学技术、信息、媒体、研究、教学、教学管理以及在建设、培训、提高学历的资金争取等方面的经验交流,与国家、地区及国际就教育事业的发展进行合作。执行国际协议以及老挝协议。

第二部分　国家教育体系

第一章　学校教育

第十条　(修订)学校教育的定义

学校教育,即系统地在学校进行教学的一种教育形式,根据国家教育标准规定学习时间、使用适当的教材。

学校教育包括:

1. 学前教育

2. 普通教育

3. 职业教育

4. 高等教育

第十一条　(修订)学前教育

学前教育,即在托儿所对幼儿进行照顾,在幼儿园或其他学前教育场所进行教学的教育形式,以便让幼儿在体能、智力、性格、语言、社会生活认知等方面得到发展和提高,为接受小学教育做准备。

第十二条　(新)学前教育结构

学前教育包含以下教育层次:

1. 托儿教育层次:接收 3 个月至 3 岁幼儿。

2. 幼儿教育层次:接收 3 岁至 6 岁幼儿。

在幼儿教育层次中,开设兴趣班和学前班。

第十三条　(修订)普通教育

普通教育是对一般基础知识进行教学的教育形式,包括小学教育、初中教育、高中教育,学习年限为 12 年,具体目标如下:

1. 小学教育:确保学生具备基本常识,有听、读、写、说、看、问、思考、保持卫生和运动健身的能力以及参加基础的艺术培训的机会。

2. 初中教育:教授学生老挝语、数学、社会自然科学、体育与健身、艺术、法律、外语等基本知识,衔接高中或者职业院校的学习。

3. 高中教育:进一步深入学习所学过的知识。此外,针对进入职业院校、高等院校深造或者就业的学生,必须有针对性地学习专业知识,以便更好地提高知识水平和能力。

第十四条　(修订)普通教育结构

普通教育包括小学教育层次和中学教育层次。

1. 小学教育层次是普通教育的开始阶段,学习年限为 5 年。

2.中学教育层次紧接小学教育层次,学习年限为 7 年,包括初级中学教育及高级中学教育。

(1)初级中学教育是基础教育。

(2)高级中学教育紧接初级中学教育开展教学工作。

第十五条　(修订)职业教育

职业教育是教授专业技能,进行职业培训的教育,目的在于培养、发展学生以及培训人员,使其具备一定的知识、技能、工作能力、劳动纪律,以满足劳动市场的需求。

第十六条　(修订)职业教育结构

职业教育分为初级、中级和高级,并在《职业教育法》中有具体规定。

第十七条　(修订)高等教育

高等教育是衔接高级中学教育、中等职业教育或者学习大学预科教育课程同等学力以升入本科教育的教育,是有目的地培养专家、专业人才、研究员以及科学家的一种终身教育。

第十八条　(修订)高等教育结构

高等教育包括预科、本科、硕士、博士、继续教育。

关于继续教育另行规定。

第二章　非学历教育

第十九条　(修订)非学历教育的定义

非学历教育虽然与学校教育的课程内容及学习层次相同,但其教学形式、时间是根据学生的自身能力以及意愿来确定的,是学习与基本技能培训相结合的教育模式。

非学历教育包括全日制非学历教育以及自由式非学历教育。

第二十条　(新)全日制非学历教育

全日制非学历教育包括:

1.扫除文盲

2.提高教育层次

3.培训基础技能

第二十一条　(新)扫除文盲

扫除文盲是针对没有机会或条件进入学校学习的目标人群的一种教学活动,使学习者掌握阅读、书写老挝语以及基本的计算。

第二十二条　(新)提高教育层次

提高教育层次是指有计划、有目的地让接受扫除文盲教育的人群进入小学阶段以及中学阶段甚至更高层次的教育阶段进行学习的一项教学活动,使学习者通过掌握更多的文化和科学技术,提高自身的生活质量。

第二十三条　(新)培训基础技能

培训基础技能是在从业过程中提高文化水平、实践能力、专业水平以及道德水准,包括提高技能水平,或者有目的地给家庭及个人带来稳定收入的一项举措。

第二十四条　(新)自由式非学历教育

自由式非学历教育是指学习内容宽泛,且没有规定范围,需要通过各种形式和媒介自学或自行研究的一种教育形式,对学习时间、学习内容以及学习场所不做规定。国家提倡全民进行自由式非学历教育。

自由式非学历教育的贯彻执行另行规定。

第二十五条　(新)非学历教育教学形式

非学历教育的教学形式包括:

1.固定场所的教学

2.非固定场所的教学

3.远程教学

上述各种形式的教学以及管理另行规定。

第二十六条　(新)终身教育

终身教育是学校教育与非学历教育相结合的一种教育形式,以促进全民终身接受教育,发挥才智,适应发展的需求。

第三章　基础教育与义务教育

第二十七条　(新)基础教育

基础教育是基础知识教学的一种教育形式,目的在于让学习者能够从事工作并适应社会生活,同时,也为下一阶段的学习打好基础。

国家规定初级中学教育是基础教育。

第二十八条　(新)义务教育

义务教育是每个公民必须接受的教育。

国家规定小学至初中阶段的教育是义务教育。

第三部分　教育场所

第二十九条　(修订)教育场所的定义

教育场所是公立或者私立学校教育以及非学历教育进行教学、研究、培训、实践的场地,包括学校、学院、研究所、大学等。

第三十条　(新)教育场所类型

教育场所的类型包括：

1.幼儿养育及发展的场所,称为托儿所或者幼儿发展中心。

2.幼儿教育的场所,称为幼儿园。

3.小学教育的教学场所,称为普通小学或完全小学。

4.中学教育的教学场所,称为初级中学、高级中学、完全中学。

5.职业教育的教学场所,称为培训中心、学校、学院、事务所。

6.高等教育的教学场所,称为学院、研究院、大学。

7.非学历教育的教学场所,称为各个级别的非学历教育中心。

必要时,各类型的教育场所可能会根据教育与体育部的决议增加或更改。

第三十一条　(修订)教育场所的修建及审批

有修建教育场所意愿的自然人、法人或组织应向教育与体育部递交申请书以获得审批。

国有或者私有教育场所的审批必须与国家社会、经济发展规划,教育战略规划以及教育场所修建标准相符,由教育与体育部做出决议。

大学的审批由政府根据教育与体育部的提议做出决议。

私立学校教学场所必须依照投资促进法、企业法及其他相关法律、法规来执行。

教育场所的审批时间另行规定。

第三十二条　(修订)教育场所标准

公立或者私立学校教育场所的标准主要包括课程设置、教学媒介、师资(教育行政人员)、基础设施以及其他便利条件。

教育场所的具体标准还包括残疾人教育的场所,另行规定。

第四部分　教育课程以及教育技术

第一章　教育课程

第三十三条　(修订)课程的定义

课程规定了教学的原则、目的,各专业内容结构,各级、各学科教学组织形式、考核,各专业评估等内容,以确保学习者成为有文化、有能力、有特长、有理想的人。

课程包括国家课程、地区课程和双语课程。

第三十四条　(新)课程内容

国家课程内容必须确保教育的 3 个特性(国家性、科学性、大众性)和 5 个原理(智育原理、德育原理、劳动教育原理、艺术教育原理、体育原理),并与地区、国际接轨。

国家教育课程全国统一,对于具有地区特色的内容,须经教育与体育部同意后,方可加入地区教育的课程中。

对于双语课程,即老挝语和其他另一国语言的课程,在其他相关条例中已另行规定。

第三十五条　(修订)课程内容的认可

各级、各学科学校教育以及非学历教育的课程内容必须确保达到教育与体育部认可的标准。

对于国家之间的课程标准以及体系,须根据双方或者多方达成的共识执行,且必须与地区、国际的教育标准相符。

第三十六条　(修订)课程发展与完善

经教育与体育部同意及认可,教育机构能够根据教育发展战略规划发展和完善自身的课程建设。

第三十七条　课程的审批

国家教育体系内各年级、各学科以及各种形式的课程都由教育与体育部进行审批并宣布使用。

本法第三十四条中规定的地区课程,经教育与体育部同意后,由各省或者直辖市的教育与体育厅进行审批。

行业的特定课程由相应领域的业内专家进行研究制定,教育与体育部进行审批。

第三十八条　(修订)学习时间的规定

国家教育体系内各年级、各学科的学习时间必须按照教育与体育部规定的课程标准来制定,确保教育内容以及教学质量。

教育机构中各年级、各学科的教学时间另行规定。

第三十九条　考试及颁发证书

教育与体育部规定考试原则以及条例,各年级、各学科证书的颁发由教育与体育部宏观调控,并获得国内外认可。

第四十条　(修订)教学语言的选用

老挝语及老挝文字是教育机构教学过程中使用的官方语言及文字。

老挝数字及国际数字(阿拉伯数字)在教学中通用,从小学阶段开始学习。

第四十一条　(新)外语教学

教育机构可以组织外语教学活动,其中,英语为必学科目,从小学三年级起开设英语课程。至于其他语言,由教育机构根据实际情况及条件采取选择性教学。

第二章　教育技术

第四十二条　(新)教育技术的定义

教育技术,即在教学、培训、科研及管理过程中运用的技术工具及手段。

第四十三条　(新)教育技术的生产、提供、发展以及运用

有意涉足教育领域的自然人、法人或者组织,加大力度推进教育技术的生产、提供、发展及运用,包括图书馆、实训室、实验室、博物馆、宇宙模型、动物园、公园、植物园、科学园、信息技术园等,使其数量达到教育与体育部所规定的标准。

第五部分　学　生

第四十四条　(修订)学生的定义

学生是在国家教育体系内接受学校教育或非学历教育的各层次、各阶段学习或研究的个人。

学生可分为以下三种类型:

1.接受学前教育、普通教育、初级职业教育以及中级职业教育的学生。

2.接受高级职业教育、预科教育、本科教育、硕士教育、博士教育的学生。

3.研究员,即就某一课题进行分析研究,以寻求社会、自然科学真理的人员。

第四十五条　(修订)学生资助

家庭贫困、缺少机会、身体残疾的学生,有特长或成绩优异的学生,尤其是女性学生以及一些少数民族学生,都能按照相关的条例获得资助。

自然人、法人或者组织,可通过适当的形式对上述学生进行资助,并创造条件,让残疾学生能够和正常学生一起学习。

第四十六条　特殊教育

国家有责任为特殊儿童创造条件,使其能够接受相应的教育以及技能培训。

第四十七条　(修订)学生的权利与义务

学生的权利包括:

1.享有平等接受教育,进行科研,努力向上的权利。

2.根据相关规定有获得奖学金、荣誉称号及其他优惠政策的权利。

3.在义务教育阶段,享有保障身体健康的权利和因病治疗部分免费的权利。

4.完成学业后有获得相关学业证书及文凭的权利。

5.根据相关条例享有加入社团的权利。

6.有就学习和实践情况向相关教师或者部门提出意见的权利,同时有参与发展教育事业的权利。

7.有免费使用图书馆、博物馆的信息资源以及服务的权利。

8.根据相关规定有减免交通出行费用的权利。

9.其他相关法律、法规规定的权利。

学生的义务包括:

1.严格遵守国家法律、法规以及学校的规章制度。

2.自我发展成为有文化、有能力、有品德的人,认真学习,学有所成。

3.积极参加学校组织的各项活动,包括各种公益活动。

4.尊重师长,听从父母的教诲。

5.热爱学校,爱护教学设施设备。

6.团结同学,互帮互助。

7.抵制和反抗学校及社会中的消极现象。

8.其他相关法律、法规规定的义务。

第六部分　教师及教育行政人员

第一章　教　师

第四十八条　(修订)教师的定义

教师是执行教学任务,传授知识,提供培训学习、科研教育,通过多种方式促进、推动、帮助学生学习的人。

对于事业编制内的教师、在国防院校或公安院校任教的教师以及在民办学校任教的教师的管理,另行规定。

第四十九条　(修订)教师标准

教师必须达到下列标准:

1.政治立场坚定,观点明确,热爱及维护人民民主制度。

2.有良好的品质及师德师风。

3.具备教育与体育部规定的所任教年级的知识、能力及专业水准。

4.有师范专业证书、师范专业证明或教师资格证。

5.努力进取,不断提高业务能力。

6.身体健康。

第五十条　(修订)称号及职称

在各类教育机构任教的教师,包括:

1.称号:国家教师、人民教师。

2.职称:有经验的教师、专任教师、专业教师、资深教师、助教、讲师、副教授、教授。

必要时,教师称号及职称可按照政府的决议增加或更改。

第五十一条　(修订)教师的权利、职责及义务

教师的权利及职责包括:

1.制订、完善教案及教学计划,认真备好教学设备,研究分析并根据相关规定为社会提供专业服务。

2.根据课程、专业及精通领域来传授知识。

3.定期、公平地监督、检查、考核及评估学生的学习成果。

4.严格执行组织安排的任务。

5.完善及提高所教授专业的知识水平,提高自身的教学能力。

6.向主管领导提出建议或意见,并汇报自己的工作情况。

7.权益、荣誉受到保护。

8.其他相关条例中规定的权利及其应当履行的职责。

教师的义务包括:

1.严格遵守并执行相关教育及教育机构的政策战略、法律法规。

2.以身作则,为人师表。

3.平等地对待学生,尊重、维护学生的正当权益。

4.帮助学业落后的学生,开展教育培训工作,帮助学生树立感恩意识。

5.爱护教学大楼、教学设施设备。

6.维护教学场所的安全,爱护校园环境、维护校园秩序。

7.积极参加学校及社会组织的各类活动。

8.其他法律、法规规定的相关义务。

第五十二条 (修订)教师方面的相关政策

根据相关的法律、法规,教师在执教过程中能够获得相应的劳动报酬,提高专业水平和技能,提高生活质量以及社会地位,享受休假、退休及其他优惠政策。

国内外、国有或民办企业中的自然人、法人或组织为教师行使职责提供帮助和便利。

第五十三条 (修订)师资队伍建设及发展

师资队伍的建设及发展必须依据教育标准进行,确保师资队伍的数量和质量。

教育机构、组织、社会、团体以及相关部门,积极为教师的培养及教师专业水平的提高创造条件。

第二章 教育行政人员

第五十四条 (修订)教育行政人员的定义

教育行政人员是在国有或民办教育机构中对教学进行管理、检查、告知、提供便利的人。

教育行政人员的标准依据一般公务员条例执行。

第五十五条 (新)教育行政人员的权利、职责以及义务

教育行政人员的权利及职责包括:

1.在组织授予的权利范围内行使职责,并向直属教育机构汇报工作。

2.享有提高、完善专业知识水平以及其他履职能力的权利。

3.就教育事业的发展提出建议或意见。

4.其他法律条文规定的权利或职责。

教育行政人员的义务包括：

1.严格遵守并执行与教育相关的政策规划、法律及条例。

2.保守国家秘密，维护大众权益。

3.依照法律、法规提供便利与服务。

4.维护教育机构的安全与秩序。

5.以身作则，维护好教育行政人员的良好形象。

6.参与组织社会的各项活动。

7.其他法律条文规定的义务。

第五十六条　(新)教育行政人员的相关政策

教育行政人员根据相关的法律、法规，享有履行职责，提高专业能力、生活水平以及社会地位等方面的政策。

第五十七条　(新)教育行政人员队伍的建设和发展

教育与体育部及其他相关部门大力倡导并积极创造条件为公办或私立教育机构的教育行政人员提供培训，提高专业水平，促使其全面发展，旨在在培养教育事业接班人的同时满足各个阶段教育事业的需求。

第七部分　教育投资

第一章　国家投入

第五十八条　(修订)国家投入的定义

国家投入是指在教育事业方面为人力资源开发、基础设施建设、交通工具、教学设施设备以及其他便利条件提供经费，包括对保持学生身体健康方面的投入。

第五十九条　(修订)教育经费来源

教育经费来源主要有：

1.政府预算。

2.国内外团体、自然人、法人、家庭以及社会组织机构的资助。

为促进教育事业的发展，国内外的自然人、法人、政府组织或民间组织可以成立基金会。

基金会的成立、管理以及基金的使用另行规定。

第六十条　(修订)教育预算

政府必须把教育事业放在优先投资位置，提高国家教育投资比例。国家及地方政府有责任严格依照法律、法规管理上述经费的开支。

第六十一条 （修订）手续费及服务费

教育机构有权依据各个时期的相关条例收取教育手续费及服务费,国家义务教育阶段除外。

第二章 民间教育投资

第六十二条 （修订）民间教育的投资

政府鼓励国内外的自然人、法人和民间组织投资教育领域,用于建立各个层次的教育机构,根据国家教育体系以及教育与体育部批准的学科进行教学活动,并依照法律法规的相关规定为社会服务。

第六十三条 （修订）民办教育的管理

国家对民办教育机构在设置、运营、管理中的原则、条例以及政策做了相关规定。民办教育的管理制度与公办教育相同。

第八部分 保障教育质量以及国家教育资历框架

第一章 保障教育质量

第六十四条 （新）保障教育质量的目的

保障教育质量的目的是通过内外质量保障组织,对公办或私立教育机构教育质量进行规定标准、监督、评估检查,使其能够确保及证明教育成果,让所有人对教育树立信心,提高学习兴趣,最终使教育成果达到地区及国际标准。

第六十五条 （新）教育质量保障体制

教育质量保障体制包括内部保障和外部保障。

1.内部保障:依据教育与体育部的标准进行质量监督及成果评估,教育机构为评估者。

2.外部保障:依据教育与体育部或国际标准进行质量监督、评估以及考核,外部质量保障组织为评估者。

内部保障及外部保障的评估方法另行规定。

第二章 国家教育资历框架

第六十六条 （新）国家教育资历框架的目标

国家教育资历框架是通过规定各层次学生的知识范围、技能、经验等来确定其教育资历,具体目标如下:

1.支持终身教育。

2.在学生学业评估达到入学条件的前提下,支持其在各级各类教育中继续深造。

3.建立对学历、学习经验对比认可的透明度。

4.鼓励学生对所接受的教育体系以及学历充满信心,以便作为国内外学习成果对比的基础以及依据。

第六十七条 (新)国家教育资历框架的相关规定

国家教育资历框架的相关原则及方法另行规定。

第九部分 社会、家庭对教育的贡献

第六十八条 (修订)社会的贡献

群众及社会组织有义务通过捐资、捐物等多种方式为教育的发展做贡献。

各企业及其职工,有义务通过合作、提供便利、资助等方式帮助教师及学生在其岗位上工作、学习。

大众传媒有义务根据实际情况通过多种形式宣传、弘扬教育事业。

第六十九条 (修订)家庭的贡献

家庭有义务通过教育发展委员会、教育机构以及教师,为教育提供智力、资金、交通工具、设施设备、教学媒介、教育场所等方面的支持,创造良好的学习环境,并参加一些培养国家好公民的活动。

第十部分 禁止事项

第七十条 (修订)学生禁止事项

严禁学生有以下行为:

1.违反学校纪律。

2.向教师及行政人员行贿。

3.学习、实习、考试、测试作弊。

4.在学校或其他场所,如饮食店、游戏厅、歌舞厅沾染或买卖毒品、麻醉品、色情刊物以及赌博等行为;身穿校服进入不当场所。

5.与法律、学校规章制度、优良传统相违背的私生活混乱的行为。

6.持有武器、弹药及禁止的化工材料。

7.拉帮结派,给学校及社会制造不稳定因素。

8.法律规定的其他禁止事项。

第七十一条 (修订)教师禁止事项

严禁教师有以下行为:

1.对教学工作缺乏责任心。

2.滥用职权收受贿赂,为个人、家庭及团体牟利。

3.歪曲课本内容,利用教学之便讲授一些明令禁止的内容。

4.教学、技能培训、考试、考核过程中存在交易行为。

5.殴打、辱骂、偏袒学生。

6.在学校或社会做出破坏团结、制造混乱的行为。

7.传播淫秽信息。

8.沾染或买卖毒品,各类违法的赌博行为。

9.身穿教师制服进入娱乐场所或其他与教师身份不相符的场所。

10.在学校宣传或饮用含有酒精成分的饮料。

11.私生活混乱或鼓动学生做出一些违背优良传统及违反学校规章制度的行为。

12.法律规定的其他禁止事项。

第七十二条　(修订)行政人员禁止事项

严禁行政人员有以下行为:

1.在工作执行过程中缺乏责任心。

2.营私舞弊,利用职务之便收受贿赂,为了个人利益泄露机密。

3.教学、技能培训、考试、考核过程中存在交易行为。

4.在教育管理行政部门、学校、社会中拉帮结派,破坏团结及其他不稳定因素。

5.沾染或买卖毒品,各种违法的赌博行为。

6.与法律、学校规章制度、优良传统相违背的私生活混乱的行为。

7.传播淫秽信息。

8.在校内为含酒精成分的饮料做宣传。

9.法律规定的其他禁止事项。

第七十三条　(新)教育机构禁止事项

严禁教育机构有以下行为:

1.售卖、宣传含酒精、麻醉成分的饮料、食物以及质量不合格食品。

2.未经教育与体育部审批而自行转让、交换校舍、土地使用权及其他财物给自然人、法人或其他组织。

3.将校内场所用于商业用途并对教学产生恶劣影响。

4.未经教育与体育部审批而自行规定手续费、学费的收费标准。

5.法律规定的其他禁止事项。

第七十四条　(新)家庭禁止事项

严禁家庭有以下行为:

1.阻拦、偏袒监护对象接受教育。

2.引导孩子走向错误道路的行为。

3.把监护对象作为劳动力并导致其学业受到影响的行为。

4.向教师及行政人员行贿。

5.法律规定的其他禁止事项。

第七十五条 （新）自然人、法人及组织的禁止事项

严禁自然人、法人及组织有以下行为：

1.阻碍教育工作执行及活动举办的行为。

2.滥用职权为个人、家庭及团体牟利的行为。

3.贬低教师、行政人员及学校的名誉和价值的行为。

4.过度宣传教育事业的行为。

5.在校内或者周边提供麻醉品、毒品、赌博场所及制造噪声的行为。

6.未经批准使用教育管理部门标志、制服、印章的行为。

7.与国家优良文化传统相违背的行为。

8.在学校内传播淫秽信息，破坏国家的优良文化传统。

9.法律规定的其他禁止事项。

第十一部分　解决纠纷

第七十六条 （新）解决纠纷形式

教育纠纷的解决主要通过以下形式：

1.自行调解

2.通过政府行政机构解决

3.通过经济纠纷解决机构解决

4.法院判决

5.跨国解决

第七十七条 （新）自行调解

在教育工作实施过程中发生纠纷，当事人可以通过自行调解来解决。

第七十八条 （新）政府行政机构的解决方式

在教育工作实施过程中发生纠纷，当事人有权向教育与体育部相关部门请示汇报，相关部门按照法律、法规的相关规定进行协商解决。

第七十九条 （新）经济纠纷解决机构的解决方式

在教育工作实施过程中发生纠纷，当事人有权向经济纠纷解决机构申请援助，并按照相关法律、法规进行协商解决。

第八十条 （新）法院判决

在教育工作实施过程中发生纠纷，当事人有权向人民法院提起诉讼，并按照相关法律法规进行协商解决。

第八十一条　（新）国际性纠纷的解决方式

在具有国际性质的教育工作实施过程中发生纠纷时，应依据老挝法律以及老挝作为成员国之一的国际公约条文来执行。

第十二部分　教育的管理及教育工作的检查

第一章　教育的管理

第八十二条　（修订）教育管理部门

政府是全国范围内教育事务集中、统一的管理者，授权教育与体育部直接负责，并以负责人的身份与其他部委、机构、地方政府以及相关的教育发展委员会协调管理教育事务。

教育管理机构包括：

1. 教育与体育部

2. 省、直辖市教育与体育厅

3. 县、区教育与体育办公室

4. 其他教育机构

第八十三条　（修订）教育与体育部的权利与义务

在教育事务管理方面，教育与体育部的权利与义务如下：

1. 研究制定政策、战略规划、法律、工作计划、教育发展项目等以提交政府审议。

2. 宣传教育方面的政策、战略规划、法律、工作计划、教育发展项目以及相关的法律、法规。

3. 制定及修订教育管理方面的法律、法规。

4. 建立及完善各个时期的课程设置、教学用具、教学媒介等，提供培训和使用方面的各项便利措施以及指导。

5. 指导义务教育规划的实施和扫除文盲工作。

6. 制定教育标准，审批教育机构。

7. 培养、提升、任用教师及教育行政人员。

8. 根据相关法律、法规管理大学、学院以及其他教育机构。

9. 指导、监督、改进、检查及评估教育工作。

10. 就教育事业与相关国家机构及其他机构互相配合协调。

11. 根据相关部门的授权，就教育事业开展国际合作。

12. 定期向政府总结汇报教育事业发展情况。

13. 法律、法规规定的其他相关权利及义务。

第八十四条　（修订）各省、直辖市教育与体育厅的权利与义务

在教育事务管理方面，根据自身职责范围，各省、直辖市教育与体育厅的权利与义务如下：

1.把教育方面的政策、战略规划以及法律发展成为适合本地区发展的规划、工作计划以及项目,并着手实施。

2.宣传、监督、指导及检查教育方面的法律、规划、工作计划以及项目的实施情况。

3.制订实施义务教育规划、扫除文盲工作以及与基础职业培训相结合的提升教育层次的工作。

4.制订教师及行政管理人员的培养、提升及任用计划。

5.根据相关法规管理相关院校及教育机构。

6.管理教师及行政人员,包括安置和任职。

7.指导、提升、监督、检查及评估教育发展项目、工作计划以及规划的实施情况。

8.就教育事业与相关的国家机构及其他机构互相配合协调。

9.根据相关部门的授权,就教育事业开展国际合作。

10.定期向老挝教育与体育部、省(直辖市)政府总结汇报教育事业的发展情况。

11.法律、法规规定的其他相关权利及义务。

第八十五条 (修订)县、区教育与体育局的权利与义务

在教育事务管理方面,根据自身职责范围,县、区教育与体育局的权利与义务如下:

1.实施教育方面的政策、战略规划、法律及相关规定。

2.宣传、监督及检查教育方面法律、法规的执行情况。

3.制订实施义务教育规划、扫除文盲工作以及与基础职业培训相结合的提升教育层次的工作。

4.制订教师及行政管理人员的培养、提升及任用计划。

5.根据相关法规管理幼儿园、小学、中学及其他教育机构。

6.管理教师及行政人员,包括安置和任职。

7.指导、提升、监督、检查及评估教育发展项目、工作计划以及规划的实施情况。

8.就教育事业与相关的国家机构及其他机构互相配合协调。

9.定期向省、直辖市教育与体育厅及县(区)政府总结汇报教育事业的发展情况。

10.法律、法规规定的其他相关权利及义务。

第八十六条 (新)教育机构的权利与义务

在教育事务管理方面,教育机构的权利与义务如下:

1.严格执行教育方面的政策、规划、法律、法规。

2.根据自身的特点及职责范围制定教育管理规定。

3.教学工作的开展要保证质量,根据教育的特性和原理选择课程内容,按照学生所在年级开展教育成果的科学研究和评估工作。

4.根据实际情况以多种形式向社会大众提供专业服务。

5.管理并完善自身的组织形式,使其效率提高、成果显著。

6.根据相关的法规管理、使用、维护及修缮教学楼、教学设备及其他设施。

7.根据法律、法规收取涉及教学的手续费、服务费,并进行有效管理。

8.根据规划审批教师、行政管理人员以及学生的接收和安置工作。

9.根据相关法规表彰或处分教师、行政管理人员、学生。

10.保障学生的平等权益,保护教师、行政管理人员及学生的合法权益不受侵犯。

11.抵制消极现象,创建美好、安全、舒适的校园环境,弘扬国家的优秀传统文化。

12.联合管理机构、社会组织、家长协会、教育发展委员会、国内外组织机构及其他相关部门,以促进教学计划的实施和学校事务的管理。

13.监督、检查以及评估教育实施情况并定期向上级部门总结汇报。

14.其他相关法律、法规涉及的权利及义务。

第八十七条 (修订)相关部门、地方政府以及教育发展委员会的权利及义务

相关部门、地方政府以及教育发展委员会有权利及义务联合教育与体育部制订计划,分配预算、投资,建设基础设施,维护校园秩序,爱护教学设备,提供教学便利条件,并进行监督、检查和评估,使教学工作能够保质保量地开展。

第八十八条 (修订)教育协商会议

教育协商会议是在教育与体育部管理下的一种组织形式,包括众多相关人士和机构,如知名人士、知识分子、建国阵线代表、民间组织、国有或民营企业人士,皆有义务参与教育事业的发展,并为政策的制定出谋划策。

教育机构中教育协商会议须按照教育与体育部制定的管理层级来开展工作。

教育协商会议的设置及运作另行规定。

第二章 教育工作的检查

第八十九条 (修订)检查机构

教育工作的检查机构包括内部检查机构和外部检查机构。

外部检查机构包括国会、政府、反贪机构、国家监察机构及人民监督机构。

第九十条 (新)检查内容

教育工作的检查内容包括:

1.教育方面的政策、法律、法规执行情况。

2.教育与体育部的组织、运行情况。

3.教师及行政管理人员的职责执行情况及工作计划。

4.教育方面其他管理人员的工作执行情况。

5.教育与体育部的预算、资金。

6.老挝作为成员国在国际公约及其他教育工作协议上的执行情况。

第九十一条 (新)检查形式

教育工作的检查包括三种形式:

1.例行检查:按照计划定期检查,并有明确的时间安排。

2.提前告知性检查:计划外认为有必要的检查,并提前告知被检查者。

3.突击检查:在未告知被检查者的情况下进行的检查。

第十三部分　国家教师节、标志、制服和印章

第九十二条　(修订)国家教师节

国家规定,10 月 7 日为国家教师节,教师、教育行政人员以及学生依法享有休假权利。

国家部门或民营机构、建国阵线、民间组织、社会组织及人民群众,共同庆祝教师节,赞颂人民教师的优良品质。

第九十三条　(修订)标志、制服和印章

教育工作管理机构配有机构标志、教师及行政人员制服以及机构印章,以在公务场合中使用。

上述标志、制服及印章的具体内容另行规定。

第十四部分　对有突出贡献者的政策
以及对违法人员的处理措施

第九十四条　(修订)对有突出贡献者的政策

对在本法的执行过程中有突出贡献的自然人、法人及组织,将按照相关规定给予表彰或其他优惠政策。

第九十五条　(修订)对违法人员的处理措施

对违反本法规定的自然人、法人及组织,将依照情节轻重给予培训教育、警告、处罚、民事处置或刑事处罚。

第十五部分　附　则

第九十六条　实　施

国家组织实施本法。

第九十七条　(修订)生效

本法自老挝国家主席发布政令宣布使用并签署公务文件的 15 日后生效。

本法替代 2007 年 7 月 3 日签署的国会 04 号文件《老挝教育法》。

与本法相违背的规定及条文一律废除。

老挝国家教育体系改革战略规划(2006—2015年)

前 言

2006 年 3 月,党的第八次代表大会提出,到 2020 年国家要走出欠发达国家的行列,实现向工业化和现代化的转变。

实践表明,为了达到上述目标,必须树立教育在人力资源发展中的中心地位,高质量、高标准地推进国家教育改革,致力于把老挝人民培养成为有知识、有文化、有活力、有职业能力、有创新能力,且身体强壮、思想品行端正的好公民,使其满足社会经济发展和国际化发展的需要。

经过二十年的改革开放,国家教育的规模和数量得到了很大发展,但如今我国的教育体系仍存在诸多问题,既有半殖民地半封建制度的教育形式,也有革命教育,还有借鉴世界各国教育发展经验而形成的新型教育。这种教育体系不能确保教育的规模和质量,导致教育发展跟不上国家教育发展战略规划的步伐,不能满足社会经济发展需要,同时,也不利于教师地位和作用的提高,不利于各种政策制度的全面实施。因此,国家必须制定《国家教育体系改革战略规划(2006—2015 年)》,确定教育发展的目标、路线、战略及具体实施方案。该方案的实施目的在于完善国家教育体系,并使之更加严谨和全面;提高教育质量,逐步与国际接轨;使老挝人民积极投身到社会经济发展规划中去。

一、制定国家教育改革战略规划的依据

1.党的第八次代表大会的决议。

2.政府第六次社会经济发展规划(2006—2010 年)。

3.二十年教育发展战略远景规划(2001—2020 年)。

4.全面教育实施规划(2003—2015 年)。

5.第六次教育发展规划(2006—2010 年)。

6.2006 年 7 月 25 日总理在老挝国立大学提出的关于教育改革的六条原则。

二、教育发展状况

(一)成果

经过二十多年的改革开放,老挝教育在很多方面得到了发展,人民的文化知识水平也逐步得到了提高,具体表现在以下几个方面:

1. 从幼儿教育到大学教育的规模和质量都得到了完善与发展,每个县都设有小学、中学,边远山区的农村地区也设有中小学,同时私立学校也在每个省得到很大发展。

2. 学生、教室和学校的数量基本上满足了社会的需求,通过对比每学年高中学生的数量发现,1975—1976 学年高中生仅有 146 名,而 2005—2006 学年高中生已达到 45 198 人。

3. 国家致力于农村、边远山区教育的发展,在各省建立了小学、民族中学和民族寄宿制普通学校。同时,积极推进扫盲工作,15 岁以上人群的扫盲率已达到 75%,性别、民族间的教育水平差距越来越小。

4. 宣扬教育事业是全社会的职责。如今,社会热衷于集资建设或维修学校。调查数据显示,2006 年社会集资建设学校的金额占学校建设总金额的 18%。

5. 总的来说,教育质量逐步得到了提高,学生接受新技术的能力也不断增强。国立大学、私立院校的毕业生就业率超过 75%,老挝国立大学有很多专业都设立了硕士点。

(二)不足及遗留的问题

1. 山区及偏远地区的教育还不够完善,农村与城市的教育发展水平还有很大差距。

2. 6 岁至 10 岁年龄段的儿童不能全部入校学习,文盲或半文盲人口数量仍旧很多,小学、中学还存在严重的辍学、留级现象。

3. 教育质量还不能完全满足社会及劳动力市场的需求,教育还不能与国际接轨。

4. 部分教育行政人员、工作人员、教师的责任感不强,部分学生学习不认真。

(三)取得成果、不足及遗留问题的原因

1. 取得成果的原因

(1)总的来说,大部分人员都能认识到教育的重要性并为教育事业发展做贡献,大部分教师热爱教师这个职业,有牺牲精神,能吃苦耐劳。

(2)党和政府关心、指导教育,投入大量资金,如投资建设基础设施,同时为教育的开展提供了很多法律保障,制定《教育法》《关于实施小学义务教育的法令》以及五年、十年、二十年教育发展战略规划和每年的教育发展规划等。

(3)国家每年都会增加教育财政预算,如 1995 年国家在教育方面的预算为 466.5 亿基普,而 2005 年为 10 256.4 亿基普。

(4)逐步实现了两大教育目标:促进国立大学和私立院校以多种形式培养和发展人力资源;号召全社会投身教育事业,创造条件让人人都有受教育的机会。

(5)改革开放后,加强国际合作,保证国家政治稳定,社会安定,经济不断发展,人民生活水平逐步提高。

2. 不足及遗留问题的原因

(1)主观因素

教育行政管理体系与实际情况不相符,而且与社会经济发展的需求不协调,各级领导的观念转变还相对较慢,教育行业的各项规定及法律、法规还不完善,跟不上时代的

步伐,供制定规划使用的统计资料不具体、不完整,各级领导的知识、能力有限,部分教职工缺乏责任感等。

部分领导并未深刻地认识到教育的重要性,没有很好地起到指导、带领作用,甚至认为教育仅仅是指教育事业,不能把教育与其他行业及社会发展紧密结合起来,如学校教育与家庭教育、社会教育没有很好地融合,未取得成效。总的来说,还未制定统一的、清晰明了的人力资源发展规划。

(2)客观因素

市场机制的运行和对外开放政策的实施,对公务员、教师、学生、劳动人民的思想产生了直接影响,但教育还未采取具体方式抵制、制止其消极影响。

各级组织机构还不完善,难以满足教育发展的需求。未对教师实行照顾政策,或未出台一些针对教师的优惠措施,成为阻碍教育加速发展的原因之一。

国家地理位置不够好,人民居住分散,工作收入不稳定,教育缺乏持续性。

国家经济发展还比较落后,教育预算、学校基础设施建设资金投入不够,但社会对教育的需求却在不断提高。

三、教育的机遇与挑战

(一)国际环境

21世纪,世界科技实现了跨越式发展,社会从工业时代进入信息时代,各领域、各行业创造了大量的知识和财富。信息技术与国际接轨是客观趋势,国家合作与竞争并存,教育在各个国家、各地区得到发展和完善。

(二)国内环境

党的第八次代表大会指出,国家必须在牢牢把握两大战略任务的基础上加大发展力度。从现在起到2010年为基础建设时期,为了在后期的发展中拥有自主权,使全国政局稳定,并为经济的不断发展提供便利条件,实现到2020年我国走出欠发达国家行列的目标,国家经济必须保持每年以7.5%以上的增长速度发展。

为了达到上述目标,必须把教育作为人力资源开发的重中之重,使之与国家社会经济发展的战略相协调。

目前,我国正在实行国家管理下的市场经济机制和以家庭为单位的小商品经济,这种模式已在全国范围内得到广泛推广,可以吸纳大量的劳动力。同时,越来越多的人意识到教育的重要性,教育的需求也不断扩大。

社会应提供条件支持教育的发展,但同时必须改革教育,以满足国家社会经济的发展需要。

(三)机遇与挑战

国内外环境为教育的全面改革指明了方向。党和政府在任何时候都应认识到教育的重要性,加强财政预算中的教育投入,全面改革教育,完善和发展教育,使之满足国家发展的需求。老挝的教育必须克服自身存在的问题和矛盾,特别是存在的不足和遗留问题,必须直面地区及国际带来的挑战和影响。在社会经济发展变革过程中,必须积极发展教育以适应新的机制。

总的来说,从上述机遇与挑战中可以看出,国家是时候依照客观规律进行教育改革了。

四、国家教育改革指导方针

根据党的第八次代表大会的要求、总理和政府会议的指导方向,确定以下国家教育改革指导方针:

1.国家教育改革是为了使人力资源的开发与国家经济结构及发展战略相协调,同时也是与国际接轨的需要。

2.国家教育改革必须深入国家教育体系,首先必须变革观念,优化教育结构体系。

3.国家教育改革必须基于群众的参与,确保教育改革持续推进。

4.国家教育改革必须开发人民智力,突出本国文化,增强国家及民族团结。

5.国家教育改革必须创造更多的受教育机会,帮助人民提高生活水平,提高国家竞争力,以便更好地与本地区及国际接轨。

6.国家教育改革必须提高教师地位,肯定教师的作用。

五、各级教育改革战略

1.根据两个指导思想实施教育改革,即根据政治思想和社会主义理想培养专业人才。

2.全面开展教学活动,实行品德教育、思想教育、艺术教育及劳动教育。

3.致力于发展和完善学校教育。

4.广泛发展包括学校教育和非学历教育的基础教育,特别是边远山区的农村教育。

5.使老挝人民基本上能完成初中教育。

6.往后教育发展的主要侧重点是提高教育质量。

7.鼓励全社会参与教育事业的发展。

六、国家教育改革的意义

(一)总的意义

教育要满足国家向工业化及现代化转型的需要,成为发展高质量人力资源的工作重心,长久地促进社会经济发展。

教育的发展必须遵循国际化、科学化、大众化及现代化的原则,同时也应该符合我国国情,使老挝教育逐步向地区、区域及国际标准靠拢。

全面提升老挝人民素质,使老挝人民成为有教养、有知识、有工作、有创新能力,且身体健康、心灵纯洁及品德高尚的好公民,积极投身国家建设,满足新时期国家发展的需求。

(二)各级教育改革的特殊意义

1. 学前教育

(1)可以完善课程、培养方式及模式,加强对幼儿的照顾,使幼儿得到全面发展,如身体、心理、智力、思维表达及认知等方面的全面发展。

(2)加大实验幼儿园及学前班的覆盖面,特别是边远的农村地区。

(3)鼓励集资建设幼儿园。

2. 小学教育

(1)全面实行教育的五项原则。

(2)扩大学校覆盖面,让适龄儿童(6岁)能全部入学。

(3)向学生传授基本知识,训练职业技能。

(4)改变学生的学习观念、学习方式及思维方式。

(5)继续完成强制性小学教育。

(6)根据制定的规划培训、安置及分配教师。

(7)改变升学的考评方式。

(8)促进女童、少数民族及贫困家庭儿童入学。

3. 中学教育

(1)全面实行教育的五项原则。

(2)改革中学课程,把6年制改为7年制。

(3)向学生传授基本知识,训练职业技能。

(4)改变学生的学习观念、学习方式及思维方式。

(5)根据制定的规划培训、安置及分配教师。

(6)改变升学的考评方式。

(7)促进女童、少数民族及贫困家庭儿童入学。

(8)提供课本给各地区学生使用(特别是山区及边远地区的学生)。

4. 职业教育及职业技能培训

(1)最主要的是提高教育水平,培养学生吃苦耐劳的劳动意识,培养各种专业人才,使其与经济、劳动力的需求紧密结合,同时又符合中学的教学目标。

(2)吸引初高中毕业生接受初级、中级职业教育,2005年全国接受初级、中级职业教育的人数为25 327人,2010年增加到50 000人。

(3)鼓励有条件的私立院校建立职业培训中心和职业技术学院,提供各种职业培训。鼓励国家与私人合作,使学生能到生产单位、工厂、车间接受培训,同时扩大国家及社会的职能,以建立更多的职业技能及职业培训中心。

(4)在全国范围内新建职业技术学校,到2010年实现每个省至少有1所职业技术学校。

(5)继续解决师资不足的问题,培养教师使其满足必要的需求,通过培训提高教师及教育行政人员的知识水平和能力。

(6)培养专业技术人员,使其技术水平能与国家社会经济发展水平相一致。

(7)完善职业教育、职业培训的信息渠道。

(8)建立和完善职业教育和劳动技能培训的质量保证体系。

5.高等教育

(1)继续解决师资不足的问题,培养教师使其满足高等教育的必要需求,通过培训提高教师及教育行政人员的知识水平及能力。

(2)培养专业技术人员,使其技术水平能与国家社会经济发展水平相一致。

(3)把五所师范学校变为师范学院,在某些师范院校和老挝国立大学的教育学院共同开设本科课程。

(4)提高三所大学的教学质量,使之达到本地区领先水平,并与国际接轨。

(5)逐步提高女生、少数民族学生在高等教育中的比例,把大学生人数占国民总人数的比例从 2005 年的 1 068∶100 000 提高到 2010 年的 1 140∶100 000。

(6)建立网络,使大学与世界高等院校连接。

(7)制定高等教育发展战略规划。

6.非学历教育

(1)以鼓励、推进全民学习的形式发展非学历教育,使人民能依据条件、自身能力养成终身学习的习惯。

(2)建立系统的非学历教育的发展政策、战略和规划等。

(3)鼓励开展基础职业培训,吸引劳动人民学习知识,提高劳动技能,同时依据自身爱好接受教育培训。

(4)完善非学历教育的资料、信息。

(5)实施扫盲工作,特别是在偏远山区,优先给文化程度较低的村主任学习机会,实施"文盲小学毕业水平项目",使之为 2020 年培养强制性初中毕业生做准备。具体目标如下:15 岁至 24 岁的扫盲率从 2005 年的 84% 提高到 2010 年的 90%;15 岁至 40 岁的扫盲率从 2005 年的 79% 提高到 2010 年的 87%;15 岁以上的扫盲率从 2005 年的 73% 提高到 2010 年的 80%。同时,小学毕业人数从 2005 年的 31 600 人增加到 2010 年的 38 000 人;初中毕业人数从 2005 年的 1 860 人增加到 2010 年的 2 500 人;高中毕业人数从 2005 年的 3 640 人增加到 2010 年的 5 000 人;接受基本职业技能培训的人数从 2005 年的 3 000 人增加到 2010 年的 5 000 人。

(6)生产满足国家需求的教育设施、设备。

(7)建立非学历教育的人才培训体系。

(8)建立高质量的、正常运作的各级非学历教育中心。

7.残疾儿童教育

(1)鼓励正常儿童与残疾儿童共同学习。

(2)残疾儿童的入学人数由 2005 年的 2 700 人增加到 2010 年的 3 075 人。

(3)为严重残疾儿童建立特殊学校。

(4)为残疾儿童教育提供政策支持。

(5)鼓励残疾学生接受职业教育。

七、政府优先发展项目

为使国家教育改革顺利进行,教育部门将集中实施政府规定的四个优先发展项目:

1.2006—2010年国家教育改革项目,将普通教育的学习年限从11年制变为12年制。

2.提高教学质量与增加受教育机会项目。包含两个工作计划,即增加受教育机会的工作计划和提高教学质量的工作计划,这与教育部门的规定相一致。

3.解决教师短缺、提高教育行政管理人员能力的项目。该项目将与教育部实施的2006—2010年和2011—2015年国家教育发展战略规划同时进行。

4.发展各省的职业教育和职业培训项目。该项目与教育部正在实施的职业教育、职业培训发展战略规划同时进行。

八、国家教育改革的实施方法

为达到预期目标,国家教育改革将主要按照七种方法实施,具体如下:

(一)重新调整教育的目的和学科设置

按照国家制定的路线进行调整,使教育向标准化、现代化发展,逐步与地区、国际标准接轨。同时,制定人力资源开发项目,服务国家、各省市及地区的经济发展。坚持理论与实际相结合,教育与生产劳动相结合,学校教育与非学历教育相结合。重视德育教育。

1.普通教育

全面提高教学质量,调整学科结构,确保普通教育的文化标准,为学生提高知识水平、研究思维能力和实践能力创造条件,重视自然科学知识和社会科学知识的普及。

(1)为各族人民接受教育创造条件,并提高他们的老挝语水平。

(2)重视各省实验中学设备、器材和实验用品的配备,试行在初中教授与工厂有关的知识,在小学开设外语课。

(3)为偏远的农村地区提供课本,如2007年开始提供整套小学课本,2008年开始提供初中课本,2009—2010学年开始实施12年制普通教育。

(4)改革考试、开学、升学、毕业的形式。

2.职业教育和高等教育

(1)创建并使用专业代码,更新学科建设内容,突出学生的实践能力、工作能力。

(2)开始根据学科划分建设各专业,通过多种形式完善学科内容,教授最新知识,如自然科学、技术科学等方面的最新知识,使学生适应社会经济的发展需要。

(3)加强对老挝国立大学、苏发努冯大学、占巴塞大学及各大专院校的建设,使大学成为科学技术研究的中心(通过改进教学目的、内容、学科及教育方式来实现),特别是使老挝国立大学成为科研的中心。

（4）完善继续教育学科的建设,继续实施远程教育项目,争取到 2011 年完成专科、本科和本科后远程继续教育的学科建设。

（5）争取使各大学的图书馆变成电子图书馆。

（6）为各学院提供整套的设备和实验器材。

(二)建设教师队伍和改进教学方式

1.必须提供足够的师资保障,使之与教育实际相符合,逐步培养达到国家标准的教师。

2.改进教学方式。

3.加强师资队伍的建设,提高教师的专业能力和师德水平。

(三)完善教育管理

完善教育管理,提高管理效益,明确管理责任,及时解决教育行政管理中出现的问题,抵制消极行为。

(四)继续完善国家教育体系和教育结构

1.以多种形式完善国家教育体系,逐步完善教育标准,将普通教育、职业教育、高等教育衔接起来。

2.合理规划基础教育布局,使基础教育的层次结构、省市结构更加合理;紧密结合学校教育与社会教育;加强专业人才队伍建设、科学技术的研究与应用。

3.优先发展专科教育和职业技术教育。

4.优先发展边远农村地区的教育。

(五)增加教育部门预算

通过社会集资增加教育部门预算,完善各级学校、县教育局、省教育厅的财政管理机制,增加教学设备经费预算,特别是为各省的实验中学提供必要的实验用品。

(六)实施全民教育

创造一切条件鼓励全民参与教育发展,争取人人都能接受终身教育。

(七)加强国际合作

鼓励与国外、国际组织机构开展教育合作,争取援助,发展教育。

九、宣传国家教育改革战略规划的步骤

2006—2015 年国家教育改革战略规划的组织宣传工作分为两个阶段进行,即 2006—2010 年和 2011—2015 年。

(一)第一阶段(2006—2010 年)

1.第一步(2006—2008 年)

这一阶段的工作中心是集中起草法令草案,成立各专家委员会,具体制订和编写初

中课程的改革方案,完善教师队伍建设及教育管理规定,鼓励全社会对规划提出宝贵意见,以达到预期的总体目标,具体如下:

(1)制定教育管理改革规划,特别是从宏观和微观的角度完善教育管理,建立国立大学和私立院校的管理机制和体系,重点是提高教学质量。

(2)加强对各阶段、各层次教学的质量以及各种人力资源开发的监督。

(3)2007年初完成教育法的修订。

(4)健全规章制度,完善教学方法、考试方式和评价体系。

(5)对补课进行系统管理。

(6)严格管理和发放各阶段的录取通知书和毕业证书。

(7)2007—2008学年开始实施小学新课本,课本印刷的数量要与需求相一致,特别是小学和初中要做到学生人手一册。

(8)集中改进课程内容,优化教师队伍,完善基础设施,提供实验用品,为教学创造一切条件,使其逐渐标准化、系统化。

2.第二步(2008—2010年)

实施国家教育改革项目:

(1)开始选取课程内容,编写高中各科目课本。

(2)继续实施扫盲及强制性小学教育的工作。

(3)大力培养"双师型"教师,把工厂的培训课程纳入初中课程。

(4)继续为实验中学培养教师队伍,建设教学基础设施,发放教学设备、实验用品。

(5)加大对少数民族地区和边远地区教育的扶持力度。

(6)各省建立职业学校。

(7)改进教育管理方式,按照法规、法令的相关规定推进全民教育。

(二)第二阶段(2011—2015年)

继续实施第一阶段的国家教育改革规划,重点是继续解决教师问题和提高行政人员的办事能力,以及根据已制定的规划提高教育质量,增加公民接受教育的机会。

1.继续完成2011—2012学年高等教育课程改革。

2.继续组织经验交流会,提出问题并寻求解决方法。

泰　国

泰国教育法^①

1999 年 8 月 14 日由国王普密蓬・阿杜德签署颁布

鉴于有必要颁布一部国家教育法,普密蓬・阿杜德国王特此宣告:

本法中涉及泰国约束公民的权利和自由的部分条款,皆以《泰国宪法》第二十九条和第五十条为准。

普密蓬・阿杜德国王经国民议会建议并同意,特公布本法令如下:

第一条　本法称《泰国教育法》。

第二条　本法应在《政府公报》公布之后次日起生效。

第三条　任何部级法规、规定、条例、规章、文告以及命令,如与本法相抵触,则以本法中所规定内容为准。

第四条　本法中部分术语解释如下:

教育指通过知识传授、文化传播、培养培训、学术创新、社会环境和知识衍生等途径来增进人的知识与技能,进而推动个人与社会发展的过程。

基础教育指接受高等教育前所接受的教育。

终身教育指综合正规教育与非正规教育中的以改善人的生活质量为目的的终身式教育。

教育机构指早教中心、学习中心、学院、研究院、大学、教育机构以及以教育为主要目的的其他国立或私立机构。

基础教育场所指组织基础教育的场所。

教育标准指适用于每个教育场所的关于教育属性、质量、宗旨与标准的规定,是促进教育发展、实行教学监督、评估教学成果、保障教学质量的准则。

内部质量保障指教育机构内部人员及其上级领导机构进行教学成果评估与教学质量检测、标准监督等活动。

外部质量保障指外部即教育标准负责单位及其直属单位对教育机构进行教学成果

---

① 　颁布本法令的原因:《泰国宪法》规定政府有必要开办培训教育,促进私立学校开办培训课程,培养德才兼备的人才,并制定与国家教育法相关的法规、政策。通过改革教育体制,促进教育顺应社会、经济的发展变化。增强和加深人民对以国王为国家元首的民主体制的理解和信念,并使之应用到国家的建设发展中去。国家应鼓励建设教师队伍,发展民族文化艺术,促进私立教育及地方教育的发展,并在国家的控制监督之下,鼓励发展教育、训练和职业培训。因此,为与《泰国宪法》的规定一致,有必要颁布相关的国家教育法规,因为它是培训教育开办管理法的法律模板。

评估与教学质量检测、标准监督等活动,以保障并提高教育活动的质量和教学标准。

教育者指各级教育机构中承担教育责任的教师。

教师指在国立或私立教育机构中任职的工作人员和其他教育工作者。

高等院校教师指在国立或私立高等教育机构中担任教学、研究工作的专业人员。

教育机构行政人员指在各国有或私营教育机构中承担管理责任的专职人员。

教学行政人员指在区级以上教育机构中承担校外教学管理责任的专职人员。

教育工作者指各教育机构中的教育机构行政人员、教学行政人员,包括担任管理、教学、指导的教育工作人员。

部门指教育部。

部长指负责执行本法职责的部长。

第五条 由教育部部长代理行使本法权力,并授权部长颁布部门级法令、法规、文告,以保证本法的有效执行。

上述部级法规、条例、文告在《政府公报》公布之后即可生效。

第一章 教育总则、宗旨和原则

第六条 教育的目的应在于全面提高泰国全民族的人口素质,保证受教育者的身体、心灵、智慧、品行和道德的全面成长,在生活中讲诚信、讲文明,与他人和谐相处。

第七条 泰国是以国王为国家元首的民主体制国家,教育者应着眼于对学生政治意识的培养,使其忠于国王,维护君主立宪制度。受教育者须认真维护自身权利,履行自身义务;坚信遵纪守法人人有责,法律面前人人平等;崇尚人道主义精神;具有民族自豪感,自觉维护集体利益和国家利益;致力于促进民族宗教、艺术、文化、体育事业的发展,集世界文化、泰国文化尤其是泰国民族文化于一体;保护自然资源和环境;学有一技之长并具备自力更生的能力,具有创新精神,不断学习,开拓进取,自强不息。

第八条 组织教育活动应遵循以下原则:

(1)以人民为主要对象的终身教育。

(2)允许社会各界参与办学。

(3)不断改进教育内容与教学方式。

第九条 制定教育体制、结构、过程须遵循以下原则:

(1)政策上保持一致,执行方法上坚持多样化原则。

(2)下放权力至教育领域、教育机构以及地方管理机构。

(3)制定统一的教学标准,各级各类教育应形成一个整体的质量保障体系。

(4)提高教师、教育工作者的专业水平,不断壮大教师及教育工作者队伍。

(5)充分利用各地资源发展国家教育事业。

(6)鼓励家庭、社区、企业、地方行政组织、事业组织、社会团体、宗教组织、其他社会组织及公民个人依法举办学校及其他教育机构。

第二章　教育权利和义务

第十条　人人享有平等的受教育权。在全国范围内,每个公民都有权接受由国家提供的不少于 12 年的免费基础教育。

对于在身体、心理、智力、精神、社交和学习方面有缺陷的公民,或者身体残疾,失去劳动能力,无生活来源又无法定赡养人或扶养人的受教育者,国家应当根据他们的实际情况和需求提供特殊的基础教育。

国家需为在出生时患有或刚诊断出患有残疾的公民提供免费教育。国家、社会、学校及其他教育机构应当根据教育部的规定为残疾人实施教育,并为其提供媒体、服务设施以及其他教学便利和帮助。

为有特殊才能的公民提供特殊教育和教学模式合理的服务设施。

第十一条　父母或监护人有义务保证适龄子女或被监护人根据本法第十七条所规定的年限接受义务教育,并以教育部规定为准,根据家庭情况依法送被监护人接受继续教育。

第十二条　除国家、私人和地方行政组织之外,鼓励家庭、企业、社会团体、事业组织、宗教组织以及其他社会组织依法举办基础教育学校及其他教育机构。

第十三条　父母或监护人享有以下权利:

(1)依法获得国家对父母或监护人的培养和教育、对子女或被监护人的鼓励和支持。

(2)依法享有国家补贴给父母或监护人的义务教育基金。

(3)依法享有被用作子女或被监护人的教育经费的退税或免税权益。

第十四条　依法举办基础教育学校及其他教育机构的公民个人、企业、地方行政组织、事业组织、社会团体、宗教组织及其他社会组织,可以根据以下情况享有相应的权益:

(1)依法获得国家对义务教育学校的鼓励和支持,以提高学校教学水平。

(2)依法享有国家补贴给学校的义务教育基金。

(3)依法享有义务教育经费的退税或免税权益。

第三章　教育体制

第十五条　泰国的教育体制可划分为三种类型:正规教育、非正规教育和非正式教育。

(1)正规教育是指在学习目标、方法、课程、学制及课程评估方面有严格规定,受教育者只有完成这些内容并达到标准才能顺利毕业。

(2)非正规教育虽在学习目标、形式、方法、课程、学制及课程评估方面较为灵活,但都是受教育者毕业的重要条件,其授课内容以满足受教育者的需求、解决受教育者的具体问题为宗旨。

（3）非正式教育是指根据个人的兴趣、天赋、机遇及自身条件，从社会经历和生活环境中获取知识、提高技能的活动过程。

学校或其他教育机构可以采用上述任意一种类型的办学体制，也可以采用三种类型混合的办学体制。

受教育者有权在同一类型或不同类型的教育体制间互转学分，所累积的学分无论是从同一教育机构获取，还是从非正规教育、非正式教育或职业培训中获得都可以互转。

第十六条　正规教育分为两个阶段：基础教育和高等教育。

基础教育是指接受高等教育前所接受的不少于 12 年的教育。高等教育分为两个阶段：专科教育和本科及以上阶段教育。

高等教育还包括工作经验获得的学分。

非正规教育或非正式教育的阶段划分方式，以及与正规教育对等阶段的划分方式，均以教育部的规定为准。

第十七条　国家强制性实施九年义务教育，凡年满 7 周岁的儿童，其父母或者法定监护人应当送其入学接受教育并完成义务教育。直到 16 周岁，只有中考成绩达标的受教育者方可升学。具体标准以及适龄儿童、少年年龄的计算方法都需按照教育部规定实施。

第十八条　举办学前教育和普通初等教育的学校须按以下规定办学：

（1）学前教育机构包括托儿所、幼儿园以及宗教机构的学校前期教育。此外，还包括残疾儿童或有特殊需要的儿童学前教育机构，以及其他名称的学前教育中心。

（2）学校包括公立学校、私立学校以及佛教或其他宗教机构名下的学校。

（3）培训中心是指非正式教育机构。由个人、家庭、社区、社会团体、地方行政组织、私人机构、专业团体、宗教组织、企业、医院、医疗机构、社会福利机构或其他社会组织举办的学校或其他教育机构。

第十九条　包括大学、学院、学会或其他名称的高等教育机构在内的学校必须遵守高等教育法、高等教育机构申请办法以及其他相关法律、法规的规定。

第二十条　职业教育和技术培训机构的类型有国立学校、私立学校、培训公司或学校与企业合作所办学校。职业教育和技术培训机构须根据职业学校设置法规以及其他相关法律、法规的规定办学。

第二十一条　部、司、局、国有企业以及其他政府机构可根据本部门的需要和优势开设专业性的教育培训，但必须遵守国家教育政策与准则。具体标准、方法和条件按教育部规定执行。

第四章　国家教育方针

第二十二条　办学过程中要坚定信念，每一位受教育者有自我学习和完善的能力；教学过程强调以学生为中心，以顺其自然、激发潜力为目标。

第二十三条　正规教育、非正规教育以及非正式教育都必须强调对受教育者在德、智、体、美、劳等方面的培养，其教学内容包括：

（1）了解自己以及自己与社会之间的关系，包括对家庭、社区、国家、国际、泰国社会的历史起源以及对以国王为国家元首的民主体制的理解。

（2）掌握科学知识和技能，合理开采、保护和利用自然资源，保持生态平衡和自然环境的可持续发展。

（3）掌握宗教、艺术、文化、体育、民族传统智慧以及民间智慧。

（4）掌握数学和语言方面的知识和技能，强调对泰语的准确运用。

（5）掌握追求事业和幸福生活的知识、技能。

第二十四条　在组织教学活动过程中，教育机构和相关部门应考虑到以下几个方面：

（1）安排教学内容和教学活动时，须考虑到学生个体差异，综合学生的兴趣和资质制定课程。

（2）培养学生的技能、思维方式、管理能力、应变能力以及将所学知识运用到预防和解决问题中去的能力。

（3）组织实践活动，让学生从切身经验中获取知识。培养学生能做、会想、会做的能力。培养学生养成阅读的习惯，并保持永久的求知欲。

（4）培养综合型人才。不仅各科专业都有所涉猎，而且要具有良好的品德和正确的价值观。

（5）为教师教学创造良好的教学氛围、环境，提供完善的教学媒体和设施，从而提高学生的学习兴趣，培养多能型人才，并引导学生将研究融入学习进程中去。通过教学媒体和其他教学途径促进教学相长。

（6）受教育者的学习时间与地点不局限于学校。学校需与受教育者的父母、监护人、邻居共同努力，才能有效激发学生的潜力。

第二十五条　国家必须鼓励创建多种多样的终身学习场所，并保障其数量足够且有效运营。终身学习场所包括公共图书馆、博物馆、艺术画廊、动物园、公园、植物园、科技馆、体育运动中心、资料库以及其他学习资源。

第二十六条　学校或其他教育机构对学生进行评估时，应参考学生的进步程度、平时表现、上课表现、课外活动参与情况以及考试成绩，共同构成综合测评成绩。可视不同阶段和不同类型教育的教学课程的具体问题而具体分析。

学校或其他教育机构应提供多种继续教育的机会，并将本条提到的综合测评成绩作为一项参考。

第二十七条　基础教育委员会规定基础教育的核心课程，目的是培养学生的民族自豪感，使学生具有良好的公民意识、生活观、事业观以及接受继续教育的愿望。

为实现上述目标，基础教育学校或其他教育机构必须制定有关社会问题、民族智慧的教学课程，使受教育者能有效地融入家庭、社区、社会和国家。

第二十八条 根据本法第十六条规定,各阶段的教育都要有该阶段的特点。要致力于制定适合该阶段受教育者年龄与潜力的课程。

无论是学术类还是技术类的课程,都必须在知识、思维方式、能力、美德和社会责任感方面全面发展。

高等教育课程除了具备本条所提到的特点之外,还具有强调知识和社会体系发展的特点。高等教育课程应把发展高等职业技术和学术研究水平放在首要位置。

第二十九条 学校或其他教育机构应携手公民个人、家庭、社区、企业、地方行政组织、事业组织、社会团体、宗教组织以及其他社会组织,通过开办当地社区学校共同促进当地社区发展,从而使社区教育培训事业得到进一步发展。社区教育的发展有利于搜索知识、数据和信息;有利于发展符合当地公民的实际情况和需求的教育;有利于各个社区之间就社区发展经验相互交流,一起寻找发展之道。

第三十条 学校或其他教育机构应制订有效的教学计划,鼓励教师制订适合不同教育阶段受教育者的教学方案。

第五章　教育行政管理

第一节　国家对教育的行政管理

第三十一条 教育部有权监管各级各类教育机构,也有义务发展国家教育事业。国家教育政策、规划和标准的制定皆由教育部负责。教育部及其直属部门的职责包括促进教育资源的合理分配利用,促使宗教、艺术、文化、体育与教育相互融合,跟踪检查和测评学校或其他教育机构的办学水平。

第三十二条 负责制定教育管理法规的教育部下设机构共有四个部门,分别是教育委员会、基础教育委员会、成人教育委员会、高等教育委员会。教育部下设机构负责为部长或部长会议提供意见或建议,并依法履行法律所规定的其他职责。

第三十三条 教育委员会的职责:

(1)制订国家教育发展计划,完善各阶段教育体系,充分发挥宗教、艺术、文化和体育在教育中的作用。

(2)草拟教育政策、计划和标准,实现本条第1款的目标。

(3)草拟教育政策和计划,促进教育事业的发展。

(4)根据本条第1款内容评估学校办学水平。

(5)为根据本法制定的规章制度提供意见或建议。

草拟的国家教育政策、计划和教学标准应递交部长会议审核。

教育委员会的主席由教育部部长担任。教育委员会的成员由以下代表组成:私人机构代表、地方政府代表、专业组织代表、僧人代表、泰国伊斯兰教委员会代表、其他宗教组织代表以及人数不少于上述所有代表总人数的专家学者。

教育委员会秘书处是法人实体,委员会秘书必须是教育委员会的成员。

委员人数、资格、条件、提名程序、甄选方法、任期以及任期届满都须按法律规定执行。

第三十四条　基础教育委员会根据国家经济与社会发展委员会和国家教育计划的相关规定,草拟基础教育的核心课程和教学标准发展政策。发展教育事业,跟踪检查并测评基础教育学校或其他教育机构的办学水平。

成人教育委员会根据国家经济与社会发展委员会和国家教育计划的相关规定,草拟不同阶段的成人教育的课程、政策、发展计划与标准。促进国立成人教育与私立成人教育之间的交流与合作,跟踪检查并测评成人教育学校或其他教育机构的办学水平,重点培养学生的专业技术能力。

高等教育委员会根据国家经济与社会发展委员会和国家教育计划的相关规定,草拟高等教育的课程、政策、发展计划与标准。发展教育事业,跟踪检查并测评高等教育学校或其他教育机构的办学水平。强调本科以上的教育机构根据举办学校或其他教育机构的相关法律、法规,能够开放办学并提高专业水准。

第三十五条　根据本法第三十三条所提及内容,教育委员会的成员由以下代表组成:私人机构代表、地方政府代表、专业组织代表、僧人代表、泰国伊斯兰教委员会代表、其他宗教组织代表以及人数不少于上述所有代表总人数的专家学者。

每个委员会成员的人数、资格、条件、提名程序、甄选方法、任期以及任期届满都须按法律规定执行,同时,必须考虑到每个委员会成员的不同职责。

根据本法第三十三条规定,委员会秘书处是法人实体,每个委员会秘书都必须是委员会的成员。

第三十六条　国立高等教育学校的性质为法人团体,既可以是政府部门的一部分,也可以是国家管理下属机构。但本法第二十条提到的学校或其他教育机构除外。

上述机构都享有办学自主权。在办学及管理方面拥有高度的自主权,灵活性强,学术自由度高。但必须接受教育委员会的监管,并遵守与举办学校或其他教育机构相关的法律、法规。

第三十七条　基础教育的管理与设置应考虑到教育服务领域,包括学校数量、人数、文化以及其他各方面条件。但根据成人教育法开办基础教育的学校除外。

对于无法根据本条规定举办地方学校的情况,教育部规定,可根据以下特殊情况开办地方基础教育学校:

(1)为在身体、心理、智力、精神、社交和学习方面有缺陷,或身有残疾的受教育者提供基础教育。

(2)开办非正规和非正式基础教育学校。

(3)为有特殊才能的公民开办基础教育。

(4)开设远程教育,并促进教育资源的合理分配,发展地方教育事业。

部长通过教育委员会的提议,通过政府公报公布有关地方教育的规定。

第三十八条 每个地区的教育都必须接受当地地方教育委员会及其办公室的管理。当地地方教育委员会及其办公室负责事项包括:教育机构的设立、撤销、合并或关闭事宜,促进和支持地方私立教育机构的发展,联合地方政府共同推动符合教育政策和标准的地方教育事业的发展,鼓励公民个人、家庭、社区、企业、地方行政组织、事业组织、社会团体、宗教组织及其他社会组织依法举办多种类型的地方学校或其他教育机构。

地方教育委员会的成员由以下代表组成:社区代表、私人机构代表、地方政府代表、教师协会代表、教育事业工作者协会代表、家长和教师协会的代表以及教育、宗教、艺术和文化方面的专家学者。

委员人数、资格、条件、提名程序、任期、任期届满以及委员和委员会会长的甄选方法都须按教育部的相关规定执行。

地方教育委员会办公室的负责人既是地方教育委员会委员,也是委员会秘书。

第三十九条 教育部应下放教育举办权和管理权,将学术、预算、人力资源管理以及其他教育工作方面的管理权力下放到教育委员会、地方教育委员会办公室以及地方学校或其他教育机构。

下放权力的标准和程序按教育部的相关规定执行。

第四十条 设立基础教育学校或其他教育机构委员会、高等专科教育学校或其他教育机构委员会以及成人教育学校或其他教育机构委员会,目的在于管理、促进和支持教育工作的开展。上述委员会的成员由以下代表组成:家长代表、教师代表、社区代表、校友代表、专家代表、僧人代表以及其他地方宗教组织代表。

高等专科教育学校或其他教育机构以及成人教育学校或其他教育机构可依法增设委员会。

委员人数、资格、条件、提名程序、甄选方法、任期以及任期届满都须按教育部的相关规定执行。

学校或其他教育机构的负责人既是学校或其他教育机构委员会委员,同时也是委员会秘书。

本条规定不适用于本法第十八条第 1 款和第 3 款中所提到的教育机构。

第二节 地方政府对教育的行政管理

第四十一条 地方政府有权根据当地的实际情况开设某一阶段或各个阶段的教育机构。

第四十二条 教育部须根据已设定的标准和程序来判断地方政府举办学校的可行性。教育部必须鼓励并协助地方政府举办学校,从而举办符合教育政策和教学标准的地方学校。此外,教育部还应拨款扶持地方政府举办地方学校。

第三节　对私立教育的行政管理

第四十三条　加大私立教育的自主管理权。国家负责评估和监测私立教育的质量与标准,私立教育的质量评估与测评标准应与国立教育机构的标准一致。

第四十四条　本法第十八条第 2 款中提到的私立学校或其他教育机构必须是法人实体,并接受私立教育委员会的管理监督。私立教育委员会的成员包括:私立教育工作者、学校注册人、家长代表、社区代表、教师代表、校友代表以及专家学者。

委员人数、资格、条件、提名程序、任期、任期届满以及委员和委员会会长的甄选方法都须按教育部的相关规定执行。

第四十五条　私立教育机构有权依法举办各层次不同类型的学校或其他教育机构。国家必须制定明确的政策和措施来定义私立教育在国民教育中的地位。

在制定有关地方、地方政府或国家教育政策和计划的过程中,应充分考虑到对私立教育事业的影响。因此,教育部部长、地方教育委员会或地方政府在制定教育政策和计划时,应将私立教育机构和公众的意见考虑在内。

允许私立教育机构自由开办各阶段教育。根据《泰国私立高等教育法》的有关规定,私立学校或其他教育机构拥有健全行政和管理体系的自主权,具有较强的灵活性,较高的学术自由度,但必须接受教育委员会的监管。

第四十六条　国家须适当地向私立学校提供教育经费、退税、免税服务以及其他教育方面的扶持,并给予私立学校在学术方面的支持与帮助,完善私立学校,促使其在教育界立足。

第六章　教育质量标准与保障

第四十七条　制定一整套教学质量检测、标准监督体系,保证各阶段教育的质量。教育标准和质量保障体系包括内部质量保证和外部质量保障。

教学质量保障的体系、原则及方法须根据教育部规定执行。

第四十八条　教育机构及其上级领导机构制定一套内部质量保障体系。内部质量保障是教育管理体系中一个重要组成部分,必须保证对其进行严格有效的实施。教育机构须每年向上级领导机构与相关部门递交报告,并公之于众,从而提高教学质量,达到规定标准,以实现外部质量保障。

第四十九条　设立教学质量评估及标准保障监督机构。该机构代表人民大众,制定外部质量保障监督的原则与方法,实现对教育机构教学成果的评估,并起到教学质量检测、标准监督的作用。保证各级各类教育都能根据本法来明确办学宗旨、原则以及指导方针。

所有教育机构都必须接受外部质量评估。从上一次评估算起,至少每五年一次。第一次的评估结果都须提交有关机构,并对公众公布。

第五十条　学校或其他教育机构必须准备有关教育机构的各项资料,其中包括:教育工作人员、教育机构委员会、家长与其他相关人员以及其他与教育机构相关的资料。学校或其他教育机构应全力配合外部监督人员的检查,包括教学质量评估及标准保障监督机构、个人以及上述外部委员办公室。

第五十一条　若经外部质量保障监督机构评估认证,学校或其他教育机构的教学质量不达标,外部质量保障监督机构则须向教育机构的上级领导机构给出建议和整顿措施,并规定学校或其他教育机构在规定时间内实现教育新改革。若上述整改措施未能得到落实,国家教育标准和质量评估办公室须向基础教育委员会、成人教育委员会或高等教育委员会提交报告,以保证整顿措施的贯彻落实。

第七章　教师和其他教育工作者

第五十二条　提高教师素质,加强教师队伍建设,打造高素质、高标准、高要求的教育工作者团队。教育部应与教育机构合作并监督教育机构,帮助学校和其他教育机构不断发展新的教师、教职员工和教育工作者。

逐步增加对教育的投入,政府应当拨款设立教育专项资金,使其成为保证教育机构发展教师和其他教育工作者经费的稳定来源。

第五十三条　设立一个由教师、教育机构管理者和教育工作人员组成的独立机构,使其受专业委员会管理,并直属于教育部。该机构的权力和职责包括划定专业标准,颁发和吊销职业资格证,保证成员保持专业水平并遵守职业道德,壮大教师、教育机构管理者和教育工作人员队伍并提高其专业水平。

无论是在国立学校、私立学校,还是在其他教育机构任职的教师、教育机构管理人员和其他教育工作者都必须依法持职业资格证入职。

设立由教师、教育机构管理者和其他教育工作者组成的专业机构,职业资格证的颁发与撤销条件、标准以及程序都必须符合法律规定。

本条中部分规定不适用于本法第十八条第 3 款中的非正式教育机构的教职员工,包括地方教育管理者以及教育专业人才。

本条规定不适用于高等教育机构的教师、教育机构管理者和其他教育工作者。

第五十四条　建立统一管理公务员教师的中央机构,负责管理中央和地方教育机构的公务员教师和其他教育工作者。管理公务员教师的中央机构必须坚持逐步下放权力的原则。根据教育部的相关规定,将人事管理权下放到地方有关部门和教育机构。

第五十五条　针对公务员教师和其他教育工作者,制订专门的工资、报酬、福利和津贴补助方案。保证教师和其他教育工作者的收入与其社会地位和职业相符合。

设立针对教师、教职员工和教育工作者的奖励基金。用以奖励有创新精神、科研成果优异以及获杰出教师奖的教师、教职员工和教育工作者。具体实施办法按教育部相关规定执行。

第五十六条　教职员工和教育工作者的培养和培训,教师和其他教育工作者专业水平和职业道德的提高,以及高等教育机构公职人员的管理工作,都必须遵守当地高等教育机构申请办法以及其他相关法律、法规的规定。

第五十七条　教育机构应当动员社会人才参与到发展教育的事业当中,集众人的经验、知识、专长和智慧促进教育事业的发展,并表彰、奖励对教育发展有突出贡献的先进个人。

第八章　教育投入和保障条件

第五十八条　调动各方面的资源并采用多种渠道筹措高等教育经费,充分利用国家、地方行政组织、个人、家庭、社区、社会团体、私人机构、专业机构、宗教机构、企业、其他社会组织以及国外的基金和资金,开展教育事业。筹资措施包括:

(1)国家和地方行政组织可以通过征收适当教育税筹集教育资金。具体筹资办法按教育部相关规定执行。

(2)鼓励个人、家庭、社区、地方行政组织、私人机构、专业机构、宗教机构、企业以及其他社会组织筹资开设或合伙开设教育机构或贡献教育资源,并共同分担适当且必要的教育支出。

国家和地方行政组织应当鼓励和吸引上述各种集资手段,可通过适当且必要的退税或免税措施调动各方面的资源和资金。具体办法按教育部相关规定执行。

第五十九条　国立学校和其他教育机构作为法人有权管理、监督、维护其教育资源并获取合法利益。根据国家土地法或其他资源法,即便使用的是国有土地,只要与教育机构的政策、目标和主要任务不相抵触,国立学校和其他教育机构都有权从所提供的教育服务赚取收入以及收取学费。

国立学校或其他教育机构通过社会捐赠或学校用教育收入购买或交换获得的所有不动产,不得视为国有财产,所有权应当归学校或其他教育机构所有。

国立学校作为法人实体取得的国有收入和利息,包括从国有土地直接谋取的利润、违反教育合同的罚金、违反资产购买合同的罚金以及用财政拨款聘用员工取得的收入,根据国家财政法和预算法规定,必须上缴国库。

作为非法人实体的国立学校取得的收入和利息,包括从国有土地直接谋取的利润、违反教育合同的罚金、违反资产购买合同的罚金以及用财政拨款聘用员工取得的收入,根据国家财政法规定,可全部作为学校的办学开支。

第六十条　国家将教育经费纳入财政预算对国家的可持续发展具有至关重要的作用,国家对教育的经费投入包括:

(1)为每一名接受义务教育或基础教育的学生提供人均公用经费,国立学校和私立学校的人均公用经费相等。

(2)设立教育贷款基金,为家庭贫困的学生提供适当且必要的帮助。

（3）对于本法第十条中提到的特殊人群，可根据其特殊要求提供特殊教育经费和条件，从而保证教育机会的平等性与社会的公平性。具体实施标准和办法按教育部相关规定执行。

（4）根据国家教育发展规划和教育机构的任务，将部分预算用作教育机构的日常开支以及国立教育机构的教育经费。授予教育机构在教育经费和教育资源方面的自主管理权，并考虑到教学质量和平等的受教育机会。

（5）国家拨款为作为法人实体的国立高等学校以及隶属于国家或人民的教育机构设立公共流动基金。

（6）为私立教育机构设立低息贷款基金，促进私立教育机构的稳定发展。

（7）建立国立和私立教育发展基金。

第六十一条 对于公民个人、家庭、社区、社会团体、私人机构、专业组织、宗教组织、企业以及其他社会组织举办的学校及其他教育机构，国家应当设立教育流动基金，为该类教育机构提供适当且必要的帮助。

第六十二条 建立一个完整的质量检测系统，跟踪调查教育经费的效益和成效。审查工作由教育内部机构和负责教学检查的国家机构负责。必须保证教育经费的使用符合教育原则、国家教育方针以及国家教育质量标准。

教学质量评估与跟踪检查工作的原则和办法按教育部的相关规定执行。

第九章　教育技术

第六十三条 国家应当为无线电广播、电视、电信等媒体的传播提供必需的无线电频率分配、信号传输设备以及其他基础设施，从而为正规教育、非正规教育以及非正式教育提供方便，并更好地传播、保持民族的宗教、艺术和文化。

第六十四条 国家应当鼓励和促进教科书、参考书、学术著作、刊物的出版以及教育技术的发展。通过提供财政补贴来吸引更多的生产者发展教育技术，并确保提供一个公平公正的竞争环境，实现教育技术长足发展。

第六十五条 采取措施培养教育技术的生产者和使用者。不仅要有具备知识、能力和技能的生产者，也要有懂得合理地、有效地使用教育技术的使用者。

第六十六条 受教育者有权在第一时间学会如何使用教育技术，让受教育者有足够的知识和技能利用教育技术自主学习、终身学习。

第六十七条 国家应当推动教育技术的研发、生产与进步，并时时跟进、检查和评估教育技术的使用效果，以确保泰国人民能将教育技术合理有效地运用到学习中去。

第六十八条 筹集资金设立教育技术发展基金。资金来源有国家补贴、特许经费以及来自大众传播媒体、通信技术及电子通信相关的部门（即政府、企业及事业单位）的收入。为实现个人与社会的发展，国家对上述技术的运用收取较低的服务税。

设立教育技术发展基金,推动教育技术的研发、生产与进步。教育技术发展基金的原则和实施办法按教育部的相关规定执行。

第六十九条　国家必须设立一个中央机构,负责草拟政策、计划,促进教育技术的研究、开发与应用,并对教育技术的质量和应用效果进行评估。

第十章　临时条款

第七十条　凡有关教育、宗教、艺术和文化的法规、条例、规章、文告以及命令皆以本法为依据,直至本法出台新的修正案。但必须在本法颁布实施之后五年内实施。

第七十一条　本法颁布之日起,教育部、局、厅、司以及学校或其他教育机构的地位、权力和职责保持不变,直至本法制定新的教育管理体制。但必须在本法颁布实施之后五年内实施。

第七十二条　本法第十条和第十七条不适用于本法颁布初期,直至采取了必要的应对措施。但必须在泰国宪法颁布实施之后五年内实施。

本法颁布实施之后六年内,教育部须完成对所有教育机构的第一轮外部评估。

第七十三条　本法中第五章和第七章不适用于本法颁布的初期阶段,直至采取了必要的应对措施,并且在 1945 年版《教师法》和 1980 年版《公务员教师法》修订之后方可实施。但必须在本法颁布实施之后五年内实施。

第七十四条　在实施部门成立的初期阶段,由政府总理、教育部部长、大学部部长代为行使本法权力,并有权在本部门权力和职责范围内颁布部级法令、法规、文告以保证本法的有效实施。

在采取必要措施保证本法有效实施之前,由教育部、大学部、国家教育委员会在本部门权力和职责范围内行使本法第五章教育行政管理的权力。

第七十五条　成立教育改革办公室。教育改革办公室根据《公共事业组织法》下发皇家法令而直接成立(未经议会同意),作为公民联合建立的公共机构,教育改革办公室的职责如下:

(1)根据本法第五章规定,依法制定教育体制,设立教育相关组织,分担教育部工作。

(2)根据本法第七章规定,依法建立教育和其他教育工作者系统。

(3)根据本法第八章规定,依法调动教育资源,建立投资体系。

(4)向部长会议提交有关实施本条第 1 款、第 2 款、第 3 款规定的草案。

(5)根据本条第 1 款、第 2 款、第 3 款规定的职责,对有关本条第 1 款、第 2 款、第 3 款内容的部级法规、条例、规章、文告以及命令做出调整、修订要求,从而保证本法与部长会议要求相一致。

(6)《公共事业组织法》规定的其他权力和职责。

第七十六条　成立教育改革办公室管理委员会。该管理委员会共有 9 人,由委员会主席和成员组成,并由部长会议直接任命。管理委员会成员必须是有能力、经验丰富,且精通教育管理、人力资源管理、行政管理、财务管理、公共事业法律、法规以及教育法律、法规的优秀人才。此外,管理委员会成员中,非公务员或非国家政府任职人员的成员不得少于 3 人。

教育改革办公室管理委员会有权委任有才能者作为管理委员会的顾问,并成立小组委员会,专门处理管理委员会分配的任务。

教育改革办公室秘书长兼任管理委员会的成员和秘书,在管理委员会的监督下管理教育改革办公室事务。

教育改革办公室管理委员会成员和秘书长的任期都是 3 年,任期届满后,教育改革办公室成员职务将予以撤销。

第七十七条 设立成员人数为 15 名的提名委员会,专门挑选适合担任教育改革办公室管理委员会成员的人才。提名建议人数为管理委员会主席和成员的两倍,以供部长会议商议任命。提名委员会的成员包括:

(1)有关部门的代表 5 人,分别是教育部次长、大学部次长、法制委员会秘书长、国家教育委员会委员以及预算部门负责人。

(2)作为法人实体的国立或私立高等教育机构,校长共 2 人,由学校内部选举产生。开办有本科以上教育学科目的教育学院,院长 3 人,且 3 名院长中至少有 1 名来自国立大学的教育学院。

(3)自主选举 5 名成员作为教育学学术或专业协会的代表,以法人形式成立。

提名委员会应选举 1 名成员作为主席,再选举另 1 名成员作为委员会秘书。

第七十八条 政府总理负责保证皇家法令的有效实施,并有权设立教育改革办公室。此外,总理还有权根据《公共事业组织法》管理监督教育改革办公室。

除上述规定之外,按皇家法令规定建立教育改革办公室还应包括以下内容:

(1)按本法第七十五条、第七十六条有关教育改革办公室管理委员会的规定,设定管理委员会的成员、权力与义务、任职期限。

(2)提名委员会的成员、权力与义务、提名的标准与程序以及管理委员会的成立都必须根据本法第七十七条的相关规定执行。

(3)委员会成员选举资格的限制,包括对管理委员会成员、秘书长和工作人员的卸任管理。

(4)资金、收入、预算以及财产管理。

(5)人事管理、福利及其他权利。

(6)监督、检查和评估成果。

(7)撤销教育改革办公室。

(8)为顺利且有效地执行工作而设的其他必要规定。

泰国私立高等教育法[①]

1999 年 10 月 13 日由国王普密蓬·阿杜德签署颁布

鉴于有必要对私立高等教育法进行修订,普密蓬·阿杜德国王特此宣告:

本法中涉及泰国约束公民的权利和自由的部分条款,皆以《泰国宪法》第二十九条、第三十一条、第三十五条、第四十八条及第五十条规定为准。

普密蓬·阿杜德国王经国民议会建议并同意,特公布本法令如下:

第一条 本法称《泰国私立高等教育法》。

第二条 本法应在《政府公报》公布次日生效。

第三条 废除《泰国私立高等教育法(1979 年)》和《泰国私立高等教育法(1992 年修正案)》。

第四条 根据《泰国私立高等教育法(1979 年)》成立的私立高等学校同样适用于本法,且学校性质仍为法人。

第五条 本法中部分术语解释如下:

私立高等学校指以提供高等教育服务为目的,招收学生数额在一人以上的私立学校。

办学申请人指依法筹集资金、申请举办私立高等学校并获得办学许可证的个人,包括通过转让取得私立高校办学许可证的个人。

办学许可证指获准开办私立高等学校的办学资格证明。

教育委员会指根据国家教育法成立的私立高等教育委员会。

学校董事会指私立高等学校董事会。

学校董事会成员指私立高等学校董事会成员。

教师指在私立高等学校任职的教授、特聘教授、副教授、特聘副教授、助理教授、特聘助理教授、讲师、特聘讲师,主要负责教学和研究工作。

学生指在私立高等学校接受高等教育且已完成教育部规定的高中课程或同等学力的学习者,或者是私立高校董事会根据高等教育委员相关规定依法招收的学习者。

[①] 颁布本法令的原因:《泰国教育法》规定私立教育的举办和管理体制是自由的,但私立学校与国立学校一样都执行国家教育质量评估与标准检测的规定,接受国家对私立教育质量评估与标准检测的宏观管理。在学校董事会的管理下,为了使私立学校大学教育的开办更具自主性,发展私立学校自主举办和自由管理体系,发挥私立学校独特的灵活性,保证私立学校的学术自由,从而成立私立高等教育委员会,负责提出有关国立与私立教育发展规划及标准的议案。使得私立学校教育质量更加达标,发展更加繁荣,达到扶持私立高校更为有效地发展教育的目的。因此,为使私立学校与国立学校一样接受国家对教育质量评估与标准检测的宏观管理,颁布本法令。

学校行政管理者指私立高等学校的校长、院长以及其他行政管理工作者。

行政人员指教育部部长根据本法指定的执行人员。

部门指泰国教育部。

部长指负责监督执行本法的部长。

第六条 本法适用于泰国所有开设高等教育的私立学校，但由泰国政府与联合国人才发展部、国外政府达成协议或联合承办的私立高等学校除外。

第七条 由教育部部长代理行使本法权力，并授权部长任命工作人员，颁布实施部级法规、条例及公告，以保证本法的有效执行。

上述部级法规、条例及公告在《政府公报》公布后即可生效。

第一章 私立高等学校的设立

第八条 私立高等学校是教育研究机构，旨在促进学术研究与高等职业教育的发展，为社会性学术研究服务并繁荣国家文化艺术事业。

第九条 私立高等学校可划分为以下三种类型：

(1)私立大学。

(2)私立学院。

(3)私立职业技术学院。

私立大学、私立学院与私立职业技术学院划分的标准、方法和条件按教育部的相关规定执行。

第十条 举办第九条规定中的私立高等学校必须先取得教育部部长根据高等教育委员会的建议而下发的办学许可证。

申请与下发私立高等学校办学许可证的程序、方法和条件必须按教育部的相关规定执行。

第十一条 申请私立高等学校办学许可证时，办学申请人必须将办学申请书、学校章程拟订方案、开设专业一同上交给审批机构。

本条中提到的申办私立高等学校必须具备以下条件：

(1)名称、类别。

(2)办学宗旨。

(3)地址、校园规划图、教学场所。

(4)符合本法第十二条有关土地的相关规定。

(5)申办人的资金投入以及资金收支流动情况。

(6)学校徽章、学校标志。

(7)学位服和学位徽章。

(8)办学规划和重要的教学设备。

(9)学校负责人、教师以及其他教育工作人员的聘任和发展机制。

(10)学制、教学课程以及教学评估机制。

(11)学费、经费以及其他规定的费用。

(12)学生招收与毕业方式。

(13)学生制服或着装要求。

(14)对学校负责人、教师以及其他教育者的职务和职业道德的规定,并对学校负责人、教师以及其他教育者的月工资、授课金、奖金、福利以及聘任和辞退制度的规定。

(15)教育部的其他相关规定。

根据本条规定申办的私立高等学校必须获得教育委员会的认可,且本条第8款至第15款必须获得学校董事会的批准,并在学校董事会批准之后三十天内上报给教育委员会。

第十二条 办学申请人必须具备以下条件:

(1)拥有用以建立私立高等学校的土地所有权。

(2)提供充分的材料证明:申请人能在本法第十六条规定时限内,将土地所有权转到所举办的私立高等学校名下。

(3)租用政府机构土地的申请人也必须提供充分的材料证明:在取得办学许可证后,能在本法第十六条规定时限内,根据土地租用合约将土地所有权转到所举办的私立高等学校名下。

建校用地的特点与面积须根据教育部的相关规定执行。

第十三条 从获得办学许可证之日起,私立高等学校正式成为企业法人。私立高等学校建立之始,由办学申请人作为该私立高等学校的法人代表,代为处理学校事务,直到任命校长为止。

第十四条 取得办学许可证的私立高等学校如需更改学校名称或更改学校类型,必须取得教育部部长根据高等教育委员会的建议而下发的许可证。

申请与下发更改学校名称或学校类型许可证的程序、方法和条件必须按教育部的相关规定执行。

第十五条 更改学校名称或学校类型许可证的下发与撤销必在《政府公报》上予以公布。

第十六条 获得办学许可证后,私立高等学校办学申请人还应当:

(1)当办学申请人符合本法第十二条第1款情况时,即办学申请人拥有用以建校的土地所有权时,办学申请人必须在获得办学许可证之后六十天内,无条件将建校土地的使用权转到私立高等学校名下。如有特殊原因,可向教育部部长申请酌情宽限土地使用权转移时间,但宽限时间不得超过三十天。

(2)当办学申请人符合本法第十二条第2款情况时,即办学申请人为证明材料提供者时,办学申请人必须在获得办学许可证之后九十天内,无条件将建校土地的使用权转到私立高等学校名下。如有特殊原因,可向教育部部长申请酌情宽限土地使用权转移时间,但宽限时间不得超过六十天。

(3)当办学申请人符合本法第十二条第3款情况时,即办学申请人为建校土地租用者时,办学申请人必须在获得办学许可证之后六十天内,无条件将建校土地的使用权转到私立高等学校名下。如有特殊原因,可向教育部部长申请酌情宽限土地使用权转移时间,但宽限时间不得超过三十天。

(4)办学申请人必须在六十天内将除土地以外的其他资产,如资金和财产,转移到私立高等学校名下。

若申请人未能按本条第1款、第2款、第3款、第4款规定执行,教育部可根据高等教育委员会的建议取消其办学资格。若办学申请人未能在规定时限内按本条第1款、第2款、第3款、第4款规定执行,教育部部长有权撤销其私立高等学校的办学许可证。

第十七条 根据本法第十六条第1款、第2款规定转移土地使用权,或捐献不动产到私立高等学校名下,根据税务法典可免纳财产转移税以及不动产注册等手续费。

第十八条 如需增设本法规定的计划学科以外的新学科,私立高等学校必须征得学校董事会的同意,并在学校董事会批准之后三十天内上报给高等教育委员会。

申请与批准增设新学科的程序、方法和条件必须按教育委员会的相关规定执行。

第十九条 私立高等学校内部工作的分配与管理体制的建立须以学校董事会的规章制度为准。

第二十条 私立高等学校可在校区以外地点办学,其办学形式、方法、申请以及批准的具体流程和条件按教育委员会的相关规定执行。

第二十一条 私立高等学校的名称必须以泰文书写,并根据学校类型在名称中标明"大学""学院""职业技术学院"字样。

若私立高等学校需要在学校名称中使用外文,须取得教育部部长根据高等教育委员会的建议而下发的许可证。

第二十二条 严禁任何人在违背本条例的情况下使用"大学""学院""职业技术学院"名称,或者用外文称呼意思相近或相同的名称,如在名称组成、校徽、公章、信件、资料以及其他相关文件中使用并让他人误信是通过法律批准的私立高等学校。

除本法规定的私立高等学校之外,任何人都不得擅自使用"大学""学院""职业技术学院"名称,或学校名称中具有同等含义的外文字。不得在学校名称、学校公章、学校规章制度、信件及其他相关文件中擅自使用"大学""学院""职业技术学院"字样,使他人误信是本法规定的私立高等学校。

第二十三条 私立高等学校不在《劳动监察法》和《劳动基准法》的监督范围内,但私立高等学校的教育工作者应当获得不少于《劳动监察法》规定的工资和福利。

私立高等学校的教育工作者的工资福利标准与保障一律按教育部的相关规定执行。

第二章　私立高等教育委员会

第二十四条　私立高等教育委员会有以下权力和职责：

（1）履行本法规定的各项职责，并对高等教育委员会的决议负责。

（2）在教育部部长依据本法出台有关行政法规以及处理私立高等学校相关事宜时，须向教育部部长提出相关建议或意见。

（3）保证教学质量达到教育部规定的标准。

（4）在私立高等学校教育质量保证和学术地位方面提出建议，以达到教育部制定的各项教育指标。

（5）根据本法规定制定相关法规。

（6）执行、履行本法或其他法律规定的相关权利和义务。

第二十五条　根据本法，高等教育委员会办公室负责履行私立高等教育委员会相关职责和义务。

第二十六条　私立高等教育委员会有权成立常务委员会或小组委员会，专门协助私立高等教育委员会处理私立高等教育委员会交办的任务，任务结束后须将该项任务完成情况汇报给高等教育委员会。

私立高等教育常务委员会会议以及小组委员会会议应当依照私立教育委员会的相关法规执行。

第二十七条　私立高等教育委员会、私立高等教育常务委员会以及小组委员会有权在职责需要的情况下，通知个人上交必要的信息或材料配合工作或者是面谈。

第三章　私立高等学校的组织与活动

第二十八条　每一所私立高等学校都应当成立董事会，董事会成员由以下人员组成：

（1）董事会主席由办学申请人提名。

（2）校长从学校董事会成员中推选担任。

（3）设置人数不得少于七人且不超过十人的董事名额。且全部由办学申请人提名，其中高等学校教师代表不得少于一人。

（4）教育部部长根据经高等教育委员会同意的董事候选人名单，遴选出不超过三人的董事成员作为私立高等学校董事会成员的一部分。

由教育部部长任命本条第 1 款中的董事会主席以及第 2 款、第 3 款中的其他成员。

由董事会主席从董事会成员中选出一名成员担任董事会副主席一职，在董事会主席因特殊原因不能继续任职或没有人履行董事会主席职责时，则由董事会副主席临时主持董事会工作。

私立高等学校董事会可根据教育部部长的指示，任命一名私立高等学校的管理者担任董事会秘书。

第二十九条　教育部部长根据本法第二十八条第 1 款规定任命董事会主席,根据本法第二十八条第 2 款、第 3 款规定任命其他成员。教育部部长根据本法第二十八条第 1 款、第 3 款、第 4 款规定任命董事会主席以及董事会其他成员之后,新任董事会主席负责主持董事会会议,并推选出学校校长。

第一届董事会会议应当在私立高等学校接到董事主席以及董事会其他成员任命书后三十天内举行。

第三十条　私立高等学校董事会成员必须有一半以上人员拥有泰国国籍。

学校董事会董事必须具有大学本科及以上学历,且不得有品行不端记录或道德污点记录。

私立高等学校办学申请人可根据本法第二十八条第 3 款、第 4 款规定选出董事会成员,但所选成员必须符合本条所规定的遴选条件。

第三十一条　根据本法第二十八条第 3 款、第 4 款规定选举产生的董事会成员任期为四年,任期届满之后可以连选连任,且连任期不限。

第三十二条　除了本法第三十一条中规定第二十八条第 3 款、第 4 款中董事会成员的正常卸任情况之外,如若在任期中有下列情形之一者,应予解职或解聘:

(1)死亡。

(2)辞职。

(3)破产宣告尚未复权者、无行为能力或限制行为能力者。

(4)经法庭终审判决确定为违法犯罪而受监禁者不得担任本职,除非是因过失犯罪或犯轻罪。

(5)因违反本法第三十条相关规定而被教育部部长免职。

(6)教育部部长根据本法第八十六条规定成立私立高等学校监督委员会时:

若私立高等学校董事会主席或董事会其他成员在任期届满之前离职,教育部部长可根据本法第三十条规定任命新的董事会主席或董事会其他成员代之,具体可参考本法第二十八条的相关规定。新任成员的任职期限以补足原任者之任期为限。

在私立高等学校董事会成员任期期间,教育部部长若任命了新增的董事会成员,则新增董事会成员的任期届满时间与原董事会成员相同。

若教育部部长未能在私立高等学校董事会成员任期届满之后遴选出新的成员,由教育部部长任命的原董事会成员则必须继续任职,直至新的董事会成员产生。

第三十三条　私立高等学校董事会会议由董事会主席召集。

每次董事会会议出席人数必须过半方可举行。

私立高等学校董事会主席担任大会主席。若董事会主席未出席大会,则由董事会副主席主持会议。若董事会主席和副主席都不在场,则由大会推选一名董事会成员主持会议。

会议的相关决议以"少数服从多数"原则进行表决。

采取"一人一票"的投票制度,每一位成员仅能投一票。若票数相同,则由大会主席再投一票作为决定票。

私立高等学校董事会大会每年至少召开四次。

第三十四条　私立高等学校董事会有权制定学校发展规划和决策学校各项业务活动,董事会具体行使以下职权:

(1)批准私立高等学校的发展规划。

(2)制定私立高等学校内部的规章、制度和章程。

(3)筹集办学经费,合理分配经费,制定财务支出制度。

(4)审批各项财务的年度财政收支计划。

(5)审批各个部门之间的资金流动计划。

(6)根据私立高等教育委员会的相关规定,决定教学课程的调整与增设。

(7)决定学校招生,以及授予本校毕业生以本科毕业证书、专科毕业证书或学业证书、学位证书。

(8)决定荣誉学位的颁发。

(9)决策学校内部部门的成立、暂停、合并与终止。

(10)根据私立高等教育委员会相关规定,决定与其他高等学校或个人在学术等方面的合作。

(11)充分发挥私立高等学校发展教育的优势。积极引进国内外优秀人才,大量吸纳有识之士,打造先进、全面的高级教师团队。

(12)根据私立高等教育委员会相关规定,决定与国内外高校的并购与合作事宜。

(13)根据本法第十一条的相关规定,对私立高等教育委员会提出修正意见。

(14)根据申请教授或客座教授的相关规定,对私立高等教育委员会提出建议。

(15)根据本法第九十七条规定,聘任或解聘学校校长、名誉教授或专职教师。

(16)就学校副校长或与副校长职务等同的人员的聘任或解聘提出建议。

(17)就学校副教授、客座副教授、助理教授、客座助理教授的聘任或解聘提出建议。

(18)颁发奖助学金给优秀人才与贫困学生,以资鼓励。

(19)制定私立高等学校人力资源管理章程,其内容涵盖教师和其他教育工作者的工资、福利待遇、奖励、聘任和解聘制度。

(20)提高教师及其他教育工作者的素质和工作能力,提高办学质量,为国家建设培养更多的栋梁之材。

(21)提高教学质量、科研水平,扩大师资队伍规模,培养为人民服务、为国民经济建设服务的优秀人才。

(22)培养与社会接轨的毕业生,加强私立高等学校与社会各行业之间在学术合作方面的紧密联系。

(23)建立私立高等学校教学质量认证体系。根据私立高等学校章程,调动学生充分参与学校教学质量的评估与监督。

(24)寻求提高学校教学质量、科研水平和培训质量的方法与途径,提升学校学术教育能力与水平。

(25)决定私立高等学校的其他相关重大事项。

第三十五条 为协助私立高等学校董事会履行本法所规定的相关职责,私立高等学校董事会将成立学校委员会或小组委员会。学校委员会或小组委员会处理完私立高等学校董事会交办的任务后,须将该项任务情况汇报给董事会,并执行本法第三十三条的相关规定。

第三十六条 成立专门负责私立高等学校教师及其他教育工作者的职称评定工作事宜的委员会,该委员会成员包括:

(1)董事会主席,由高等学校董事会从董事会成员中推选担任。

(2)私立高校之外的专业委员,人数不得少于六人,且不超过十二人。

由私立高校校长从本校教职人员中选出一名工作者担任委员会秘书一职。

委员会评定私立高等学校教师及其他教育工作者职称的程序、方法和条件必须按高等教育委员会的相关规定执行。

第三十七条 负责私立高等学校教师及其他教育工作者的职称评定工作的委员会成员任期为三年,任期届满之后可以连选连任,连任期不限。

若负责私立高等学校教师职称评定工作的委员会成员在任期届满之前离职,或在其任期届满之后仍未产生新的替代成员,则可参照本法第三十二条中的相关规定处理。

第三十八条 负责私立高等学校教师及其他教育工作者的职称评定工作的委员会有以下权利与义务:

(1)商议私立高等学校内教师的职称。

(2)审核私立高等学校内教师职称的申报工作。

(3)对比其他私立高等学校教师与私立高等学校教师体系的职称。

私立高等学校教师职称评定委员会召开会议及开展其他工作须遵守私立高校章程的相关规定。

第三十九条 私立高等学校应当聘任一名校长,作为学校行政的负责人,总揽全校的校务。可设一名或多名副校长,负责协助校长工作。

私立高等学校副校长必须具有同校长一样的能力与道德品质,且不得有不良记录。经私立高等学校董事会同意之后,私立高等学校校长有权决定副校长的任免。

当私立高等学校校长卸任时,副校长也必须一同卸任。

第四十条 学校董事会须根据本法第四十一条规定,任用德才兼备的人员担任私立高等学校高校校长,并在任命后十五天内,上报给私立高等教育委员会。

第四十一条 私立高等学校校长必须满足以下条件:

(1)拥有大学本科学历或同等学力,且有五年以上的高校教育或行政管理经验者;拥有硕士学历或同等学力,且有三年以上的高校教育或行政管理经验者;拥有博士学历或同等学力,且有一年以上的高校教育或行政管理经验者。

（2）不得患有教育部部长在政府公报上公布的不适合从事教育工作的疾病。

（3）不得有行为不端记录或道德污点记录。

（4）不得是患有精神疾病或神经错乱者。

（5）不得有因犯错而被开除或被免职的记录，除非教育部部长认为其所犯错误不影响担任学校校长一职。

（6）经法庭终审判决确定为违法犯罪而受监禁者不得任本职，除非是因为过失犯罪或犯轻罪。

（7）不得是宣布破产者。

第四十二条 若私立高等学校校长无法履行其职责，则由副校长代其履行职责。若该校副校长有多人，则由校长指定的副校长代为履行职责。若校长未特别指定，则由该校副校长中资历最高者代为执行。

若学校无副校长，则由私立高等学校董事会任命一位有资历且符合本法第四十一条规定的人员代替校长履行相应职责。

执行代理校长工作者拥有与校长同等的职权与责任。

第四十三条 私立高等学校校长的权力与职责如下：

（1）总揽全校的校务，认真贯彻实施私立高等学校的相关规定、条例、细则及办法，并执行学校董事会的章程与决定。

（2）根据私立高等学校的相关规定，建立完善的行政管理体系。

（3）经学校董事会同意，聘任或解聘副教授、客座副教授、助理教授以及客座助理教授。

（4）决定聘任或解聘私立高等学校的讲师、客座讲师、助教、行政工作者。

（5）管理监督私立高等学校教师及其他教育工作者。

（6）根据私立高等教育委员会的相关规定，安排学校专职讲师、助教、行政工作者、学生的登记注册工作。

（7）根据私立高等学校的相关法律、法规、条例、细则及办法，管理学校的资金、教学设备、土地、房屋建筑以及其他财产。

（8）对外代表学校。

（9）根据私立高等教育委员会的相关规定，拟定私立高等学校年度工作计划、年度资金预算及其他工作报告。

（10）维持学生纪律。

（11）对在学校范围内可能出现的威胁国家安全稳定、社会道德与文化建设的不法行为保持高度的警惕。

（12）根据本法规定、学校董事会命令以及学校规章制度，履行其他的工作职责。

（13）负责私立高等学校的其他日常管理工作。

第四十四条 若私立高等学校校长在任期届满之前离职，应在其离职后十五天内上报给私立高等教育委员会。

第四十五条 私立高等学校的教师职称可分为以下四个等级：

(1)专职教授和客座教授。

(2)专职副教授和客座副教授。

(3)专职助理教授和客座助理教授。

(4)专职讲师和客座讲师。

第四十六条 私立高等学校专职教师须具备以下条件：

(1)大学本科以上学历或同等学力者,或者精通某学科并在该领域有突出贡献者。

(2)不得患有教育部部长公布于《政府公报》的不适合从事教育工作的疾病。

(3)不得是行为不端者或有道德污点者。

(4)不得是患有精神疾病或神经错乱者。

(5)经法庭终审判决确定为违法犯罪而受监禁者不得任本职,除非是因为过失犯罪或犯轻罪。

第四十七条 私立高等学校教授或客座教授必须经私立高等教育委员会认可后方可评定。

经私立高等学校董事会同意后,学校校长可评定副教授、客座副教授、助理教授、客座助理教授。

讲师和客座讲师由私立高等学校校长评定。

客座教授、客座副教授、客座助理教授以及客座讲师不得由私立高等学校专职教师评定。

第四十八条 除了遵守本法第四十六条对私立高等学校教师的规定之外,私立高等学校教师的聘用标准与方法也必须符合私立高等学校的规章制度,且聘用标准不得低于私立高等教育委员会的相关规定。

解聘私立高等学校教师及其他教育工作者的标准与方法,以私立高等学校的相关规定为准。

第四十九条 若私立高等学校教授具备高度学术素养且在某一学科领域颇有建树,并在离任前未曾犯错,则私立高等学校董事会可授予其"荣誉教授"称号,并对突出贡献者予以表彰。

授予"荣誉教授"称号的条件以私立高等学校的相关规定为准。

第五十条 获得教授、客座教授、荣誉教授、副教授、客座副教授、助理教授、客座助理教授职称的教师有权使用教授、客座教授、荣誉教授、副教授、客座副教授、助理教授、客座助理教授于姓名中,以显示其学术地位。

第五十一条 私立高等学校校长在根据本法第四十五条第2款、第3款、第4款规定授予教师称职后三十天内,必须上报给私立高等教育委员会。

第五十二条 任何人不得在一所以上私立高等学校中任专职教师。

第五十三条 如有必要,私立高等学校中可设助教一职。

被评定为助教的教育工作者必须符合私立高等学校的相关规定。

第四章　学位和教育层次标志

第五十四条　学位有三个等级,分别是学士学位、硕士学位和博士学位。

教育部部长经私立高等教育委员会同意,对全国私立高等学校进行认证与分级。私立高等学校在获得等级认证之后,通过开设某科目课程,有权向本校毕业生颁发相应的学位证书。

申请认证与认证私立高等学校等级的程序、方法和条件必须按教育部的相关规定执行。

第五十五条　教育部部长经私立高等教育委员会同意,并在认证私立高等学校所开设学科的教学质量合格后,私立高等学校将有权向本校毕业生颁发本校所开办学科的毕业证书、专科毕业证书或学业证书、学位证书。

申请认证与认证私立高等学校教学质量的程序、方法和条件必须按教育部的相关规定执行。

有关某学科的教育层次划分标准以及学科简称标准,须按私立高等教育委员会的相关规定执行。

第五十六条　私立高等学校董事会根据私立高等教育委员会的有关规定,有权授予毕业生一等或二等优秀毕业生荣誉称号。

第五十七条　私立高等学校董事会制定章程,规定私立高等学校可依据相关规定向本校毕业生颁发毕业证书、学业证书和学位证书:

(1)毕业证书仅限于授予毕业于该专业的受教育者。

(2)专科毕业证书或学业证书是针对低于大学本科层次专业毕业的受教育者,或者是考入正规的大学本科高校,但累积学分低于大学本科教育规定的学分,且高于教育部规定的学分的受教育者。

(3)成功取得大学毕业证书的毕业生才有权获得学位证书。

第五十八条　经私立高等学校董事会同意,私立高等教育学校有权向合格的受教育者颁发荣誉学位证书。但此荣誉学位证书不得颁发给私立高等学校的董事会成员、专职教师以及行政管理人员。

授予荣誉学位证书所规定的学制、专业与方法必须按教育部的相关规定执行。

第五十九条　私立高等学校应当根据相关规定,区分获本科毕业证书、专科毕业证书或学业证书、学位证书的毕业生的学士服以及学位等级徽章,且可设计私立高等学校董事会成员专用服装、行政工作者专用服装以及教师专用服装。

学士服与学位等级徽章的特征、样式、类型以及组成部分应当严格按教育部的相关规定执行。

教育工作者专用服装的特征、样式、类型以及组成部分应当按私立高等学校的相关规定执行。

学士服、学位等级徽章以及教育工作者专用服装使用的场合与条件须按私立高等学校的相关规定执行。

第五章 资产与账务管理

第六十条 私立高等学校资产包括成立之初所规定的原始资金、法定财产和建校后所获得的资金、财产。

根据本条规定,私立高等学校的资产来源包括:

(1)私立高等学校办学申请人投入的资产,包括在成立之初所规定投入的资金、财产和办学后所获得的资金、财产。

(2)受捐赠的资产,包括私立高等学校获得捐赠的资金和物资,或者捐赠资金所产生的利息。

(3)累积资产,即私立高等学校经营所得,包括资金和其他财产。

第六十一条 私立高等学校应当将所筹集的资金划分为不同类型的支出形式,根据资金的使用特点与目的可将其分为以下七种类型:

(1)普通经费,即私立高等学校用于日常经营运转的资金和其他财产。

(2)不动产,即私立高等学校用于办学的各类公共不动产。包括用于扩建校舍、改善学校办学条件的资金,但不包括其他特殊用途的不动资产。

(3)科研经费,即私立高等学校用于探索知识、发展学术、促进科研以及追求创新的资金和其他财产。

(4)发展图书馆和多媒体经费,即私立高等学校用于购买报刊书籍、教学设备、多媒体器材的资金以及发展图书馆需要的其他财产。

(5)发展人力资源经费,即私立高等学校用于培训与奖励学校教职工的资金和其他财产。

(6)奖励与补助基金,即私立高等学校用于资助和奖励学生的资金,教师及其他教育工作者的福利以及其他补助资金,根据私立高等学校章程规定合理分配。

(7)原始资金或其他资金,即根据私立高等学校董事会规定需要,合理用于其他方面的资金和其他财产。

以上各项资金的管理必须以私立高等学校董事会章程为准。

第六十二条 私立高等学校的资金来源包括:

(1)利息、学费、培训费、手续费、罚款以及各项服务收入。

(2)私立高等学校受捐赠的资金及其他财产,且没有规定只准使用利息。

(3)来自政府的财政补助。

(4)私立高等学校投资或资产增值所得。

(5)其他所得。

私立高等学校的收入都充作普通经费,其他类型经费增值所得的资金则充作该类经费。

若私立高等学校受赠所得超过了私立高等教育委员会所规定的限额,该私立高等学校则必须制订详细的支出计划,并根据支出计划制作年度财务报表。年底如有剩余可留作来年经费。

第六十三条　私立高等学校必须根据本法相关规定、资金捐赠人目的以及私立高等学校章程来合理分配所有资金和其他财产。

第六十四条　每一学年之始,私立高等学校必须根据各类经费所需资金进行合理分配,以保证每项工作都能正常运行。若某一类型经费出现资金短缺,则应当从普通经费中拨款补给该类型经费。

若普通经费也出现资金短缺,则办学申请人必须设法注资,以保证普通经费的充足。

第六十五条　私立高等学校应当根据国际会计准则及私立高等教育委员会规定真实做账。

第六十六条　当私立高等学校普通经费的年度收入高于支出时,私立高等学校校长应当建议董事会做以下处理:

(1)将该年剩余的经费补给出现负债情况的经费类型。

(2)重新调整财政收支计划,从其他部门划拨资金到经费不足的部门并要求办学申请人支付由此产生的利息。

若将剩余经费划拨为其他类型资金,则划拨金额不得少于剩余经费的百分之六十;将收入的一部分交予办学者,金额不得超过剩余经费的百分之三十。必须保证用于来年普通经费的总额不得少于剩余经费的百分之十。

第六十七条　私立高等学校校长负责将私立高等学校的年度财务报表送交审计人员审计。审计结束后,私立高等学校校长须向学校董事会汇报审计结果。

学校董事会通过年度财务报表后,私立高等学校校长必须在年度财务报表结账后十至二十天内,将年度财务报表及审计结果上交私立高等教育委员会备案。

第六十八条　每年由私立高等学校董事会任命财务审计人员审计私立高等学校的年度财务状况。

第六十九条　财务审计人员有权对私立高等学校的报表及其他相关材料进行审计。财务审计人员有权询问私立高等学校董事会成员、校长以及行政工作人员,并有权根据需要通知上述人员上交其他必要的资料。

第六章　政府的资助和扶持

第七十条　政府应当资助和扶持私立高等学校的发展,具体措施如下:

(1)安排政府工作人员到私立高等学校工作,私立高等学校须按教育部部长规定的标准与方法支付薪资、福利。

（2）设立基金，促进私立高等学校全面发展。

（3）经私立高等教育委员会同意，可免除私立高等学校办学设施及科研设备进口关税，具体以关税法的相关规定为准。

（4）鼓励和支持私立高等学校与国立高校之间实现资源设备共享。

第七章　私立高等学校的管理与监督

第七十一条　政府工作人员有权到私立高等学校对私立高等学校的办学情况进行突击检查，以保证私立高等学校按照本法及相关法规执行。

在政府工作人员进行调查活动时，私立高等学校的所有相关工作人员有义务对政府工作人员的监督工作进行协助配合。

第七十二条　根据本法规定，政府工作人员有权根据刑法典惩处违规的私立高等学校。

第七十三条　在根据本法进行调查活动时，政府工作人员必须向相关人员出示证件。政府工作人员的工作证须符合教育部部长规定的样式。

第七十四条　私立高等学校在进行以下活动时，必须经过私立高等教育委员会的同意：

（1）接受校外人士资金、教学器材或其他财产的捐赠金额或价值超过私立高等教育委员会规定数额。

（2）一次或多次贷款数额超过当时学校现有总资产的百分之二十五，此外，累计贷款数额不得超过学校总资产。

（3）租赁超过私立高等教育委员会规定数额的资产。

（4）购买、租赁或出售资产超出私立高等教育委员会规定的限额。

（5）根据私立高等教育委员会规定对土地和建筑物进行改建。

第七十五条　私立高等学校不得接受危害国家安全稳定，且与社会文化或道德相违背的不良捐赠。

第七十六条　私立高等学校非正常停课连续三天以上时，私立高等学校校长必须在放假前的三天内以书面形式向私立高等教育委员会说明缘由。

第七十七条　私立高等学校专职教师离职时，私立高等学校校长应当在其离职后的三十天内，将离职信息上报给私立高等教育委员会。

第七十八条　私立高等学校教学大楼或校园周边出现卫生安全隐患或出现可能危及学生人身安全的情况时，教育部部长有权以书面形式通告私立高等学校校长在规定时间内进行维修整改。对于情节严重的情况，教育部部长有权勒令该校停课整顿，直到学校情况得到彻底改善为止。

第七十九条　私立高等学校的办学申请人、董事会成员、校长、教师以及其他教育工作者不得擅自使用或允许其他人使用：

（1）私立高等学校的校名、校徽或其他标志，除非私立高等学校章程中有特别规定。

（2）非法使用学校的场地，从而影响学校正常秩序，威胁社会安定，造成与社会文化或道德相违背的严重后果。

第八十条 若私立高等学校获得办学许可之后一年内，未能根据办学申请计划实施必要的教学工作，或在获得办学许可之后三年内，未经过私立高等教育委员会同意开设办学申请计划中的某专业，则教育部部长有权根据私立高等教育委员会的意见吊销该私立高等学校的办学许可证。

第八十一条 私立高等学校根据本法第十八条规定获得开办某学科的许可后，若该私立高等学校在获得开设学科之后一年内仍未开设该学科，则被视为自动放弃开设该学科的权利。

第八十二条 私立高等学校不得散播虚假的宣传广告。私立高等学校制作的广告必须符合办学申请书内容及其他相关规定，且不得损害社会公共利益。

本条中所提及的宣传广告，包括文字、图片、影像、声音、符号或其他能使人理解其中含义的传播手段。

第八十三条 当私立高等学校的宣传广告违反本法第八十二条的相关规定时，私立高等教育委员会有权对违规的私立高等学校做出如下处罚：

（1）责令其纠正广告中的错误内容或广告的宣传方式。

（2）禁止使用不合理的广告语。

（3）禁止采用宣传广告或该种宣传手段。

（4）责令其设计新广告，以消除人们对该校广告所产生的误解。新广告制作的标准与方法须以私立高等教育委员会的相关规定为准。

当私立高等学校违反私立高等教育委员会上述指令，或违反私立高等教育委员会规定的广告制作标准与方法时，教育部部长有权根据私立高等教育委员会的意见撤销该校的办学资格。教育部部长须考虑到违规学校所犯错误的严重性，并酌情予以相应处罚。

第八十四条 当出现以下情况时，私立高等教育委员会应当以书面形式警告违规的私立高等学校在规定时间内进行整改：

（1）当私立高等学校获得开设某学科的批准后，不按私立高等教育委员会规定的程序、方法和条件开设该学科。

（2）未将泰文"大学""学院""专科学校"使用于私立高校校名中。

（3）未经教育部部长许可，擅自在私立高等学校名称中使用外文名称。

（4）办学水平低于教学质量合格标准。

若私立高等学校不执行本条规定，则教育部部长有权根据私立高等教育委员会的意见及实际情况做出以下决定：

（1）责令该私立高等学校停止招收该专业或所有专业的学生。

（2）撤销教学质量合格证书。

（3）吊销该私立高等学校开设该专业或所有专业的许可证。

（4）撤销高等教育层次认证书。

（5）吊销该私立高等学校的办学许可证。

上述惩处命令不与其他相关惩处条例相冲突。

第八十五条 若私立高等学校违反其学校章程，或未经私立高等教育委员会同意修改本法第十一条第 1 款、第 2 款、第 3 款、第 4 款、第 5 款、第 6 款、第 7 款学校章程内容，抑或不按私立高等教育委员会规定的程序、方法和条件开设新学科，则教育部部长有权根据私立高等教育委员会的意见及实际情况做出本法第八十四条中所罗列惩罚。

上述惩处命令不与其他相关惩处条例相冲突。

第八十六条 出现以下情况的私立高等学校：

（1）没有足够的资金维持学校正常运转的私立高等学校；债务总额超过学校总资产的私立高等学校；财务状况不稳定导致学校损失严重的私立高等学校。

（2）违反本法的相关条款、行政法规、教育部部长规定的条件或者依据本法制定出台的政策、法规的私立高等学校；没有严格执行政府工作人员根据本法发布的细则或办法而导致学校损失严重的私立高等学校；没有执行教育部部长根据本法第一百条发布的命令的私立高等学校。

（3）除私立高等学校章程上规定的正常假期之外，连续停课两个月以上的私立高等学校。

（4）私立高等学校董事会、董事会成员、校长、教师以及学生进行危害国家安定、扰乱社会秩序或与社会文化或道德相违背的活动，情节严重的私立高等学校。

教育部部长有权根据私立高等教育委员会的意见，命令该私立高等学校接受私立高等教育委员会的管理，并由教育部部长成立一个私立高等学校监督委员会监管该私立高等学校。私立高等学校监督委员会的成员不得少于五人且不得多于十五人，代替学校董事会履行管理学校的职责。接管私立高等学校的命令必须刊登在泰国日报上，连续刊登时间不得少于三天。

第八十七条 教育部部长下令接管某私立高等学校之后，私立高等学校的校长、专职教师以及其他教育工作者不得继续留在该校工作，除非私立高等学校监督委员会任命其继续履行职责。

私立高等学校的校长、专职教师以及其他教育工作者应当协助私立高等学校监督委员会保持学校的安定有序，管理学校财务，并将学校的财产、账目、资料以及有关学校财产和办学活动的其他材料交由私立高等学校监督委员会代为管理，不得延误。

第八十八条 私立高等教育委员会接手管理私立高等学校期间，教育部部长有权根据需要任命教育部工作人员于该私立高等学校任职，教育部工作人员任职于私立高等学校期间视为正常履行公务员职责。

第八十九条 私立高等学校有权在接管令下达的三十天内，就接管令向教育部部长上诉。大学部部长有权成立一个上诉受理委员会，此委员会成员由三名私立高等学校代表、三名私立高等教育委员会代表以及三名相关问题专家学者组成，此委员会经过商议为教育部部长做出决议提供参考意见。

第九十条　当私立高等学校监督委员会认为私立高等学校秩序已恢复并能够正常运作时，或私立高等学校办学者向私立高等学校监督委员会提出自行管理学校的要求时，私立高等学校监督委员会应及时将上述情况上报给教育部部长。教育部部长可根据具体情况解除接管令，并刊登在泰国日报上，连续刊登时间不得少于三天。私立高等学校监督委员会应当立即将私立高等学校的财产与管理工作归还私立高等学校董事会。

第九十一条　若私立高等学校监督委员会认为私立高等学校无法或不应当继续办学，并且有充分的理由认为应当吊销该私立高等学校的办学许可证，私立高等学校监督委员会应上报给教育部部长。教育部部长则根据私立高等教育委员会的建议，做出吊销该私立高等学校办学许可证的决议。

第九十二条　若私立高等学校监督委员会上报教育部部长，并认为有充分的理由应当吊销该私立高等学校的办学许可证时，私立高等教育委员会有权要求该私立高等学校在规定时限内将校内所有学生的成绩单交至私立高等教育委员会。

私立高等教育委员会秘书根据私立高等学校提供的成绩单给该校学生发放成绩认证书。

第九十三条　若私立高等学校被教育部部长吊销了办学许可证，则该私立高等学校将不再是本法第十三条规定下的企业法人。私立高等学校监督委员会根据实际情况指定私立高等学校债务偿还者。私立高等学校债务偿还者的指定以《民事赔偿法》和《经济法》中有关股份有限公司债务承担责任人的规定为准。

若资产清算完毕后仍有剩余，则将剩余资产全部归还办学申请人，但受赠资产除外。私立高等学校的受赠资产应当根据本法第十七条规定转捐给公益教育事业机构。具体实施办法以私立高等学校章程上的规定为准，若学校章程没有表明，则直接充公。

第九十四条　私立高等学校监督委员会管理私立高等学校期间的所有支出与还贷所用的钱款都从私立高等学校的资产中拨出。

私立高等学校临时管理委员在履行私立高等学校管理职责期间，应根据教育部的相关规定获得一定的报酬，且所支付报酬的钱款也从私立高等学校的资产中拨出。

第九十五条　根据刑法典规定，私立高等学校监督委员会是私立高等学校的主管职官。

第九十六条　私立高等学校校长若有以下行为：

(1)道德败坏或出现本法第四十一条规定中的行为。

(2)违反或不执行本法第四十三条第 6 款和第 9 款、第五十一条、第六十七条、第七十九条或第八十七条的相关规定，或不遵守私立高等学校的规章制度。

(3)在办学过程中进行危害国家安定、扰乱社会秩序或与社会文化道德相违背的活动。

（4）运营私立高等学校或委任其他人管理学校的过程中，出现使私立高等学校的学术氛围缺失，或未达到私立高等教育委员会规定的教学质量标准，或损害私立高等学校利益的情况。

私立高等教育委员会有权成立监察小组进行调查，若发现私立高等学校校长出现本条第1款、第2款、第3款、第4款的行为，私立高等学校董事会应当在调查结果出来后三十天内撤销其校长一职。若私立高等学校董事会不对该校校长撤职，则教育部部长可根据私立高等教育委员会的意见撤销该校校长职务。

第九十七条 私立高等学校教师若有以下行为：

（1）道德败坏或出现本法第四十六条规定中的行为以及未根据本法第四十八条规定聘任教师。

（2）违反或不执行本法第五十二条、第八十七条的相关规定，或不遵守私立高等学校的规章制度。

（3）在办学过程中进行危害国家安定、扰乱社会秩序或与社会文化道德相违背的活动。

私立高等学校校长有权对违规教师进行调查，若发现私立高等学校的教师出现本条第1款、第2款、第3款的行为，私立高等学校校长应当在调查结果出来后三十天内解聘该教师。被解聘教师如有异议，可在解聘后三十天内向私立高等教育委员会申诉，否则，私立高等教育委员会的决议将视为最终结果。

若私立高等学校校长不执行本条规定，则由私立高等学校董事会代为调查该教师，并根据具体情况对校长一并调查。

解聘私立高等学校教师或根据本条规定调查高等学校校长，应当将调查结果上报给私立高等教育委员会。

第九十八条 根据本法第九十六条、第九十七条规定进行调查的程序和方法必须符合私立高等学校董事会的相关规定，且必须经过私立高等教育委员会的同意。

第九十九条 私立高等学校校长或教师根据本法第九十六条、第九十七条规定被解聘一年后，可再次聘任为私立高等学校校长或教师，但必须经私立高等教育委员会同意，并获得教育部部长许可。

第八章 私立高等学校的终止与转让

第一百条 若私立高等学校的办学申请人经学校董事会同意终止办学计划，则必须在该学年结束的三个月前，以书面形式将终止办学计划上报给私立高等教育委员会，并详细说明终止缘由以及在校学生处理办法。

若私立高等学校的办学申请人为法人，则终止办学必须按法律程序经过该法人的同意。

教育部部长有权根据私立高等教育委员会的意见勒令私立高等学校终止办学，并规定办学申请人按要求合法办学。教育部部长也可以根据本法第九十二条、第九十三条以及第九十四条规定勒令私立高等学校终止办学。

第一百零一条 若私立高等学校办学申请人经私立高等学校董事会同意后决定转让私立高等学校，办学申请人应当以书面形式上报给私立高等教育委员会，内容包括转让的相关事宜以及接收人的相关情况。

若私立高等学校的办学申请人为法人，则转让私立高等学校的办学权必须按法律程序经过该法人的同意。

教育部部长经私立高等教育委员会同意后可决定是否允许该私立高等学校转让办学权，并要求该私立高等学校转让人与接收人按必要的程序办理转让事宜。

第一百零二条 若私立高等学校办学申请人已去世，则由其继承人或其遗产委托人递交遗产继承申请书至私立高等教育委员会，并以书面形式通知私立高等学校董事会，从而在六十天内接收私立高等学校。若未能在规定时间内递交申请书，则由私立高等学校校长在征得学校董事会同意后，向私立高等教育委员会报告接收人的姓名以及其他详细情况。

若私立高等学校办学申请人失去法人资格，则私立高等学校校长应当在经过私立高等学校董事会同意后，向私立高等教育委员会报告接收人的姓名以及其他详细情况。

教育部部长经私立高等教育委员会同意后，可酌情决定是否允许转让私立高等学校办学权。

第一百零三条 若无法确定接收人，则由教育部部长根据高等教育委员会的建议，让私立高等教育委员会临时管理该私立高等学校。具体可参考本法第九十二条、第九十三条及第九十四条规定执行。

终止或转让私立高等学校、更换私立高等学校办学申请人都必须在《政府公报》上予以公告。

第九章 私立高等学校的法律责任

第一百零四条 违反本法第十条规定者，应处以一年以下监禁或处以五十万泰铢以下罚款，或者两者皆罚。

第一百零五条 违反本法第十四条规定的私立高等学校，应处以六个月以下监禁或处以三十万泰铢以下罚款，或者两者皆罚。

第一百零六条 违反本法第十一条、第十八条规定的私立高等学校，应处以十万泰铢以下罚款。

第一百零七条 违反或者不遵守本法第二十条规定的私立高等学校，应处以六个月以下监禁或处以三十万泰铢以下罚款，或者两者皆罚。

第一百零八条 违反本法第二十一条、第二十三条或第六十二条规定的私立高等学校，应处以十万泰铢以下罚款。

第一百零九条 违反本法第二十二条规定者,应处以十万泰铢以下罚款,如有再犯,则处以每日五千泰铢的罚款。

第一百一十条 拒绝根据本法第二十七条规定执行私立高等教育委员会、私立高等教育常务委员会议以及小组委员会决议者,处以一万泰铢以下的罚款。

第一百一十一条 私立高等学校校长、副校长、专职教师或助教如有违反本法第三十九条、第四十一条、第四十六条或第五十三条规定者,应处以五万泰铢以下的罚款。

第一百一十二条 不遵守本法第四十三条第3款或第9款、第五十一条、第六十七条、第七十六条、第七十七条、第七十八条规定的私立高等学校校长,应处以十万泰铢以下的罚款。

第一百一十三条 违反本法第五十二条规定者,应处以五万泰铢以下的罚款。

第一百一十四条 违反本法第七十一条规定者,即不配合政府工作人员的监察工作者,应处以一万泰铢以下的罚款。

第一百一十五条 不遵守本法第七十四条或第七十五条规定的私立高等学校,应处以一百万泰铢以下的罚款。

如有私立高等学校违反本法第七十四条或第七十五条规定,该校董事会成员、校长或该时期学校负责人必须承担其责任,接受处罚。除非有充分的证据证明自身并未参与违法行为。

第一百一十六条 私立高等学校办学申请人、董事会成员、校长、教师或行政人员如有违反本法第七十九条规定者,应处以六个月以下监禁或处三十万泰铢以下罚款,或者两者皆罚。

第一百一十七条 私立高等学校校长、教师、行政人员如有违反本法第八十七条规定者,应处以六个月以下监禁或处以三十万泰铢以下罚款,或者两者皆罚。

第一百一十八条 违反本法第九十二条规定的私立高等学校,即不执行私立高等教育委员的决议者,应处以十万泰铢以下罚款,如有再犯,则处以每日五千泰铢的罚款。

第一百一十九条 非法使用私立高等学校学位服、学位徽章、教职人员制服、学校标志或学生服饰者,或非法使用私立高等学校学位证、学历证书、聘任证书者,或弄虚作假以达到欺骗目的者,应处以六个月以下监禁或处三十万泰铢以下罚款,或者两者皆罚。

第一百二十条 未经私立高等学校允许,非法使用、假冒、仿造私立高等学校徽章或标志者,无论制成任何颜色、用任何方式制造、使用于任何商品或材料上,都应处以六个月以下监禁或处三十万泰铢以下罚款,或者两者皆罚。

第一百二十一条 未经允许开办大学教育,或使他人误信其有开办大学教育权利者,应处以一年以下监禁或处以五十万泰铢以下罚款,或者两者皆罚。

第一百二十二条 宣传或举办未经授权的办学层次教育、学科,冒充具备学科质量合格保证者,或弄虚作假以达到欺骗目的者,该私立高等学校校长应被处以一年以下监禁或处以五十万泰铢以下罚款,或者两者皆罚。

第一百二十三条　依据本法执行处罚任务的机构应当仅设一处，由私立高等教育委员会秘书经私立高等教育委员会同意依法处罚。受罚者必须在三十天内缴清罚款方可销案。

附　则

第一百二十四条　根据《泰国私立高等教育法》成立的私立高等教育委员会应继续履行本法赋予的职责，直到有新的私立高等教育委员会根据《教育部行政管理条例》成立为止。

第一百二十五条　根据《泰国私立高等教育法》成立的私立高等学校监督委员会、私立高等学校董事会以及其他委员会，在本法颁布之后依旧有效，可继续履行其相应职责，直到有新的私立高等教育委员会根据《教育部行政管理条例》成立为止。

第一百二十六条　在《政府公报》公布本法之前，根据《泰国私立高等教育法》取得的私立高等学校办学许可证依旧有效，且同样适用于本法。

第一百二十七条　在本法颁布之前，私立高等学校办学申请人已递交的办学申请方案可继续实施，且同样适用于本法。但必须在本法颁布后九十天内实施完毕。

第一百二十八条　在《政府公报》公布本法之前已聘用的私立高等学校教师以及其他教育工作者依旧适用于本法。

第一百二十九条　根据《泰国私立高等教育法》聘用的私立高等学校工作者依旧适用于本法。

第一百三十条　在依据本法拟定的法规、条例、办法及实施细则尚未出台之前，根据《泰国私立高等教育法》制定的相关法规、条例、办法及实施细则仍具有法律效力。

泰国第二个十五年高等教育长期发展规划纲要
（2008—2022 年）

一、实施纲领

第二个十五年高等教育长期发展规划纲要的战略目标是：到 2022 年，泰国高等教育质量全面提高。培养高素质的经济适用型人才，激发高等学校传授知识、培养创新能力的内在潜力，从而在全球化时代实现国家综合竞争力的全面提升，以支撑泰国经济快速、稳健地发展。通过政府的科学治理、财政资助及标准的制定，建立完善的高等教育体系。在各学科领域自由发展的基础上，建立多样化、自主化的学科体制。

第二个高等教育长期发展规划纲要为期十五年，即 2008 年至 2022 年，由高等教育委员会制定实施，受高等教育委员会、泰国知识网络研究中心以及大学部发展基金会的监督和管理。根据教育部部长制定的政策，高等教育长期发展规划纲要通过集思广益，由全国人民共同参与制定。具体包括来自国家机关、规划部、人力资源部以及教育部门的建议；来自生产与服务部门、民间社会团体、青少年学生、高等教育学校和社区学院的献计献策；采访国家级领导人、地方政府领导人；查寻相关材料，并进一步研究。

第二个十五年高等教育长期发展规划纲要，以高等教育发展的多面性与整体性为基本点，制定战略方针。战略方针的制定主要包括两项：第一项是分析环境因素方面的重要影响。第二项是分析高等教育体制内部的因素，包括当下及未来的七个方面，即人口结构变化、能源与环境、未来就业率与劳动力市场、行政权力下放、暴力与冲突、未来青少年与职业以及自给自足经济理念。高等教育体制内部因素讨论了以下九个主题：与其他教育层次的衔接、解决高等教育现存问题、高等教育的管理、大学在提高国家竞争力中的地位、高等教育经费、壮大高等教育行业教职工队伍、高等教育体系、南部特别行政区的高等教育发展、教学基础设施。

（一）人口结构变化

泰国人口仍持续缓慢地增长，但年轻人口数量却在减少，人口红利也趋于消失，老龄化人口持续增长。上述问题反映在高等教育上，则是 18 岁至 22 岁的高等教育适龄人口持续减少。几十年来，高等教育一直注重提高劳动人口的经济生产力方面的教学；强调继续教育以保证劳动人口能顺利转业，产生新的职业；高等教育必须充分发挥老龄人口对社会和经济生产力的促进作用。

（二）能源与环境

能源短缺与环境污染是全世界各国共同面临的问题。泰国过度依赖能源进口导致其所要面临的经济问题将会日益严重。由于能源价格尤其是石油价格不断上涨,化石能源的使用已对人类的生存发展构成威胁。高等教育必须深刻地意识到保护能源、环境及自然资源的重要性。树立环境、资源保护意识,提倡使用可循环利用的能源以及可再生能源,尤其是在各生产部门中使用生物能源,都将会提高其能源使用效率。此外,还须强化公众的环保意识,培养和成立包括土壤、水体、森林在内的整个生态系统的自然资源保护者或组织。

(三)未来就业率与劳动力市场

对未来就业率与劳动力市场影响颇深的因素有经济结构、全球化、技术变革以及信息化时代。

泰国经济结构转型明显,具体表现为服务业与工业的迅速发展以及其转型对国家就业与国家财政收入带来的巨大影响。因此,高等教育必须以服务实际生产工作为宗旨。区分推动不同经济发展机制的重要作用,如中小型企业、家族企业、跨国企业,从而突出问题并取得丰硕成果。高等教育必须服务于各部门行业以及区域性经济,如工业管理。高等教育应服务于工业发展规划部门及生产部门,通过考察和研究各个国家的服务价值链、工业链所运用的知识与科技,分析并引导工业发展方向。虽然农业收入占国家财政收入的比例呈下降趋势,但农业人口仍占有相当高的比例。泰国每年进城务工人口达上万人,且这一趋势难以人为制止。泰国必须保证农业能良好地承载务农人员,且提高务农人员生活质量。高等教育应当为进城务工农民提供职业技术教育,为进城务工人员进入生产工业部门提供必要的职前知识与技术培训。高等教育须注重家庭、社区、地方乃至全国的食品安全保障体制建设,培养食品业与食品加工业的专家或研究者。

全球化对高等教育的发展既有利也有弊。受全球化影响,泰国高等教育发展的机遇大大增加,从而使高等教育服务更加自由化和人性化。尤其是泰国加入东盟共同体后,通过参照欧洲共同体的发展模式,促使泰国高等教育能够发展自身,并努力成为东盟活动中的主角。例如,通过提高教学质量实现教育标准化、相互承认学位学历。

泰国高等教育还应当充分意识到技术变革即将在商品生产与服务过程中引发“生产力”和“革新”的巨变。参考未来主义者对现今技术变革的预言,国家相关职能部门应当联同私营机构制定由高等教育主导的科技、信息技术战略规划。

信息化时代是经济稳定与就业日益无国界化的产物。在这一时代,信息与知识更容易获取,技术也广为流传,并且没有时间与距离的限制。因此,泰国应在创新、人力资源、基础设施和信息化基础上,打造高质量、高水平的创新环境和劳动力市场。

(四)行政权力下放

行政权力下放对泰国的发展方向与前景具有至关重要的作用。《1991年公共行政组织法》规定下放中央行政权力到地方。行政权力下放路线包括:转移行政工作、分散财政管理权、进行人事调动、健全监督体系、发动人民参与行政工作、调整地方政府管理体制、修改行政法规及地方性法规。监督管理地方政府、转移地方政府工作以及创建地方公共行政组织质量保障体系,要求公共行政组织必须提高在人力资源体系制定、知识管理、人员培训以及工作人员素质培养方面的能力。地方政府财政收入包括从中央分配的财政预算收入、各项税收收入及其他收入。地方政府下属高等学校须增加一项重要任务,即提供高品质的社会高等教育服务、坚守建校初衷、推动当地部分落后高等学校的发展。地方政府财政收入是发展地方高等教育强有力的支撑。为发展地方高等教育,高等学校应当联手组成地方高等教育体系(按地域环境或行政区域划分)及主题型高等教育体系。地方高等教育的发展实质上是整个相关区域的发展,需要有各层次、各学科领域的知识,需要重视市场供求平衡的临界点。

(五)暴力与冲突

暴力与冲突是泰国高等教育将要面临的新的重大挑战。随着第二次世界大战和之后的冷战时期的落幕,人们普遍认为使用军事力量进行斗争的年代已然结束。新时期的斗争是人民内部斗争,没有具体的战争形式,也无明确的敌人。但国际性的暴力与冲突事件、2003 年以来在泰国南部三府不断发生的爆炸事件以及接下来持续了几十年的小规模暴力事件都对泰国的稳定发展产生了很大的影响。几百年来泰国内部积累的分裂因素以及恐怖分子妄图使用残暴的手段分裂泰国南部三府,致使泰国政府准备采用强硬的解决方案打击泰国南部分裂分子。此外,还可以通过增加当前人民受教育及就业机会,通过教育来筑建永久性的沟通桥梁,由此可见,高等教育是解决民族冲突中期和长期问题的一个重要因素。

(六)未来青少年与职业

当今世界,各个国家都十分重视儿童与青少年的成长,高等教育长期发展规划纲要实施的直接受益者就是青少年、大学生及青年人才。如今的青少年学生的生活发生了翻天覆地的变化,他们的生活价值观、学习观、家庭观以及面对风险的态度也随之发生了很大的变化。例如,一个人一生可能从事各种不同的职业,社会上出现许多自由职业者,面临收入不稳定的风险,需要寻找工作合作伙伴以及更换同事,很大范围内会出现工作与专业不对口,毕业生所学知识不符合未来的专业技能需要等。而要解决这些问题,除了学好专业知识之外,还应重视社交能力与团队精神的培养。此外,还应当培养毕业生应对风险的能力、设计和创新思维、对自己对他人负责、不断学习的习惯、自我管理能力以及讲道德、做好人的操守。在学习课本知识的基础上,高等教育还应增加青少年学生的社会技能学习、学术领域以外的团队协作能力学习以及潜在的生活工作知识和能力学习,而这些都是缺乏互动的课堂无法实现的。在语言和文化日益全球化的今天,高等教育应当拓宽青少年学生的视野,了解并尊重各民族文化的多元性,增加不同年龄段、不同社会文化背景、不同种族间学生和教师的流动性和多样性。后现代工业化时代,双语教学课程和国际教育课程将会成为高等教育重要的教学机制,建立素质教育体系势在必行,其中包括专业技术的课程和内容,学习以社区或职业为基础的教育。例如,安排学生到制造部门和社会部门实习或参观,开办合作教育、工程技能教育。

(七)自给自足经济理念

自给自足经济理念是由国王普密蓬·阿杜德提出的,而高等教育学校所理解和实践的自给自足经济仍处于自给自足经济的初级阶段。高等教育学校是自给自足经济的研究者、实践者,在地区地质、地貌和资源的基础上,研发新项目,为个人、家庭、社区、地区(根据地貌、管辖或社会景观划分)、机构、生产部门创造实质性效益。

综上所述,高等教育长期发展规划纲要具有综合性、发展性以及全民共同参与性的特点。因此,在制定纲要的过程中必须全面考虑到高等教育的内在因素以及相关因素。其中首要因素就是与其他教育层次的衔接。事实证明,高中毕业生的素质令人担忧。从高中毕业生的学习成绩报告和泰语阅读能力来看,即将进入高等教育体系的高中毕业生的整体素质偏低。人们已经意识到学生素质偏低是因为教师水平低,但由于泰国教师地位低下,所以优秀学生都不愿意从事教育行业,而这一恶性循环亟待解决。除此之外,受教育者在选择专业时受职业价值观引导,从而使得接受职业教育的学生数量日益减少。在推动国家经济发展的过程中,中层劳动者发挥着显著作用。政府必须严肃对待泰国基础教育质量问题,特别是数学和科学教育,强调职业教育发展的重要性。高等教育必须给基础教育与职业教育一定时间来发展以下三点:第一点,发展和建设高质量教师队伍,这是发展高等教育的发酵剂。积极发展更多的优秀人才接受师范教育,除了五年的师范教育培训之外,中学教师和技术型教师必须同时具有扎实的学术教育基础以及丰富的实际操作经验。对于技术型教师,可能需要再增加一年的师范教育。第二点,培养专业领域内的优秀人才。人才就是国家未来发展的火车头。第三点,高等教育必须为职业教育毕业生及已就职人员灵活地提供进入高等教育学校继续学习的机会。而这些受教育者在接受高等教育的同时可以继续工作,不需要舍弃现有工作。在教育时间上,不需要强行压缩;不用被强行设定为社会生产的推动者;不需要像18岁至22岁年龄段的大学生一样,在规定的学习时间(四年)内完成学业;可以累积学分。

就现行的高等教育制度而言,泰国大约有一半大学隶属于教育部,存在着争夺学生和教育资源的现象,教学同样存在质量问题。解决高等教育现存问题必须建立教学标准化与资源优化配置机制,从而取消非社会或经济发展需要的课程。关闭教学质量低下的教育单位,创建高等教育分工系统,合理定位每所高等学校。高等教育学校分为四大类:社区学院,四年制大学和人文艺术大学,科技大学、综合大学和专业性大学,研究型大学。这四类大学是提高国家综合竞争力、提高应对国际竞争的战略能力的重要因素,并在提高社会生产力、工作质量、生活品质,改善地方与社区现状,支撑转业与扶助失业,不断提高劳动者或非工作年龄者的生产率以及提倡终身学习方面发挥着不可替代的作用。

导致泰国南部三府暴力事件愈演愈烈的根本原因已在暴力与冲突部分有所说明。政府在2007年针对泰国南部三府制订了一项战略计划,以期望双方达成和解,共同发展这些地区。

由此,高等教育委员会办公室在高等教育长期规划纲要中提出泰国南部三府的高等教育发展计划,其南部三府的高等教育发展问题包括:发展儿童及青少年学生教育、培养该地区教师及教育工作者能力、加强高等教育学校实力以及引导高等教育走向东盟。解决这一系列问题的主要办法在于理解、承认和重视泰国社会是一个多元文化社会。

(八)完善教学基础设施体系

完善教学基础设施体系是发展高等教育学校的中心内容和重要环节,其核心内容包括:建设以满足现在和未来人才市场需求为中心的课程体系是关键,建设信息社会、知识型社会、终身学习体系以及利于互动和交流的学习环境是重要因素。高等教育必须意识到未来的高等教育机构是"实际生活和职业适用型人才"的培养基地。除了学习技术、学术和专业知识之外,国家还应大力支持并发展基于知识的素质教育体系。发展素质教育体系包括开设额外的素质教育课程和将部分高等教育学校调整为全面的素质教育大学。后现代主义时代下的人文教育能够满足新时代人们和劳动力市场的需求,如世界级音乐、美术、信息科学、管理学、能源环境、文化等。此外,还应推动各种形式的特殊教育的发展,支持高等教育充分利用信息与通信技术,响应国家制定的信息与通信技术推广政策,尤其是实施电子社会、电子工业、电子商业、电子教育和电子政务战略。而这些战略都可以通过政府采购政策实现。在全国各地的地方政府建立地方管理和发展枢纽。国家应当与高等教育机构合作,要求高等教育学校实时收集学校最新信息。通过大学信息服务系统,使高等教育学校的学生和家长都有权访问高等教育学校最新的准确信息。支持在高等教育中使用通信和信息技术,以扩大信息访问人群并缩小数字鸿沟,从而将个人学习机制发展为大众化学习机制。加大信息技术和通信发展、研究的投资力度。政府应提供经费促使高等教育学校发展成为一个集学习、实验、研究及示范于一体的基地,支持高等教育学校开设大学开放式课程,资助高等教育学校建立图书资料库及学习网络管理体系。针对信息技术和通信产生的一系列负面问题,应及时做好相关应对措施。成立高等教育机构发展基金,旨在保持社会生产力和经济发展,而终身教育体制的形成则是促使该基金成功实施的一个关键因素。高等教育管理机构应当建立"终身教育"发展框架,制定惠及社会各阶层并涉及多部门的终身教育管理策略,坚持以学生为中心的教学管理模式,建立终身教育质量保证机制。

二、长期发展规划纲要(2008—2022年)

1.大学或高等教育机构的责任在于通过教育机构研究过去的世界、当下社会的现状以及预知未来社会的发展趋势,为青少年和大学生传授知识。社会所需要的大学毕业生是拥有知识,能适应工作生活且通晓社会与文化的公民。知识与智慧是大学的精髓所在,发展高等教育机构不仅有利于国家发展尤其是经济发展,还有利于国家的持续稳定与繁荣。

2.在过去的十年,即实施第八个国民经济和社会发展规划以来,泰国强调"以人为本"的发展方针,努力实现经济、社会和环境的平衡与协调发展。伴随全球化而来的是世界经济的融合和金融市场的变化,科学技术跨越式的进步,恐怖主义和瘟疫问题依然存在,自然资源和环境退化以及随之产生的自然灾害,这些都要求泰国必须在各种变化因素的联合作用下谋求发展。

3.就泰国国内发展环境而言,泰国仍存在着严峻的人才质量问题。与其他多数国家相比,泰国劳动生产率较低。知识进步、创新与研究仍是泰国国家竞争力中的弱项。此外,21世纪初泰国经历了严重的经济危机,致使民众广受影响。究其原因是国家过度依赖原材料、能源、资金和技术的进口,且进口仍在国民生产结构中占较高比例。另外,泰国贫困人口仍然超过全国人口的10%。这不仅有随文化传播、媒体和信息技术而来的价值危机的影响,还有来自近期国内的暴力事件和政治不稳定的影响。

4.国家未来的发展使命和目标应符合时代要求,并在诸多国家经济和社会发展规划下谋求发展,谋求与时代变化相适应。第十个国民经济和社会发展规划(2007—2011年)规定了国家发展的四大方向:培养人才、发展经济、保护自然资源和环境、提升国家行政管理能力,即:提高人力资源水平,以推动社会发展及解决贫困问题为目标;完善经济体制,实现国民经济的平衡和可持续发展;保护自然资源和环境;发展国家、集体和个人企业管治委员会体系。这是国家未来五年的发展目标,同时也是相关高等教育机构的发展目标。

5.高等教育规划的制定要与高等教育管理和发展的本质相一致,需要连续评估高等教育五年以上的发展成果,所以规划需要不断地调整和更新。第一个高等教育长期规划在1990年制定实施,该规划是以国家各方面现状与变化的政策性研究数据为基础制定的。第一个高等教育长期发展规划实施于1990年至2003年。因此,为确定规划的根本方向并实现其连续性作用,必须加快制定第二个高等教育长期发展规划,保证高等教育体系的发展方向正确并能持续发展。

6.总之,发展第一个高等教育长期发展规划应坚持四个基本原则,即:实现教育资源的合理分配及教育机会的均等,实现高等教育的现代化,实现高等教育的高质量和高效率,实现高等教育的国际化。

7.在第一个高等教育长期发展规划向政府提议实施的所有政策性建议中,有的已按计划实现,有的至今仍未能得以实现,具体情况如下:

(1)确保国家教育质量保障与评估办公室所制定的教育标准的有效实施。

(2)参与到学生缴费的工作中,除学费之外还包括各类学杂费,并根据建议参与到学生教育性贷款工作中。

(3)高等教育机构中教师学历比例现状是,博士、硕士、本科的比例为25∶60∶15,而规划中规定的比例为30∶60∶10。

(4)真正将高等教育长期发展规划纳入高校实践当中的仅为规定时间的一半。

(5)在所有公立高等教育机构中,仅一部分政府直属大学有办学自主性、灵活性和高效性。

（6）培养科学技术人才与人文社科人才的比例为 25：75，与规划中的目标 50：50 相去甚远。

8.在确保上述高等教育的发展方向的正确性过程中，会直接或间接地受国内外局势变化的影响。例如，双边和多边贸易自由化与国家的国际竞争力直接相关；技术的进步与研究开发、政治冲突直接相关；军事直接影响和平教育的发展与和平的进程；中国和印度等国家的经济、政治飞速发展，与这些国家建立良好合作关系，同样关乎泰国经济与教育的发展。推动泰国农业、工业及服务业向新型工业发展，新型工业有知识密集型产业和人才密集型产业等；推动泰国产业结构优化升级，从依赖燃料进口，以污染环境为代价，转变为完美地运用自足经济理念，发展经济和调整社会新型产业结构等。

9.在发展泰国高等教育的同时，也不能漠视国际高等教育的发展。初步调查发现，国际高等教育界在许多方面有所侧重和创新，包括学术领域的新型教学模式、以学生为中心的授课方式，以及将最新研究成果运用到教学过程当中等。在教育机制和管理模式方面，许多国家的高等教育相当重视培养学生的合作精神，积极促进终身学习机制的建立，促进高等教育的多样化并努力实现管理制度的现代化和高效化。此外，教育机构的宗旨是促进社会的进步和培养优秀人才，如推动大学以各种方式为社会提供教学服务；在大学中举办各项活动和营造学习氛围，以促进学生的个性发展与自我完善；在全球化的趋势下，培养学生融入社会的能力。

10.第二个高等教育长期发展规划任务的制定是适合规定的时间段的，这也要求泰国高等教育体系的发展必须能够应对充满变数和不确定性的未来。也就是说，2007 年是泰国高等教育的一个重要转折点。若能制定出适应泰国社会发展的高等教育体制，建立可推动高等教育大力发展的教育机制，将是提高"以人为本"精神在发展中的地位、增强国家经济竞争力以及提高个人及社会整体生活质量的重要因素。

11.第二个高等教育长期发展规划的重心在于社会各界最广泛的参与。此提议由高等教育委员会提出，并就此议题开展了 4 次集思广益的会议，不断将会议进度报告给政策规划小组委员会。此外，还在各类大学召开每两个月一次的会议。这些大学包括公立大学 26 所，皇家大学 40 所，皇家理工大学 9 所，私立大学 67 所，社区学院 19 所。此外，还对多位专家进行了访谈。筹划指导委员会每周共举行 30 次会议，每次会议的内容包括收集直接与高等教育相关和对高等教育有重大作用的信息和想法。会议中与世界银行专家进行了充分交流，并吸取了其他国家的发展经验。与相关重要群体进行对话，如青少年、学生、毕业生和私人企业团体（包括民营工业局以及其他工业领域的民营部门）。此外，还组织了有关以下内容的会议：与强调地方政府和学者参与度的媒体合作，组织工作组商议经历多次暴力事件的泰国南部地区的教育问题；积极从其他国家吸取经验教训，研究高等教育在区域和社区发展中的作用；组织工作组商议人力资源发展问题；采集大量的现有研究成果，并从互联网搜索获取有用信息来完成此次规划的制定。以上所有制定程序都促使了第二个高等教育长期发展规划集中在半年时间内完成。

12.第二个高等教育长期发展规划可分成两个部分。第一部分为分析高等教育、国家及世界的发展前景。制定这一部分内容的原因有高等教育时常受到其他外部因素影响,导致出现各种问题;由于准备不充分,不能应对随之而来的困难,只能坐以待毙。此外,还会因为缺乏重点、无主次之分和不了解调整要素造成在管理规划方面的问题;第二部分为泰国高等教育的政策,包括高等教育现存问题的解决措施以及促进未来高等教育稳定发展的办法等各项内容。这些政策之间相互联系,相互促进,共享资源,共同发展,向着同一目标前进。除制定高等教育发展规划之外,本规划还需考虑到高等教育在国家整体发展中的作用,尤其是在中央政府行政权力下放过程中的作用和高等教育在支撑国家经济竞争力中的作用。

三、高等教育、国家及世界的发展前景

未来虽难以准确预测,但参考真实资料与信息,能让我们在认识事物的不确定性的同时,提供可信的合理性趋势预测。预测未来发展趋势有助于主动地规划未来,制定各个阶段的发展步伐。高等教育长期发展规划评估并有选择地预测了未来的发展趋势,包括对直接或间接影响泰国社会和泰国高等教育的因素的预测,如人口结构变化、能源与环境、未来就业率与劳动力市场、行政权力下放、暴力与冲突、未来青少年与职业、自给自足经济理念。

(一)人口结构变化

1.泰国未来人口的增长速度将呈下降趋势,也就是说,泰国的总人口将由 2006 年的 6 283 万增长为 2020 年的 7 082 万,增长速度小于过去,这是因为泰国的人口出生率下降了。人口优势或者说人口红利是指劳动年龄人口占总人口比重较大,它是为社会发展与生活质量提高创造有利条件的人口结构。据泰国人口学专家预测:泰国的人口红利估计会在 2011 年左右消失,基本没有可能再回到人口红利时代,与此同时,泰国跟许多国家一样正逐渐走向老龄化社会。因此,有必要分析人口结构变化对下一阶段社会发展和人民生活质量的影响。高等教育是解决因人口结构变化而产生的问题和顺应该趋势的一个重要环节,必须区别、详细地考虑以下三大群体:儿童、劳动力人群及老年人。

2.朱拉隆功大学人口研究所估计:到 2020 年,泰国学龄人口占总人口的比例将从 24.65%降至 17.95%;到 2025 年,15 岁至 17 岁的高中学龄人口将从 320 万降至 275 万;18 岁至 21 岁的大学学龄人口将从 430 万降至 377 万。这主要是因为计划生育政策的实施及生育年龄人口生活方式的改变,它是未来高等教育机构容纳量的重要指示灯。

3.朱拉隆功大学人口研究所估计:泰国 15 岁至 59 岁的劳动年龄人口虽然有所增长,但增加的速度下降了。到 2025 年,泰国劳动年龄人口比例将从 67%缩小至 62%。劳动力是泰国生产部门的主要力量,劳动力人口的减少将严重影响社会福利。也就是

说,现在每1.93个劳动力抚养1个人,而未来泰国社会将只有1.64个劳动力抚养1个人,人口负担系数有所增长。解决上述问题的一个重要途径就是提高单位劳动力的生产力水平,从而进入富有生产力的社会。

4.随着医疗卫生的发展,人们对保持自身健康的关注度日益提高,这使泰国人民的寿命更长。据估计,到2020年,泰国老年人(60岁以上)所占比例从目前的9.4%增加到20%。除了赡养老人,社会还必须考虑尽可能使部分退休年龄人口继续工作的问题。这既有益于这部分老年人,也有利于社会的长足发展。所以终身学习和技能培训是解决老龄化问题的重要手段。

5.此外,泰国人口结构还与城市人口比重相关。泰国城市人口比例将从目前的31%增长到38%,尤其是曼谷周边各府及其首府地区的人口,换句话说,各地乡村人口比例正不断下降。就泰国全国人口分布来看,泰国东北部人口约占全国总人口的三分之一,居全国首位。2007年,泰国东北部的劳动力人口约有3 600万,其中1 285万人分散在各农业部门,600万人从事制造业,546万人从事商业,1 100万人从事于其他服务部门。所有劳动力人口中约有本科毕业生520万人,占所有劳动力人口的15%,他们是不断提高高等教育竞争力的关键群体。

(二)发展路线:人口及其对高等教育的影响

1.高等教育必须不断地扩展,尤其是扩大招收18岁至22岁的接受高等教育者。与此同时,高等教育必须更加重视其他层次教育的质量,充分运用知识,促进知识创造,利用知识来服务社会、经济和商业,创造附加值,提高创新力,提高社会意识。

2.虽然人口出生率将日益下降,但高等教育入学率可能会在一段时间内有所上升。其原因来自各方面,如社会价值观转变和教育贷款机会增多,初中升高中的升学率有所提高等。但国家为培养适合制造业和服务业的中等水平劳动力,推动高中毕业生选择接受大专教育,将导致高中升大学本科的升学率下降。因此,政府必须转变学生扩招与限招政策,尤其是政府、社会各界以及用人单位必须意识到,如果只重视数量,将必然导致高等教育质量下降。

3.由于人口红利下降,劳动年龄人口将承担更重的社会责任。因此,高等教育必须推动社会提高经济生产力。而经济生产力则取决于教育质量和受教育程度、培训质量以及医疗保健。这意味着高等教育必须通过教育、研究服务于社会,弘扬健康文化,了解并创建一种从儿童期开始的公众健康保障机制。

4.老年人普遍拥有更好的健康状况和更长的寿命。为实现退休年龄人口再工作、转行业,新兴企业大发展,提高劳动生产率,高等教育将是老年人终身学习的重要源泉。老年人也是提高经济生产力和社会生产力的动力。在提高社会生产力方面,高等教育必须承认家庭和个人关爱老年人的重要性,重视老年人对社会的作用,承认老年人是家庭和社区的智库等。

5.高等教育必须根据人口分布,合理分配教育资源(如泰国东北部诸府),促进教育机会均等。高等教育政策应当注重地方教育、学校的合作交流机制以及信息与通信技术在教育中的运用。

6.高等教育除了培养大学毕业生之外,还必须重视进一步提高达到劳动年龄的人口特别是知识型员工的能力。如2007年泰国约有七分之一的劳动人口是本科专业的毕业生,占总人口的十三分之一。高等教育体系应当为已就业人群开设灵活性的课程,提高其职业素质,保证就业率。此类课程无须已就业人员辞去现有工作,就业人员可以根据自身需要、目的按需学习。

(三)能源与环境

1.能源是人类活动的物质基础,是国家经济发展的关键因素,而环境则直接影响人民的生活质量。能源和环境不仅是国家问题,还是世界性问题。全世界的能源消费量十分巨大,且能源消耗呈现极为不平衡状态。

2.全世界化石能源十分有限,尤其是石油。世界电力生产所使用的能源中有80%来自化石能源。

3.泰国必须从国外购买和进口能源。2004年,泰国进口的化石能源总量占全国能源消费总量的70%,最为关键的是,进口能源的花费占国民生产总值(GDP)的比例高达12%。

4.此外,泰国用于发电的燃料中天然气占65%。由于燃料使用单一,所以可能会出现全国性的能源安全问题。对此应当加强其他燃料的使用,如煤、柴油等。

5.环境直接影响人们的生活质量。世界各国人民逐渐意识到二氧化碳的危害。二氧化碳主要来源于化石能源的使用,它严重影响了人类赖以生存的生态系统。例如,北极冰层的融化致使海平面上升,对人类的生命和财产造成了威胁。

6.解决泰国能源问题的关键在于减少对进口能源的依赖,具体通过以下几种方式实现:提倡节能以及提倡使用清洁能源和可再生能源,提高能源利用率;促进用于发电的燃料种类多样化。至于环境问题的解决办法,则必须加强各方面的持续协作,包括保护森林和水资源;提高新一代年轻人的自然环境保护意识;促进环保替代能源的开发和利用;在制定环境政策时强调整体性和连续性。上述指导方针不因政府更替而动摇,并通过教育机制,培养人们的环境保护意识和法律意识等。

(四)发展路线:能源与环境及其对高等教育的影响

1.高等教育机构的责任是人才培养和知识创新。高等教育应不断努力促使泰国在能源和环境问题上自力更生。通过国家政策和资源支持,以国家的能源目标为己任,努力减少国家能源进口和发展环境保护事业。

2.高等教育机构应当重视节能问题,促进替代能源(如可再生能源和生物能源)知识的创新与应用。为此,须坚持以下三个指导原则:

(1)提高节能环保意识,如开设相关知识的公共课程。

(2)知识创建,如深度教学与研究。

(3)促进科技在能源和环保方面的应用,包括在公众及生产部门的应用。

因此,高等教育必须建立基础教育与职业部门之间的联系,尤其是建立生产商与教师培训之间的联系。通过双方共同开展的活动,提高儿童和青少年的节能环保意识。

3. 高等教育机构应当着力于研究能源与环境问题以及资源保护问题:

(1)替代能源中的碳捕获和封存技术(CCS),是指将高性能和低价格的太阳能电池、乙醇生产使用于电气机械制造工厂或居民生活中,加强燃料电池和氢技术、核裂变和核聚变、风能、生物质和生物燃料的生产与使用。

(2)节约用水(包括水源保护以及宏观层面上对城市和家庭用水的管理)。例如,保护森林、当地生物圈及生态环境等。

(3)实施电力需求侧管理,提高住宅领域、工业及运输业的能源利用率。

4. 提高现有劳动力市场的劳动力素质,培养能源和环境方面人才。

5. 促进高等教育与私营企业(如制造业和服务业)之间的合作与研发,应注意以下两个方面:

(1)劳动密集型生产部门和服务部门。需要能源管理、新型能源使用和环境保护的理论者和实践者。

(2)促进替代能源和节能技术开发,保护天然资源。这有利于工业的研究、开发与生产,包括能源的检测、管理与生产的系统设备研发等。

(五)未来就业率与劳动力市场

就业率与劳动力市场稳定是国家发展和社会稳定的重要条件。高等教育作为一个关键性因素,以发展人才和知识来支撑劳动力市场。因此,了解未来就业形势和劳动力市场对高等教育的长期发展至关重要。影响劳动力市场的因素主要有国家经济结构、全球化、技术变革和信息化时代。

(六)国家经济结构

1. 1988—2007 年,泰国经济结构的变化对国家发展产生了较大影响。既给泰国经济、社会和政治稳定提供了跨越式发展的机会,又在一定程度上威胁其稳定。

2. 众所周知,泰国社会是农业社会。从泰国劳动力结构来看是符合事实的,泰国从事农业的人口大约有 1 300 万,占劳动力总人口的 39%,但农业创造的经济价值仅仅占国民生产总值的 8.9%。因此,政府及高等教育面临的巨大挑战是如何利用教育提高农业生产力、创造更高价值。此外,通过分析过去十年从事农业的人口统计数据可发现,由于不断出现务农人员改行的情况,致使务农人员的比例从 1998 年的 42% 下降到 2006 年的 39%。这意味着出现了数以万计的无技术劳动力和失业人员,因此加强农业迁移人口的技能培训和职业教育成为国家级问题。

3. 与农业恰恰相反的是,服务业呈持续扩展趋势,泰国经济将更加依赖服务业。相当大的一部分泰国人熟悉并擅长这一行业,泰国从事服务业的人口比例从 1998 年的

38%上升到 2006 年的 44%。然而,值得注意的是,发展潜力高的服务业在整体经济中所占比例正不断下降。服务业创造的价值占国内生产总值的比例从 1998 年的 59% 下降到 2006 年的 51.8%。而高等教育则是解决这一问题的重要途径,加大服务业增加值,包括多个领域,如旅游、交通、金融、医疗、通信以及这些服务业间的领域等。

4. 工业方面,由于政府制定了促进出口政策,泰国制造业与其他行业相比改革发展更加明显。1990 年、2000 年、2004 年和 2006 年,泰国工业生产总值占国内生产总值的比重分别为 29%、36.4%、38.5% 及 39.3%。从事工业的人口约占全国劳动力总人口的 15%。国际竞争的日益激烈和技术的不断进步,迫使泰国工业必须不断提高自身竞争力,尤其是面对具有廉价劳动力和强大智力支持的国家时,如中国、印度和越南。研究和挖掘每个行业的特殊性可能会影响泰国工业未来的生存与发展。在泰国工业现有的劳动力中,小学及以下学历的人口接近 60%,受过高等教育的人口仅占 5%。因此,解决上述问题的关键在于提高广大劳动者的技能水平,推动从事工业的劳动力类型向知识型工人和机械制造工人转变。发展泰国工业需要先发展其中的某些先导行业,从而带动其他行业共同发展。

(七)全球化

1. 经济全球化对泰国的发展既有利也有弊。各种因素促进了全球化的扩展,并最终主宰了世界经济,其中包括信息与通信技术、运输业、大众传播的进步和发展,都对人们的生活方式和职业生涯有着直接的影响。全球化是一把双刃剑,集各种矛盾于一身,如合作与竞争等。全球化对泰国高等教育的挑战主要有两个方面:跨境服务类贸易研究与东盟国家一体化的影响。

2. 泰国作为世界贸易组织(WTO)成员国,跨境教育必须以世界贸易组织的《服务贸易总协定》(General Agreement on Trade in Services,GATS)为准则。《服务贸易总协定》包括以下四大类型:

(1)跨境交付,如远程教育、教学考试服务、互联网教育。

(2)境外消费,如泰国学生去往美国留学。

(3)商业存在,如美国大学在泰国开设教育服务机构,可以是建立分校或出售办学权。

(4)自然人口流动,如高校教师国际交流计划。

3. 泰国高等教育应当积极研究上述跨国服务的多边协定,同时也包括双边协定。自由贸易协定已实现或即将实现,研究其可能对泰国高等教育产生的影响,有助于建立教学质量检测体系,保障传统教育以及网络教育的质量更加标准化。泰国高等教育应当做好充分准备,积极应对与国外高等教育机构的流动性的合作,包括学校、课程、学生以及教师的交流与合作,特别是与东盟各国和东盟对话伙伴合作以及未来泰国高等教育的出口。

4. 全球化给泰国带来的另一个发展契机是东盟一体化。泰国是东盟的成员国之一。在过去的 40 年中,东盟各国不仅在经济上合作,而且还扩大到包括教育在内的其他领域的合作。与其他国家和地区之间激烈的经济竞争、贸易障碍和协商、货币贬值导致严重的经济危机以及社会和政治的影响,促使东盟各国领导人都积极参与合作,密切联系,共同推动东盟一体化进程的发展。

5.包括泰国在内的每一个东南亚国家,都必须做好迎接东盟一体化的充分准备,从而在东南亚国家联盟中找到本国相应的经济和社会位置。从 2006 年的统计数据可以看到,东盟作为一个经济社区,涵盖了 5.67 亿人口,占世界总人口的 8.57%。根据东盟各国的发展程度,可将东盟国家划分为原东盟六国和新成员国 CLMV(柬埔寨、老挝、缅甸和越南),原东盟六国与新成员国的人口占东盟总人口的比重分别为 72% 和28%。东南亚各国发展程度很不平衡,有些国家之间的人均收入差距高达 15 倍。从社会角度来看,东盟国家人民大多信仰宗教,其中有 44% 左右的人民信仰伊斯兰教,且有相近比例的人民使用马来语。

6.东盟在不久的未来将实现一体化建设。据预测,东盟一体化将促使成员国之间的交流更加频繁,包括人口、劳工、贸易、工业以及语言、文化、知识的流动和交流。关于教育和劳动力合作,将引发一场学生、教师及其他各行各业从事者的流动风暴。此外,研究和开发方面的合作将有利于知识创新、技术创新以及管理模式的交流。我们应当汲取欧洲的教训,《博洛尼亚协定》表明,国家间相互承认学位学历与保证教育质量达标是东盟教育一体化最关键的工程。教育质量保障体系是推动学生得以接受更广阔、更多样化、更丰富的知识,以及激发创新意识的保证。值得肯定的是,泰国高等教育可谓高等教育质量的典范,在东盟教育中处于优势地位,足以支撑国内外教育资源的需求和开发。泰国教育除了能充分为国内人民提供受教育的机会之外,还能为东盟其他成员国的人民提供优质的教育服务。东盟一体化建设同时还为成员国提供其他形式的教育机会,如跨国交换学生和教师、合作科研项目、跨国合作办学、相互学习语言、跨机构跨国家转学分、促进数字化学习以及终身学习。因此,东盟一体化对泰国高等教育来说是一个千载难逢的机会,不仅开拓了教育市场,加大了教育和研究方面的合作,还有利于东盟国家人民之间的相互了解,促进区域内的长期和平与稳定。

7.同时,东盟的建立还促进了泰国与其他友好合作国家建立"对话伙伴"关系,其中重要的对话伙伴国是中国和印度。1998—2007 年,中国和印度的经济飞速发展,两国人口总和超过了世界人口的三分之一。21 世纪,两国将发展成为世界经济强国,与此同时,两国的社会和政治力量也突飞猛进。这将是泰国高等教育又一必须考虑的外在因素,应促进高等教育与中国和印度在各种形式上的合作,包括学习中、印国家语言,进行学术合作,接收和交换学生、研究人员和教师,合作项目等。

(八)技术变革

1.技术变革,尤其是科技的进步,是影响就业的重要因素。技术进步不仅有助于农业生产力的提高,还是工业革命的原动力。技术加大了服务,引领了以知识为基础的经济时代,刺激了"生产力"和"革新"在生产和服务过程中的应用。西方国家往往存在未来学家,他们推测尚未发生却可能发生的事,如通过医疗延长寿命技术、应对气候变化技术、新能源技术,这些都与高等教育密切相关。

2.通过高等教育系统发展科技。除了发表有关科技创新与研发的学术类文章外,高等教育机构还可以根据国家需要研发新科技。高等教育应与国家科学技术研究部门密切合作,共同研究社会、经济和个体发展问题。例如,与国家科技发展署合作等。

(九)信息化时代

1.信息与通信技术对人们的生活方式、职业生涯以及新型工业化经济有着极为重大的影响。信息革命始于集成电路、计算机系统、信息通信系统以及互联网的出现,对促进就业和繁荣经济具有深远的影响。信息时代的世界是一个无国界的世界,也是一个信息爆炸的世界,信息和知识更易获取,科学技术广泛传播,且没有时间限制。在人力资源创新、基础设施完善和信息技术产业发展的基础上,实现价值高和增值大的技术创新和劳动力市场的大发展。正如泰国的信息技术政策(IT 2010年)所述,变革是发展的一部分,在经济和社会方面使用信息与通信技术,从而实施电子社会、电子教育、电子工业、电子商业和电子政务战略。信息时代是改变未来劳动力工作方式和就业的另外一个重要因素,对目前制定高等教育规划至关重要。

2.除此之外,未来的劳动力市场还必须重视中小型企业的发展。它们分布在全国各地,涵盖了商业、制造业、零售批发和服务业、大型家族企业。

(十)发展路线:未来就业率与劳动力市场及其对高等教育的影响

1.泰国每年数以百万计的农业人口迁移,包括永久性迁移、季节性的暂时迁移和人口从自然灾害地区迁移。高等教育必须加强对受教育程度低(小学或中学学历)的农业迁移人口的技能培训和职业教育,从而使其成功进入服务业和制造业。因而,高等教育机构需要与负责流动人口管理的政府部门合作,预测流动人口对知识技能培训部门和公司的需求量,可通过建立职业技术培训学院、劳动力开发部门以及开设培训课程实现。高等教育必须侧重于对地区性职业技术培训机构的建立,而不是一味考虑城市对从农业迁移的非熟练劳动力的接纳问题。

2.高等教育要尽量使正在从事农业工作的劳动力愿意继续从事农业工作,且生活得更好。高等教育必须协助社会,加强对农民的知识技能培训,并为其提供继续接受教育的机会,从而保证家庭、社区,乃至地区的食品安全,提高生产率和降低成本,实现农业的现代化和可持续发展,并通过发展食品工业和以农产品为原材料的工业提高农产品附加值。

3.服务业是泰国的支柱产业。服务业不仅有利于创造国民收入和就业机会,而且服务型原材料和货物的进口价格低廉,还有利于自然资源的保护和社会资本的积累。高等教育必须与服务业紧密合作,了解新型服务业的发展动态,促使知识技术型经济的建立。加强知识含量、技术含量、价值链的重要性教育，以培养知识型和技术型的服务业实用人才。

4.高等教育与各行业工业部门合作，特别是要对该行业进行价值链分析，并研究该行业的出口值、就业情况以及生产力提高的可能性，从而与工业部门共同制订人才培养与训练计划，研究以技术服务和需求为导向的人才培养模式。人才培养必须辐射社区经济（如工业园），从而形成产业圈。以辐射社区经济为目标的高等教育，能促使其目标更加明确，以便更快地适应时代变化，不断调整学习体制。

应当设立以下部门办事处：投资促进委员会办公室、国家经济和社会发展委员会办公室、工业局、商业局、政府科研经费预算管理机构、高校与工业部门合作联合部门等。

5.高等教育机构应当通过制定战略方向、目标和实施路线，来服务实际生产部门、规划局以及竞争力研究部门。通过创新型经济，特别是以知识为基础的产业来提高竞争力。具体包括：

(1)加大知识经济产业比例。

(2)加大知识型员工比例。

(3)提高泰国在联合国开发计划署（UNDP）创建的技术成就指数的排名。

(十一)行政权力下放

1.1991年颁布的《泰国行政机关组织法》规定：将中央行政权力分散到省级政府、地区级政府、市级政府、县级政府以及乡级政府，全国共有地方政府7 853个。分散行政权力的方法包括：转移职责，财政分权，转移人员，完善监督制度，人民参与行政决策，提高地方政府行政能力，完善法律法规，监督职责的转移以及建立公共服务质量保证体系等。这意味着，必须有加强地方政府公务员行政管理知识、培训和能力等的专业支持。此外，2007年，地方从中央分配到的预算资金为3 900亿泰铢，约占国家总预算的25%。地方收入除预算外，还有税费收入及其他收入。

2.一直以来，地方政府职能主要有基础设施建设、职业教育发展、社会和医疗卫生发展。地方政府支出主要集中用于基础设施建设。然而，要实现可持续发展战略，地方政府还必须全面履行其他方面的职能。目前，地方政府需要有高等教育的支持与配合，需要高等教育向公众提供专业知识和职业技能教育，并给予地方政府专业方面的咨询。整体而言，这是一项重大任务。单独早教中心就有1.7万所，拥有100万名儿童以及3万名工作人员。其中，非城市早教中心占95%。市级学校有600所以上，边防警察学校200所。高等教育兼具人才与知识，有责任支持地方政府发展教育。将各大高校联合起来，共同努力，全力支持地方政府的各项措施，这是长期实现共同发展、共同繁荣的重要基石。

(十二)发展路线：行政权力下放及其对高等教育的影响

1.中央行政权力和职能下放到地方政府已经成为方针、政策，并且在其他国家已经实施了几个世纪，而泰国仅仅实施了十年。虽然中央政府向地方政府划拨了财政预算，但由于相关人员对其政策缺乏了解,且制度与人力资源的不完善、不充分,所以实施效果十分有限。

高等教育对中央行政权力下放所实施的有效性和成功率起着至关重要的作用。因此,要实现高等教育机构服务地方的目的,高等教育的核心使命就是为社会提供优质的服务,支持区域和地方部分高校的建立和推广。此外,地方政府的财政支出是加大该地区高等教育发展的重要支撑。这需要高等教育不断创新,从而向地方政府申请经费支持。

2.高等教育可通过以下方法支持和服务当地政府:

(1)提供地方事务咨询,包括为地方政府提供宏观规划或具体项目规划的咨询并进行监测评估。1998—2007年,高等教育虽然执行了这一规定,但还处于个人层面的支持,没有建立系统的服务机制。因此,其持续时间短,拓展的范围也很有限。

(2)提供职业技能教育,关注本地环境保护及当地居民医疗保健问题。这是高等教育在中央行政权力和预算下放到地方政府时新增的任务。

(3)培养当前所需的地方型人才,如当地政府公务员、儿童中心工作人员。

(4)培养将来所需的地方型人才,如教师、公共卫生清洁人员、农业工作者以及生态环境保护者。尤其是在中央教育机构转移到地方时,将需要成千上万的教师及其他教育工作者从事地方学术教育。高等教育是完善其他学术支系的主要机制,而与高等教育直接相关的首先是师范类专业,其次才是农业、建筑工程、环境与健康学等专业。因此,高等教育必须协助当地政府制定双方共同承办人才培育与发展的总方案。地方政府可提供教育奖学金,促使当地人才留在地方工作,而不是吸引外地具有高竞争力的人才来地方工作。

3.各高等教育机构应联合起来,形成地方高教联盟、主题高校联盟。因为地方问题的实质是整合问题,需要不同层次不同专业的知识人才,因此需要分析供应和需求的临界点。地方工作区域指的是以社会地理环境为标准的区域,而非以行政区域为根据划分的区域。

(十三)暴力与冲突问题

1.截至2007年,世界人口仍遭受着各种非传统意义上的暴力与冲突事件的困扰,而且部分暴力与冲突事件对泰国的发展与稳定产生了一定的影响。泰国国内发生的暴力事件,导致泰国南部边境地区伤者众多,其中涉及地区包括也拉府、北大年府、那拉提瓦府以及宋卡府部分地区。

2.导致上述事件发生的基本原因来自教育。泰国小学教育实施两种并行的教育体制和策略:信仰佛教和伊斯兰教的两大学生群体共同接受普通教育;信仰佛教的学生和信仰伊斯兰教的学生分开接受宗教教育。到中学阶段,会对大部分不同宗教信仰的学生分开教学,部分信仰佛教的学生和信仰伊斯兰教的学生在公立学校学习,相当大一部分信仰伊斯兰教的学生在私立中学或私立宗教中学学习。

暴力事件和刺激冲突产生的根本原因在于宗教、民族和历史问题。私立学校和私立宗教学校教师的学术基础薄弱,造成学生的学习基础差,无法找到本地以外的工作,也无法考上大学。

3.很显然,上述地区问题不是制定了保持国家安全稳定的措施就能轻易解决的,而提高该地区教育水平才是真正解决该问题的关键所在。从制定教育方案到实现国家的和平与可持续发展这一过程,可能还需要相当长的时间。

(十四)发展路线:暴力与冲突问题及其对高等教育的影响

1.随着全球化进程的日益加快,当今世界上的暴力冲突事件的信息能迅速传到世界各地。经过数百年的积累,泰国南部三府在经历了持续近十年的小规模暴力事件后,2004年引发了爆炸事件。对此,泰国南部三府制定了初步解决方案,目前需要相互尊重、互相理解,为该地区人民提供教育和就业机会。今后,还要通过教育为地区人民提供永久性的教育和就业机会。中期和长期高等教育的发展将是解决这类问题的决定性因素,倘若分析准确且实施有效的话,可能需要一到两代人的努力。

2.由于泰国整体社会与泰国南部三府社会彼此缺乏了解,大众所获得的信息和社会意见普遍存在偏见与无知的问题,因此,高等教育必须通过知识,使泰国整体社会与泰国南部三府社会达成和解,具体方法如下:

(1)尊重多元社会和多元文化,包括种族、语言、宗教、文化、信仰等。不管是在泰国全国地区,还是在泰国南部三府地区,全国人民都必须认识到:泰国是一个多民族国家,具有多语言、多宗教、多文化和多信仰的特点。居住在泰国南部三府地区的民族多为马来族,信仰的宗教为伊斯兰教,这些都有异于泰国的主体文化。

(2)泰国作为一个多民族国家,共处于同一国家的人民应当了解并承认各民族文化的多样性,提倡通过和平的方式处理民族间的冲突,泰国有许多诸如此类平和地处理多元文化矛盾的例子。

3.由于基础教育教师的教学水平低,缺乏对多元文化和多元化社会的了解与适应。因此,高等教育必须培养更多高素质的教师队伍并提高教育教学水平。需要培养的教师群体包括教授基础教育、职业技术教育以及高等教育的教师。教学课程、活动及媒体要为学生建立和参与多元文化做准备。

4.泰国南部三府的儿童与青少年存在缺乏学习与发展的机会、出府或出国工作的机会以及宏大世界观的问题。高等教育应当是促进儿童与青少年人口流动、加强儿童与青少年知识与世界观建设的主要机制;有利于促进泰国南部三府儿童与青少年与外部地区的交流,提高其掌握信息技术的能力;推动国际型专业教育的发展,为泰国南部三府创造更多的就业机会,并为其提供更多在东盟工作的机会。

5.高等教育提倡用和平手段解决冲突问题,在所有教育机构发展和平教育。以当地的经验教训和经验丰富国家的解决方案为教学范本。

(十五)未来青少年与职业

1.技术进步、大众传媒的影响,教育体系和新型产业的发展以及思想、文化、社会体系的深刻变化,使当代儿童、青少年及大学生的生活方式发生了翻天覆地的变化。教育、家庭以及社会风险都反映了后工业社会或后现代社会的发展趋势。

2.同时,各种迹象表明,未来毕业生的职业生活也将不同于当前的职业生活,甚至可能会发生巨大的变化。例如,整个工作阶段或某一工作阶段兼任多项工作;出现收入不稳定的自由职业者;寻找工作伙伴或变换同事概率提高等。这些都容易造成将来学生所学专业知识与工作所需技能不匹配现象,所以,除了要精于专业知识以外,还需要培养学生的沟通技巧、团队精神、解决问题能力、承担风险能力、设计和创新能力、责任担当意识、不断学习能力、自律能力以及道德素养。只强调学习专门学科或专业领域知识的教育观念已经远远不能满足社会对人才的需求,加强毕业生素质教育和实践能力培养才是教学之道。为使毕业生适应劳动力市场且处于有利位置,高等教育机构必须注重学生以下能力的培养:社会适应能力、创新能力、实践能力以及具备关于世界、哲学和社会的基本知识的能力。

(十六)发展路线:未来青少年与职业及其对高等教育的影响

1.高等教育应当注重丰富学生的课外活动。加强青少年学生的生活技能、社会技能、超越学术理论的基础知识以及隐性知识和能力的学习与积累,则需要改革教学内容与模式以适应社会需求,丰富课外活动,将学习寓于现实生活,从而锻炼学生能力,为学生和教师提供更多挑战机会,而不是一味地钻研教科书。

2.高等教育体系应当用关键绩效指标(KPI)法建立教师评估系统,包括与学生的交流沟通、课外活动、道德等。

3.扩展学生的世界观,为毕业生应对全球化趋势做准备,增加学生学习外国语言和文化的强度和效率。有效地学习外国语言和吸收国外文化需要优良的学习环境,需要加强学生的交换学习,加强国际间学生和教师的流动性,开设双语课程,健全高等教育体制。

4.增设素质教育课程。高等教育机构应当针对学生提供以下内容的教学课程:沟通能力、决策能力、领导能力、解决问题能力、团队精神、吃苦耐劳以及诚信精神等。在后工业社会,加强素质教育的理念势在必行。因此,素质教育体系既包括对学科知识的学习,又包括对精神方面的建设。

5.教育机构管理单位规定高等教育中心及各个大学必须为中学和接受职业教育的学生提供就业指导服务,为大学毕业生提供职业和就业方面的咨询服务,为即将就业的学生提供就业市场分析的数据信息,给予学生指导,开展招聘会、企业宣讲活动。

6.教育发展应当坚定地走以工作或社区需求为导向的教学道路,例如,与制造业部门和社会部门联合进行企业合作教育、工程实习教学、实习生或学徒制度教学,扩大此类方式在高等教育教学中的比重,并让教师参与此类活动,以亲身经历后的心得体会来教授学生实际知识,激发灵感,做进一步的研究,从而运用到教学活动中。

7.目前对毕业生就业情况跟踪调查仅仅局限于对学生取得学历证书期间的就业率调查。因此,高等教育体系及学校缺乏对毕业生职业道路调查统计的完整性、结果及影响的分析。高等教育体系和机构都应当对毕业生职业道路进行追踪研究,从而保证毕业生职业道路跟踪调查的完整性,并调查毕业生对教育及自身的满意度,用以有针对性地提高教育质量,制定高等教育发展规划。

8.强调高等教育体系对学习多元文化以及认清不同学生的优劣势和出路的重要性,目的在于促进不同年龄段、不同社会文化背景和不同民族学生的多样性和普遍性。例如,制定合理的名额限制;促进国内、国际间学生交流,特别是与东亚、南亚等亚洲国家的交流;招收社区学院的学生到四年制大学就读;鼓励四年制大学学生在社区学院服务领域进行研究与实践等。

(十七)自给自足经济理念

自给自足经济理念是由国王普密蓬·阿杜德提出的,是一种中庸的人生哲学和生活之道。自给自足经济理念的实施惠及了个人、家庭、区域,乃至整个国家,它的实施有利于人民生活水平、环境、经济和政治建设的稳定、均衡、公平及可持续发展。发展自给自足经济的原则是适度、合理。保证此理念实施的重要条件是智慧、素质与毅力。因此,高等教育应当是自给自足经济实施、研究、创新和应用的先驱。高等教育通过为不同层次的学生提供学习并实践这一理念的课程,从而促使自给自足经济理念真正运用到社区和社会当中。

(十八)发展路线:自给自足经济理念、原则及条件

1.如今,高等教育对自给自足经济的理解和实践仍处于初始阶段。现有的实施办法有开设自给自足经济课程;通过已建立的教育中心进行学术管理;建立实践活动的示范人员以及部分大学生层次的项目。

2.因此,高等教育应当引导大众实施这一理念,研究这一理念,不断创新和更新这一理念,为个人、家庭、社区、地区(根据地貌、管理或社会景观划分)、机构、生产部门创造实质的效益。

四、高等教育长期发展规划纲要的方针、政策

高等教育长期规划纲要不仅研究了世界各国高等教育的发展趋势对泰国高等教育的影响,还分析并制定了泰国高等教育发展纲要,从而保证"教育体系"将本纲要应用于实际执行当中,最终推动高等教育在优先发展素质教育的基础上,促进高等教育的共荣与统一。除了解决高等教育面临的问题以及加快高等教育发展的步伐之外,本高等教育长期发展规划纲要还扩大了高等教育在推动国家发展政策以及其他领域的作用。

第二个十五年高等教育长期发展规划纲要的目标:到2022年,泰国高等教育的质量有所提高,培育出高素质的市场型人才;高等教育的创新能力有所提高,推动全球化

趋势下国家竞争力的提高;通过合理地利用行政管理机制,并在学术自由、多样化和系统一体化的基础上,制定质量标准和统一的教育系统,推进地方的可持续发展。

从高等教育长期发展规划纲要的目标可以看出,在政府采取的上述相互影响、共同作用的措施中,许多规定都是密切联系和相互支撑的,其中有的规定还可以促使资源分配机制推动其他政策和措施有效实施。本纲要从综合和全面发展的角度出发,分成了以下几个部分:高等教育与其他教育层次的衔接;解决高等教育现存的问题;高等教育的管治与管理;高等教育在提高国家竞争力中的地位;高等教育经费;壮大高等教育行业教职工队伍;高等教育体系;泰国南部地区的高等教育发展;教学基础设施。

(一)高等教育与其他教育层次的衔接

1.若进入高等教育体系接受高等教育的学生生源质量(指学术知识及体、美、劳方面的水平)较高,则提高高等教育的质量将更为容易。从调查到的资料来看,在泰国接受基础教育的青少年儿童在许多方面都很薄弱。首先是泰国学生的语言阅读和理解能力,这也是泰国学生学习与生活的基础。2000年经济合作与发展组织(OECD)对5 433名学生进行的国际学生评估(PISA)抽样调查结果表明,泰国15岁的学生中仅有四分之三的学生能够阅读泰语,了解字面意思,但可能不知道更深层次的含义,且不能够对阅读到的信息进行解释、分析或评价。总而言之,泰国学生不能有效地利用阅读来进行学习和生活。2006年,以同样的方式进行了调查,其结果与五年前相比,学术知识方面的掌握情况也不容乐观。从2007年泰国国家教育考试服务中心公布的宣布O-NET考试结果中发现,泰国高中三年级或同等学力的学生的平均知识水平不足以通过主要科目的测试,特别是数学、科学和英语。这些科目都是日常生活中必须具备的重要理论基础,更是进入工作、应对全球化形势的根本要求。

2.其次,分析泰国大多数年轻人的生命历程不难发现,从国家法律所规定的义务教育毕业或者是高中毕业后,一部分毕业生便在没有任何技能的情况下,立即进入劳动力市场;一部分毕业生在接受职业教育后进入劳动力市场;其余的毕业生则进入高等教育体系学习。几乎所有国家都存在这种相似的模式。因此,接受职业教育成为许多人进入劳动力市场的重要路径之一。在泰国,人们更倾向于接受高等教育,认为拥有高等教育文凭将拥有更高的薪金和更好的就业前景。目前,泰国社会紧缺职业教育毕业生。据朱拉隆功大学人口研究所预测,若政府再不采取有效政策或其他措施来鼓励、支持职业教育,则按照目前的下滑速度,泰国接受职业教育的学生将从2005年的17%严重下滑到2025年的8%。这意味着,若这些年轻人不进入非熟练劳动力市场,就是进入高等教育体系,最终将造成劳动力培养与产业需求的严重不平衡。然而,改变受教育者的教育价值观并非易事,高等教育必须制定一个灵活的机制,保证学生最大限度地接受职业教育的现状,并为此类学生及劳动力提供更多的升学可能。

3.第三个涉及高等教育与其他教育层次衔接的问题是培养和发展基础教育层次的教师。若教师的教学水平低下,特别是在学术知识方面的水平低下,则会影响学生其他各个方面的发展。若教师质量问题不能得到解决,则会严重削弱国家的国际竞争力。教师培育有以下三个方面的问题:无法吸引有能力的优秀人才从事教育事业;高校在培养教师过程中受到限制;在职教师的教学水平低下和自我完善能力弱。

(二)发展路线:高等教育与其他教育层次的衔接

1.提高基础教育质量是基础教育委员会、私立教育的直接函署以及基础教育举办机构的基本职能。高等教育必须意识到高质量的基础教育将有利于输送高质量的学生进入高等教育体系,基础教育和高等教育是紧密联系且不可分割的两个部分,高等教育应当全力支持基础教育的发展。因此,负责管理基础教育的政府机构应当加快课程设置的改革、教师队伍的建设,实现教学设施现代化,从而使包括数学在内的中学理科教育更发达、更具实力。

国家应鼓励私人投资和创办特殊教育学校,或者在普通学校开设特殊教育课程,以满足那些在数学、语言、音乐、艺术、领导能力等方面有天赋的残疾儿童、青少年的需求。这类儿童和青少年人数占同年龄段学生人数的 8%~9%,属于少数人群,但他们的潜力很高。若能充分开发这类学生的才能,则会对社会做出很大的贡献。对这类学生的投资就等同于建设促进国家发展的火车头,培养思想领袖和提升国际竞争力。开发拥有特殊能力青少年儿童的潜力是近二三十年来东亚国家关注的焦点,因此,高等教育必须协助基础教育为残疾儿童、青少年提供教育服务工作。国家应专门为这类儿童开设中学预修课程,以高等教育学科作为活动和项目的指导。当这类学生进入高等教育机构后,学校可通过快速轨道或荣誉课程兼顾这一特殊群体。

2.随着人口结构的变化,从中学毕业进入职业教育和高等教育体系的学生人数大约在十年内会相当稳定,此后将趋于减少。国家必须建立鼓励学生选择职业教育的机制,从而提高生产制造业的实力。政府方面,国家职业教育委员会和私立教育管理部门应加快职业教育的发展,加速职业技能劳动力的培养,实现职业人才数量与质量双提高的目标。在职业教育学生人数增长的同时,高等教育受教育人数也有所增长。若录取机制合理,接受职业教育的学生将具有实实在在的操作能力,而接受高等教育的学生将具有扎实的学术知识。

高等教育应当灵活地为职业教育毕业者提供接受高等教育的机会,并在保证其不需要放弃已有工作的情况下享有:

(1)学习时段宽松、不受限制。不影响学生的正常工作和生活,不影响其照顾家庭的时间。这类学生的受教育时间不受限制,不一定如同 18 岁至 22 岁年龄段的学生一样四年内毕业,还可以通过家长或贷款取得学费,并且除了学习不需要对生活负责。

(2)使用"学分银行制"积累学分。实现"学分银行制"和终身学习制是高等教育体系的重大使命。

3.高等教育应当调整思维模式及教学机制,与职业教育及实际生产相合作,提高学生知识技能,从而提高生产效率,适应学生在实际工作中时常更换职业与行业的新趋势。

4.高等教育机构应抽取部分时间,全力支持高中教育和职业教育的发展。高等教育机构可通过指派教师去全职和兼职教学,提高教师教学水平,实现教学设施的现代化,举办项目和研究活动的基本知识,举办丰富的夏令营学术活动,为学生提供各领域职业的高等教育课程和素质培养服务来发展高中教育和职业教育。

这些都应当是高校教师在学术方面的责任和义务。

5.除了加强基础教育阶段的特殊教育,进一步开发推进国家未来进步的潜力之外,高等教育还应当加快基础教育和职业教育教师的培养进程,具体从以下几方面抓起:

(1)吸引高素质人才进入师范教育学习。

(2)建立教师培育审查制度。考虑到小学教育、中学教育及职业技术教育之间在教师培育时间和程序上存在差异,所以在吸收师范类以外学科毕业生进入教育行业时,需对其进行教学技能考核,并委派到学校实习。在培养技术类教师方面,除五年制师范教育机制外,还须建立"4+X年制"中学教师及技术类教师培育机制。

(3)采取现有的可提高教师专业素质的措施。

(三)解决高等教育现存的问题

近年来,泰国高等教育已经取得了较大的发展。在制定第一个高等教育发展规划时,从高等教育机构的整体来看,高校数量并不多。但截至2007年,泰国高等教育机构五种类型高校共有163所,包括公立大学、皇家大学、皇家理工大学、私立大学、社区学院。这些高校分布在全国各个城市,其中国家部级、府厅级直属高校数量已增加至255所。但随着高校扩建出现了教育质量下降、同一地区生源争夺激烈、高等教育与高校整体管理效率下降等一系列问题。这些问题随着"资源和预算平均化"标准的规定和政策的出台而进一步加剧,阻碍了教育事业的发展,致使社会发展缓慢,进而影响国家发展。例如,农业人口迁移问题、城市和农村问题、失业问题以及劳动力市场的毕业生水平低下等问题。

(四)发展路线:解决高等教育无目标和方向、机构冗余、效率低下问题

1.高等教育委员会制定了各项准则以应对上述问题,其中包括政策方面和财政资助方面,以下几方面内容已取得了实际效果:

(1)取消社会和劳动力市场不需要的课程。

(2)撤销教学质量问题严重的学院和学校。

(3)建立审计委员会和国家教育统计中心监督机制,从而有效评估高等教育机构,并将评价结果用于其他工作当中。

2.建立教育质量评估机制是解决高等教育无目标和方向、机构冗余、效率低下问题的主要机制之一。应当对以下教育机构进行质量评估:

(1)高等教育机构。泰国四类高校都有义务接受对教育质量的监控与评估以及对受教育者的监测与评估。

(2)各类型大学与学术或专业协会联合举办的课程。必须注重效率问题,尽可能避

免重复,建立评估系统数据库,并充分利用评估结果。从长远来讲,质量评估机制应当用于教育质量合格认证体系,从而使其成为学生和公众可以信赖的标准,成为国家划拨预算及取得社会个人资助金额的标准,成为转学分的标准。因此,必须保证参与教育机构教学质量评估评委的组成结构合理、身份独立且以非营利为目的。此外,建立同行评审制度,以确保质量达标,并应用到下一步的质量改善过程中。

3.按建校主题,可将高校分为以下四大类:

(1)社区学院。

(2)四年制大学及文科类大学。

(3)科技大学、专业型大学、综合性大学。

(4)研究型大学以及大学研究生院。

国家高等教育政策发展上述四类高等教育机构,使教学质量评估与各类高校的使命相一致,使国家在分配和调动资源时更有目标和方向。

4.上述四种类型高等教育机构的特点:

(1)所提供教育服务辐射区域的侧重点不同。

(2)都肩负着发展国家、社会和经济的使命,并以满足国家对打好坚定基础、发展社会和经济以及权力下放到地方,推动国家、地方及农村地区产业的发展,提高国家的国际竞争力为目标。

(3)每一类高校的发展侧重点不同,其教育任务有教授研究方法、提供专业服务或保存传统艺术文化,且建校的背景、目标与其使命相一致。

5.由上述四种类型的高校组成的泰国高等教育体系,对改革高等教育体制、促进国家发展具有十分显著的意义。

(1)高等教育机构立足自身使命,成为该类型高校中的佼佼者,并能根据其使命取得国家相关方面的支持。

(2)更好地响应国家发展战略,包括提高国家的国际竞争力,提高制造业和服务业的生产力,创造就业机会,提高地方、社区人民的生活质量,培养劳动力技能以应对工作、失业问题,安置农业迁移人口,不断提高劳动力及非劳动年龄人口的生产力,提倡终身学习。

(3)有利于教师的培育、进修、工作及合理分配,具体表现为以下几个方面:

①促使政府和高等教育机构对投资培养教师的目标更加明确。

②有助于根据专业知识和技能合理分配教师,防止教师资源的过度集中,并促使各类学校能够根据自身发展目标取得国家和社会的充分资助。

③设定各科教师所需人数以及用于发展教师的资金投入的目标值,从而更有针对性。充分利用预算盈余来提高优秀教师的生活质量,提高教师的积极性,使其不必再兼职其他工作。

(4)能够调整各领域毕业生的结构,使人才培养更切合社会需求。通过国家和高等教育机构的知识创新,进一步支持地方的生产和发展。

（5）降低失业率，有助于国家、高等学校及受教育者的长足发展。

6.四类高等教育机构的各级办学层次应当创建一个共同的质量调节机制，方便受教育者在各类学校之间升学、转学或交换学习（详见下表）。

高校类别（同一所大学中可能有学院或专业属于不同的高校类别，这与其定位和作用有关）	办学层次	服务地区	博士学历教师占比	科技类学生与人文社科类学生的比例	在发展社会和国家中的任务和作用	毕业生的优势
研究型大学及大学研究生院	本科硕士博士（理论研究或论文）博士后	直辖市	100%	90：10	竞争力	推动国家发展和全球化的主要动力、意见领袖
科技大学、专业型大学、综合性大学	本科硕士博士（做项目、理论研究或论文）	大都市	70%	60：40	工业生产实际操作	职业技能与知识水平高
四年制大学及文科类大学	本科硕士	区域内的府	50%	40：60	当地政府支持、地区生产与经济、终身学习、自我实现	推动地方发展的动力、知识型员工
社区学院	大专	府县	10%	20：80	加强社区实力、可持续发展、照顾农业迁移人口、终身学习、自我实现	地方实际生产工作者、知识型员工

7.社区学院体系正处于成立初期，有巨大的增长潜力。社区学院的一个重要特点就是结合地方经济社会培养人才。社区学院以教育部其他教育机构、私立或公立组织已有的基础硬件设施（建筑、教学设备）为依托，在进行实物投资前，侧重于调动地方资源，尤其是充分运用地方的人力资源。

8.社区学院（可升入四年制大学）的办学目标是培养社区所需人才；根据社区需要开设课程；解决社区实际问题；吸引知识经验丰富的人才服务本地区；调动和使用地方资源，与社区共同管理。

9.社区学院的办学机制：

（1）开设大专教育课程及职业培训课程。

（2）提供可满足社区内所需人力资源的质量和数量，支持中央权力及职能下放到地方的政策。

（3）与大学、职业教育机构、实际生产部门以及劳动力发展机构相合作，提高农业迁移人口的素质，从而使其能够成功地在服务业和工业部门工作。此外，加强实际生产部门工作人员的知识技能，以提高生产效率，提高适应能力。

10.培养区域型人才是社区学院和四年制大学的重大使命,无论是地方级人才培养,还是知识创新,与其他研究成果一样,都是有社会意义的学术成果。

11.因此,应当制定发展其他类型大学的规划方案,从而有目的地增强大学实力。例如:新型大学、强调实践型人才培养的大学、后现代主义文科大学、顺应区域发展规划号召的大学。

12.要充分发挥各类型大学的优势,必须依靠以下机制:

(1)依靠教育质量和标准认证办公室(公共组织)评估教学质量,根据大学的类型和使命制定相应的评估标准。

(2)根据每个大学的使命分配预算的机制。

(3)针对教育贷款基金的贷款机制,根据社会及地方的需求、各类型大学的教育质量以及受教育者情况进行合理分配。

(4)高等教育委员会可通过事前审计和事后审计机制进行政策管理。

(5)按大学的类型制定教师引进及进修投资标准。

(6)其他教育资源投资的标准,如研究经费(社区和生产部门)、创新经费(包括生产部门和社区)、天才儿童的培养经费等。

(7)各类型高等教育机构应当创建保护受教育者权益的准则,并向公众公开学校信息,包括公开高等教育的财政和税收方面所产生的效益。

(五)高等教育的管治与管理

管治与管理直接影响着高等教育机构整体的发展。也就是说,如果高等教育机构以正确的发展方向为指导、以有效的管理机制为动力,高等教育机构的使命就能又好又快地完成。扮演这一角色和执行这一职责的最高机构就是大学董事会,其对高等教育的发展起着至关重要的作用。枢密院大臣格森·瓦塔那猜曾明确指出了大学董事会的作用和职责,规定了董事会的义务、目标及成员推选规则,支持并监督董事会主席对相关工作的执行情况,对大学董事会的运行进行绩效评估,坚持制定战略规划并监督审查课程结构设置和社会服务项目,确保资源足够、管理得当,坚守学校的独立性,保持学校与社区之间的密切联系,并且有上诉法院的职责。此外,还有部分包括高校管理者在内的高校董事会领导,因对其职责以及高校的管理问题还不够明确而造成了工作拖拉、效率低下、机构冗余、发展方向不明确、教育创新以及领导人推选缺乏,致使董事会内部派系林立,并对学生和学校造成严重影响。此外,设立高等教育体系管治中心也非常重要,尤其是要结合监管规则和团队引导技术进行管理,推动高等教育与国家发展联系在一起,并以促进国家发展为最终目的。

(六)发展路线:高等教育的管治与管理

1.要实现高等教育机构的改革必须依靠政策的支持与管治,有规定才有实施。高校领导频繁更替也同样会造成许多问题,如责任不明确,政策实施不得力及相关管理人才缺乏。因此,应当创建一个类似于董事学会的高校政策及管理人员责任组织或机制,建立从高校董事会到高校高级管理层的发展机制。

2.该责任组织的作用在于提供管理培训,传授管理技术经验,安排参观,创建开放的思想交流平台,支持管治和管理方面的研究和创新。

3.该责任组织应当在高等教育机构各级管理人员中广泛开展管理课程,上至高校高级管理人员,下至科系,包括提供培训课程的开发人员以及教学工作者。

以上所有工作都是为了通过创建高素质的领导体系以及领导、管治和管理政策,不断壮大高校的实力。

4.此外,还必须对高等教育机构的管理结构进行以下几个方面的改革:

(1)大学董事会主席的资格条件和推选机制。

(2)大学董事会委员会成员的结构比例。专家董事的比例应高于大学内部董事,委员会专家的选择应考虑高等教育机构的使命,还应当有学校股东、思想家及实践家的参与。

(3)大学董事会主席及其他高校管理人员的推选制度。人员选择是非政治性的,可选择来自非高校内的适当人员。高校利益相关者都有机会被推选为高校管理者,包括学校校友、专业协会成员、学者等,都能参加委员会的提名。

5.应当设立大学董事会及常任秘书,从而使大学董事会各项会议更加透明,使更多的政策、规定能在董事会管理体系中得以施行。建立董事会议程确认、了解及反对机制,并对大学董事会各项决议的实施情况进行跟踪。创建义务和责任明确的企业文化,使高校管理部门与大学董事会办公室的运作有条不紊、不相冲突。

6.尝试运行新式的政策和高校管理系统,如设立全职的大学校长和教务长或校长和副校长。充分认识和实施大学的首要任务、战略发展方向,提高和保障课程质量,培养新一代的管理人才,筹集资金和其他资源。

7.制定一整套高等教育机构管治和管理评估体系,评估对象上至高校董事会主席,下至科系管理人员,设置适当的评估指标。

8.创建政策传达及政策管理经验交流论坛,加强高等教育部政策执行部长、经济和社会发展部政策执行部长与高校董事会主席和董事、高等教育委员会成员之间的交流。

9.不断完善高校的监督和管理能力,包括公立大学和私立大学在内的所有高校。公立大学应当不断改革创新,为发展成为政府直属大学而奋斗。

10.将高等教育委员会体制下的理事会或委员会成员改组成全职的理事或委员专员。成立高等教育高级委员会(高等教育委员会),该机制有利于高级委员会履行其义务。

(七)高等教育在提高国家国际竞争力中的作用

1.高等教育是提高国家国际竞争力的一个重要的机制。高等教育人力资源的培养和发展,通过知识创新的研究和改革,有利于生产的发展,有利于社会整体竞争力的提高。然而,泰国的国际竞争力评估资料显示,泰国还没有世界层面或区域层面的一流大学,国家创新能力低,而且科技基础设施仍处于世界排名的末尾,这些都反映了泰国在研究人员数量、学术出版物、专利、政府对科研项目的投资等方面还不够发达。

2.要发展国家的国际竞争力,必须先调整经济结构,加快各项政策和规划的整合发展。例如,科技总体规划、产业总体规划、地方政府总体规划、劳动部战略计划、教育总体规划等。只有知识产权与国家信息基础设施体制完善,泰国高等教育体系才能更加明确自身的作用及责任。

3.高等教育作为国家研究体系的一个重要组成部分,高校研究的发展取决于全国研究体系结构的优化。例如,有关研究体系的政策、研究资源的分配、研究经费的管理以及研究与实践的同步操作。国家必须制定明确的研究资源分配政策,从而促使研究单位研发具有经济和社会发展价值的成果,尤其是在预算有限的情况下。同时,也应当重视有利于社会发展的研究。此外,对新一代研究人员的支持也不容忽视,他们缺乏经验和机会,需要国家或私人机构对其研究成果的资金或权限加以支持。

4.大力加强和推进私营企业与高等教育之间的联系与合作。由于目前私营企业与高等教育的合作水平比较低,私营企业几乎不了解高等教育机构开展推动工业发展的研究工作,而且高等教育机构也不注重产业革新的研发问题,不了解市场需求。造成私营企业与高等教育之间合作少的原因,除了文化、工作方面的差异及商业秘密之外,还有政策无法完全实施。虽然目前政府已采取了一些促进措施,例如,若私营企业进行自主研发,则豁免其两倍的企业所得税。当前私营企业的研发仍需要进一步的发展,而且大部分私营企业对研究人员需求不高,这使得在私营企业工作的研究人员缺乏研发动力。

(八)发展路线:高等教育在提高国家国际竞争力中的作用

1.发展国家社会经济,需要大学与产业紧密联系并不断进行知识创新。除此之外,高等院校还被公认为社会发展的先导机构,有责任指引社会思潮与社会变革的发展方向。这也决定了高等教育学校不仅仅是高于中学学校的教育机构。

建立高质量知识体系必须健全科学研发体系,包括宏观层面的研发单位。在有限的资源环境下,提高个人、团体、企业以及机构竞争力研究。研究评估考核(Research Assessment Exercise,RAE),是英国高等教育基金委员会对英国高等教育机构的研究质量进行的系统全面的测评,以此对英国各大学的研究部门或学术团体的研究水平进行划分和排名。经过多次的应用和改革,泰国决定运用 RAE 来评估高等教育研究水平和分配研究资源。

2.应采用 RAE 等多个机制:

(1)针对团体和机构,建立公开竞标机制分配研究经费。

(2)根据国家议程或政策导向,推动国家级、高校级高级研究中心的建立。

①指引国家发展方向,为社会和经济发展提供先进性研究成果,创造知识财富,提高经济生产力。

②划定研究机构的研究水平和能力的等级,包括对知识创新及知识财富的研究、开发和孵化,实现知识研究的商业化。

每个研究机构和大学的研发能力、研究适宜程度以及研究规模级别可以定位在某一水平或多个水平。

在每一类型的大学中都运用 RAE,并设定其研究水平,从而优化每个类型大学的研究基金的配置。

3.当前科技类的研究生培养和研究开发项目是以大学联盟形式开展的,以追求建立有八个学科组的高级科研中心为目标。该联盟以高等教育委员会预算为支撑,在大学与生产部门之间取得了一定程度上的合作关系。接下来将在各类型大学、先进科研中心、国内外生产业、社会和社区以及国外学术和投资部门之间建立友好合作关系。

以大学联盟形式合作研发项目,大大地加强了彼此的协同和互补,将成为培养新型大学教师、私营企业研究人员的重要机制。与社会和社区合作有利于解决源于社区的学术问题,有利于提高社会生产力,带动社会和经济的发展。与国内外工业部门合作有助于实现知识的现实力量,催生新的企业并提高经济效益。因此,还需要依靠其他机制,例如,投资促进委员会、相关部门和相关产业群,来支持创业投资以及提供创立技术型企业的资金。

4.高校是国家科研事业的重要组成部分,而目前泰国高校的科研水平和成果仍低于一些东亚国家和地区,如韩国、新加坡。这些国家和地区与泰国一样,都是在第二次世界大战结束后开始新时代的改革发展。泰国目前还未能建立系统化的科研管理体系,高校可以通过以下方式促进国家科研系统的创建:

(1)国家科研政策机构,包括宏观层面和部门层面。

(2)科研经费分配机构,不同的学术团体所划拨的经费不等。政府部门和私营部门科研单位的经费则由国家政策和制度规定,以激励各研究单位的全面发展。

(3)研究单位,包括高校、高级科研中心、国家和私营部门的研究实验室。

5.建立高等教育与生产部门的合作体系,从而实现大学发展以生产需求为基础的办学使命。高等教育机构应当以市场需求为导向,开展课程与教学活动,提供学术和研究服务,尤其是在科技类院校。对此,国家应提供资源支持。

6.知识创造与应用须以满足国家广泛的发展需要为目的,以培养科研人才为目的,以培养有特殊天分的人才为目的,以发展科学技术为目的。要推动知识创新与应用,除了要有公开竞标机制以外,还必须有其他方面预算制度的支持。因此,政府应当划拨部分预算用于高等教育机构各领域的发展。例如,支持必不可少的社会问题研究,不一定与提高经济生产力挂钩;年轻研究人员、新一代研究者的培育经费;商业研究的初始资本、风险创业投资;支持研究基础设施建设;配对拨款,用于与大学或私营企业在一些类型的研究活动合作;财务和税收的适当减免。

(九)高等教育经费

1.目前通过国家预算系统对高等教育进行投资的方式并不能反映教育质量,教学预算、科研预算和其他开支预算都未完全实现政策中所制定的目标。此外,促进生产部门与高等教育机构的合作、重要制造业劳动力的培养以及地方政府对教育部门的投资,也都未达到应有效果。

2.显而易见,随着学生的日益增多,公立大学从国家预算分配到的经费反而减少,因此,需要寻求额外的资金来源以维持现有学术水平。大学除了正常预算和其他收入所得以外,目前还可以从教育贷款基金借款。教育贷款基金主要用于资助贫困学生完成学业,也是未来高等教育发展必须增加的财政资助项目。教育贷款方面应扩大资助范围,而非仅仅针对贫困学生群体。这一机制还是将学生招收政策调整为适应社会需求型政策的重要手段。

3.国家应当协同高等教育共同推进国家教育政策的实施和预算的合理分配,将国家政策贯彻到高等教育的发展任务中去。政府与高等教育有着共同的目标,通过优化预算及合理分配从而实现这一共同目标。国家预算在高等教育上的投资要想更具效率和效果,必须建立上述联系的协调机制。许多国家通过设立中间组织作为国家政策、国家预算以及高校工作的中介。

(十)发展路线:高等教育经费

1.国家应当针对公立大学调整年度预算拨款的分配,目前泰国的财政分配为供给型财政,其经费分配应当满足以下条件:

(1)与国家发展目标相一致,如促进国民经济和社会发展计划、国际竞争力发展计划、科研基础设施发展计划的具体化。

(2)实现以绩效为基础的评估标准,改良现有高校评估指标,如改进公务员制度发展委员会评估指标或改进国家教育质量保障与评估办公室的评估指标。

2.教育贷款是以学生需要为基础的贷款,必须充分考虑政府和学生的情况,制订正确、适宜的新式供款计划,使具有高等教育学习能力的学生有机会进入高校学习,从而实现高等教育发展规划中的政策性指导作用,如培养社会需要的学生。

3.国家应设立高等教育发展基金,用以打造德才兼备的教师队伍;加强高等教育与生产部门之间的联系(例如,开展教学实践两手抓方案、工程技能培养、实习制、学徒制,开设以企业单位需求为主导的课程,建立学习中心、工厂见习中心);加快高校企业改制;发展知识型工人,包括农业转移劳动力和建立终身学习制;支持地方教育事业的发展。对此,应建立地方政府财政预算的合理分配机制。

国家应随着社会经济的变化而调整用于高等教育发展基金的预算(滚动预算),辅以年度预算制,以减少因世界的变化和其他特殊事件对高等教育发展方向造成的不利影响。将高等教育与国家发展任务灵活地绑在一起,建立可靠有效的关系。

4.建立类似于英格兰高等教育基金管理委员会(Higher Education Funding Council for England,HEFCE)所创建的缓冲组织,从而根据高等教育的使命以及与政府的政策性协议结果,分配高等教育预算。缓冲组织主要负责与政府协商高等教育政策及预算分配,制订各高校或各类高校的战略发展计划,制定预算调度、财务管理和资源分配规划方案,审查影响较大的重要项目等。

5.国家应当在高等教育体系中实行财务自主管理的原则。针对政府财政拨款、学费、科研经费、学术服务费用、商业利润及其他大学收入,建立明确的财务管理制度。

明晰包括公立大学和私立大学在内的高等教育财务管理制度,优化高等教育财务结构,可通过以下途径实现:

(1)资金来源:拓宽经费来源。

(2)资金分配:根据大学使命和国家政策规定合理分配。

(3)资金利用:在大学类型划分的基础上,有效利用资金预算,制定财经管理制度。

(十一)壮大高等教育行业教职工队伍

1.泰国高等教育事业发展的一大弱项是高校教师及其培养制度问题。解决这类问题须从源头到终端下功夫。从源头上讲,有效利用高校教师发展基金;从过程上讲,定期对高校教师进行素质提升培训,包括教学水平、管理能力以及专业水平和社会能力的培训;从终端上讲,发展具有丰富经验的教研人员,能够向其他教学水平较低的教师传授,与私营企业、学术和专业协会及民间组织合作。

2.教师的全面发展是关乎高等教育机构生存的重中之重,特别是新建学校和缺乏高素质教师队伍的学校。因此,必须制定明确的教师培养方案和发展规划,从数量上,尤其是质量上打造符合实际需要的教师队伍。预计在今后的 15 年内,各级私立学校和公立学校的教师紧缺人数约有 3 万人,而教师紧缺可能会成为发展泰国大学所要面临的重大挑战。

(十二)发展路线:壮大高等教育行业教职工队伍

1.加强教师队伍建设,必须注重教师的全面发展:

(1)学术水平、教学水平、科研能力、专业能力、职业道德、管理能力、社会化等方面的全面发展。

(2)不同工作年龄段的发展。从入职前进行实习培训,到真正从事教师职业,再到高级知识分子或具有丰富经验的教师,退休后成为国家智库的组成人员。

具有丰富的知识和经验的教师应当开设实践指导课程,强调实际工作能力的培养。例如,与科研单位、生产部门、专业协会及民间社会组织合作,加强与生产、社会部门的交流。

2.关于公立大学和私立大学师资建设经费分配标准的主要建议:

(1)对于泰国教学水平较高的专业,应提倡接受国内教育或国内外混合式教育,以创建处于世界领先水平的专业教育为目标。此专业学生若打算出国留学,应选择到世界顶尖大学学习。

（2）对于国内大学已开设但师资短缺的专业，提倡国内外混合式教育。此专业学生若打算出国留学，也应当选择到世界顶尖大学学习。

（3）对于国内大学没有开设且师资短缺的专业，为了实现效益最大化，也应选择在世界著名大学就读。

（4）增加人文社会科学的经费。

3.制定相关引资措施，鼓励高等教育机构和受教育者投资于教师的培养与发展，从而为更多教师提供发展机会。敦促高校和学生注重高质量专业及学科的学习。此外，还需考虑政府预算、高校和学生投资的资本回报率。

4.发展资本回报率高的新型公立大学。第二个高等教育长期发展规划实施之始，也将是这类大学跨越式发展的时期，资本回报率的概念将进入大学类型的划分制度并成为各学科的定位标准。高等教育机构董事会应当制定新的方针策略，实现利益最大化，从而调整大学的改革方向。新型大学教师应当符合高校规定的发展策略的要求。重视培养即将入职教师的教学水平并挖掘其发展潜力。

5.新型大学应注重教师团队精神的培养，如皇家理工大学及其下设分校区的协同合作，全国各地皇家大学及原大学联盟的协同合作。采用公平、透明的提名和甄选制度，并邀请校内外专家参与推选。

6.政府有义务推进私立高校教师及其他教学工作者的发展，通过税收或财政措施，鼓励和促进私立大学投资于高校教师及其他教学工作者的发展，如承担部分高校开支。因此，政府应当发挥私立大学的作用并增加其配额，且接受政府项目资助基金者可以不为政府工作。例如，高等教育委员会办公室的科技教育和研究项目，科研基金规划管理办公室的堪恰纳披色（Kanchanapisek）项目，泰国国家科技发展办公室开展的科学技术研究院项目（Thailand Graduate Institute of Science and Technology，TGIST）。

（十三）高等教育体系

1.高等教育体系下的高校结构复杂，各高校之间相互争夺教育市场，基础设施使用不充分，分工合作意识不强，导致办学结构单一，专业人才过于集中。

2.泰国各高校发展水平不一，差距较大。具体表现在办学规模、预算、学校类型、建校时间、校址、教职工、学生质量、办学水平以及学校声誉等多个方面。如果各个高校仍继续实行劳动分工或不协同工作，那么高等教育机构所存在的问题将难以解决。即使有的高校办学质量高、研究成果卓越，但没有协同合作机制，该高校也难以取得国家级的创新成果，从而无法取得更进一步的发展。

3.与马来西亚、韩国及日本等其他国家相比，泰国的社会劳动力的生产水平相对较低。而这些国家的劳动生产率已高于泰国两到三倍，有的国家甚至高出五倍。因此，建立高等教育和生产部门协同合作的关系是泰国利用高等教育体系发展社会生产力的关键所在。

4.高等教育体系是发展地方社会经济的主要因素。积极调动专业人才、各行业知识分子一同投入地方事业的发展当中,共同促进地方经济的发展、提高地方人民的生活水平,最终促进地方的发展和进步。

5.此外,泰国各类高等教育机构中存在多种冗余现象。例如,教学课程重复,教师数量短缺,基础设施多余,管理系统冗余。建立高等教育体系有助于减少各高校现存问题,增加发展机会。

(十四)发展路线:高等教育体系

1.高等教育体系下存在着机构冗余及教学水平差距大的问题。若各个高校之间无法做到协同合作,则上述问题将难以解决。事实上,要解决这一重大而复杂的社会和国家问题,并非一所大学单独努力就能实现,而是需要国家通过建立资源分配机制和其他机制,从宏观上系统地引导各方面教育资源的统一整合,如课程资源、学习资源、合作投资、基础设施、教职人员和管理系统等,从而在法律机制的支持下整合地方高等教育机构。

2.应当鼓励:

(1)提高高等教育机构的教育质量和竞争力,尤其是实力雄厚的教育机构与新成立或实力较弱的机构之间的竞争。

(2)推动高等教育体系工作的顺利进行,从而发展社区教育。高等教育通过与社区领导及民间社会组织合作,成为国家推动中央权力下放到地方政府的重要途径。

(3)增强学术体系的实力。

(4)促进高等教育体系与生产部门、民族工业、地方工业以及联合科研单位之间的合作。学术任务分工的工作机制与私营机构的生产线相同,是高等教育机构与私营部门一同创建和发展"专业科研人员"职业生涯的路径。

(5)促进高等教育体系工作的顺利进行,从而提高人们的生活质量以及社会道德修养。维护自由和民主,为社会树立榜样,提高其责任意识。

(十五)泰国南部地区的高等教育发展

1.如前文所述,泰国南部边境地区冲突问题必须依靠教育来实现长期的和平与发展。目前有关青少年的统计数据显示,私立教育机构在地区教育的发展中起着重要的作用。泰国学龄人口数量相当稳定,但学术测试结果却显示,泰国学生的学术知识水平较低。

2.高等教育阶段,泰国南部地区与其他地区一样,开设的理科类学科以及选择理科方向的学生所占比例较低。此外,有近一半的学生就读于其他地区。还有一部分学生赴中东地区和伊斯兰国家留学,学成归国后大部分人选择进入教育行业工作。

3.高等教育机构应当照顾到泰国南部地区的文化和宗教,实现地方民族风情与专业职业的一体化,而不仅仅是开设宗教类课程。高等教育体系应当全力支持当地高等教育机构的发展,包括公立高校、私立高校以及社区学院。

(十六)发展路线:泰国南部地区的高等教育发展

1.发展泰国南部地区高等教育必须从整体上全面地看待问题:

(1)社会、历史、政治、世界与宗教研究体系的平行发展。

(2)解决短期、中期和长期问题,包括战略目标和行动目标。

(3)首先,加快地区公立高校、私立高校以及社区学院的发展壮大。其次,全面协调包括泰国南部14府及整个国家的高等教育机构的共同发展。

(4)实现高等教育的全面发展主要是指促进学生的健康发展,发展地方教师及其他教育工作者,增强高等教育机构实力以及面向东盟发展高等教育。

2.促进学生的健康发展。必须为学生提供更多教育机会,学习与职业密切联系的专业;提高学生语言技能,尤其是泰语、马来语和印尼语;发展符合地方生活方式的学术技能和专业技能;促进国际间青少年交流,实现学生文化知识的多元化;提倡非暴力和平教育理念。

3.发展地方教师及其他教育工作者。高等教育必须高度重视发展基础教育层次的教师,实现多民族社会、多民族文化的共同繁荣。此外,发展教学体系、多媒体系统以及教学信息技术系统,引进联盟高校项目的教师来解决教师短缺问题,提高当地人民的知识水平和工作技能,加强当地人民对专业工作与宗教文化的一体化认识,以及促进终身学习制的实施。

4.增强高等教育机构实力。在一定的条件基础上,建立和发展泰国南部地区大学和社区学院教师队伍;促进地区内外高等教育体系的发展;合理利用信息与通信技术;设立国家高等教育发展基金;从其他国家学习教育的特殊管理经验,尤其是与伊斯兰国家高校之间的经验交流。

5.面向东盟发展高等教育。加快地区发展,与东盟地区、印尼-马来西亚-泰国增长三角区(IMT-GT)、联合发展策略(JDS)接轨;加强与马来西亚、东盟和伊斯兰国家的联系,创造更多就业、出口及服务业发展机会;促进社区学院发展,通过开设短期课程和专科专业,为地区创造更多知识型工人;加强泰国高等教育与马来西亚高等教育机构之间的交流与合作。

(十七)教学基础设施

1.高等教育教学基础设施包括软件设施和硬件设施,具体可划分为以下四个重要部分:

(1)顺应当前和未来市场与满足社会需求的课程结构。

(2)信息社会、知识社会、学习资源。

(3)终身学习制度是人力资源开发的一个重要机制,高等教育必须了解终身学习制度的目标、方法及其重要意义。

(4)有利于互动与交流的良好学习环境。

2.当前高校课程结构不符合社会和市场需求,具体表现为以下几个方面:

(1)私营企业明确提出高校毕业生的弱项:

①学术(基础知识、专业知识、实践能力);

②其他技能(写作、口语、逻辑思维、表达能力、解决问题的能力、道德素养、自学能力)。

(2)全球化进程的加快和技术的进步将改变未来毕业生的生活方式和工作方式。仅仅拥有学习专业知识和职业技能已没有竞争优势,不足以生存于未来。

(3)过去泰国高等学校创建了许多以学校要求为基础的课程,未能考虑到影响就业及毕业生质量方面的不利因素。许多学校在没有做好充分准备的情况下就进行专业扩展,造成许多毕业生缺乏必要的生活技能和生活常识。

3.信息与通信技术是推动工业时代向信息时代转变的主要动力,进入信息时代的特征主要表现在:

(1)未来的几十年内,信息与通信技术将彻底改变人们的生活方式、工作方式以及社会行为。

(2)信息与通信技术都是使全球化成为可能的重要因素,它们相互影响、共同作用。在某些情况下,信息与通信技术占主导地位。

(3)信息与通信技术对经济、社会、环境、政治等方面来讲既是机遇,也是挑战。

(4)青少年比成年人更易于掌握这类技术。

4.21世纪,终身学习制将对社会产生巨大影响。社会发展日新月异,为适应这一新形势,人们的生活方式、工作方式也将出现新的变化。终身学习制涉及所有行业和所有年龄段的人。提供有效的学习环境,建立以学习者为中心的教学模式,定期进行评估,是增强国家综合实力的重要机制。

5.良好的学习环境是指:

(1)物理环境、人文景观和自然环境。

(2)娱乐、艺术、音乐、体育。

(3)互动和对话。

良好的学习环境能有效地提高学生的学术知识和美学品位。此外,还有利于提高教师和教育管理者的生活品质,有利于高等教育的健康发展。

(十八)发展路线:教学基础设施

1.除了要促进高校学生专业知识和职业技能的发展,国家还应当注重学生的素质教育问题。素质教育的基本教育结构既包括开设选修课程、辅修课程,还包括将高等教育机构发展成为全面素质教育学校。同时,应当开设后现代人文素质教育课程,例如,音乐、美术、信息技术管理、神经科学、能源与环境、世界文化与思想等,从而满足新一代年轻人和劳动力市场的需要。此外,还应当支持各种形式的特殊教育的发展。

2.高等教育应当发挥和扩大信息与通信技术的潜力,以贯彻实施国家信息与通信技术政策。特别是电子社会、电子教育、电子工业、电子商业和电子政务战略。

政府应充分利用公立和私立高等教育机构的人才和知识,通过中央政府和地方政府的采购政策实现上述五个战略计划。即高等教育机构或高校联盟作为国家项目的承包商,为国家服务。

3.社区学院和四年制大学是最亲近社区的高校,甚至是社区的一部分。通过社区学院和四年制大学,高等教育将协助国家发展信息与通信技术,成为地方政府的社区发展和管理中心。

该系统涵盖了硬件基础设施、软件开发、信息系统开发以及社区知识发展和管理,从而将社区学院和四年制大学发展成为一种机制:

(1)推动社会和社区的信息化。

(2)在社区和服务领域进行知识管理。

4.所有的高等教育机构必须一同将本校最近的发展数据收集起来,用来制定高等教育发展规划。其中,教育统计中心负责对信息进行搜集、处理、分析,并回馈到各教育机构,从而方便各教育机构制订进一步的发展方案。征用各高校资料是对高校进行预算分配和质量评估的必需条件。此外,高等教育机构必须通过提供信息资讯服务维护教育消费权益,学生和家长有权获得准确和最新的高等教育信息。

5.政府应支持公立和私立高等教育机构充分运用信息与通信技术,从而扩大信息访问人群。特别是推动高校开展远程教育、互联网教育,开展正规教育和非正规教育,提供定制化教育服务及大众化教育。

6.政府应投资于信息与通信技术,尤其是硬件技术、软件技术、国家工业、出口以及民间智慧方面,从而提高国际竞争力,促进可持续发展。

7.高等教育应成为信息与通信技术的学习、研究和试验基地。

8.制订高等教育终身学习发展规划方案。

9.设立终身学习管理委员会,其中涉及社会各阶层:

(1)联合政府、私人及民间社会组织联动。

(2)以学习者为中心。

(3)创建终身学习的质量保障体系,包括非正规教育体制的认证标准以及缩小正规教育与终身学习之间的差距。

10.支持终身学习试点项目的建立,通过可靠的相关联数据库对试点项目进行监测和评估。

11.寻找筹备终身学习制的其他资金源。

12.为高校提供动力和创造竞争环境,鼓励高校通过互联网开设开放式大学课程,从而扩大高等教育的学习范围。这不仅有利于提高教学媒体的质量,还有利于教学设施的创新。

（1）开放式教学系统为学生提供随时随地学习的平台，能够使学生更多地在课堂上进行讨论、交流互动、提问质疑和发散性思考，为教育体系提供双重宝贵时间。

（2）将优质的教学资源分享到全国各地，这对缺乏教学资源的机构来说尤为可贵，它促进了媒体教学提供者与媒体用户之间的互动交流。

13.鼓励对高等教育"图书馆和学习中心"体系进行投资、管理和更新，从而最大限度地利用该体系，减少机构冗余，促进交流。"图书馆和学习中心"属于公共财产，其作用在于促进高校、地方乃至整个社会的发展。

14.成立国家教育机构基础设施发展基金，促进私立院校财务方面的发展，从而投资于改善大学环境。例如，发展学生学习能力和智力，提高教师和学生教学、互动设施的质量，改善学校体育、音乐、美术等教学环境。此外，除了健全教学基础设施和标准实验室之外，还需建设残疾人士专用设施。

東埔寨

柬埔寨教育法

第一章　总　则

第一条　目　标

本法案致力于明确建立全面而统一的教育体系的国家措施与标准，以确保学术自由原则符合柬埔寨宪法的精神。

第二条　目　的

本法案的目的是通过提供终身教育，帮助学习者获取知识、技能、智力、尊严以及培养良好的道德行为和品质，促进学习者学习、热爱和保护国家认同的文化与语言，从而发展国家的人力资源。

第三条　范　围

本法案适用于所有公、私立教育体系内的教育项目、调查研究和职业技术教育，包括由教育机构或教育人员提供的教育项目。本法案也适用于各级教育行政与管理，但宗教经文教育、技术教育、军事战略与国家安全教育、领土行政管理教育、王国管理学院提供的教育以及由法律和法院职业培训机构提供的与法院相关的技术与职业教育除外。

本法案还适用于个人和其他相关人员，例如，适龄儿童、学习者、家长或监护人、学习团体或组织、教育人员，以及教育执照持有人和受益人，但涉及宗教与实践、技术、军事战略与国家安全、领土行政、王国管理学院和法律法院相关专业的人员除外。

第四条　教育的术语界定

在本法案中，"教育"指通过所有可以促进学习者获得一系列知识、技能、智力和价值观的方法来推动个体发展，并使其成为对自己、家庭、社会、国家乃至全世界都有用的人的活动。

第二章　国家最高教育委员会

第五条　国家最高教育委员会的建立

应建立国家最高教育委员会。该委员会的主要职能是：

(1)向柬埔寨政府提出政策建议和制定长期战略，以应对社会与经济发展需要。

(2)按时向柬埔寨政府评估教育领域和职业技术培训的相关工作。

(3)搜集所有可服务于教育的资源。

第六条　国家最高教育委员会的构成、组织与运作

国家最高教育委员会成员将由首相领导。

国家最高教育委员会将由具有教育、政治、经济、科学、技术、文化经验的高级官员构成。

国家最高教育委员会的构成应由王国法令确定。

国家最高教育委员会的组织和运作应由二级法令确定。

国家最高教育委员会秘书处是负责柬埔寨教育与认证机构的部门。

第三章　教育行政与管理

第七条　行政层级和教育管理

教育行政与管理的层级共有四级，从中央到具体教育机构。

教育行政和管理的层级结构应拥有独立的章程。

第八条　教育层级和类型

教育共分为三级：初等教育、中等教育和高等教育。

教育共分为两类：普通教育和职业技术教育。

第九条　教育监测、控制和评估体系

教育部门应有教育监测、控制和评估体系，其中包括对工作绩效进行监测、控制、检查和内部审计。教育部门将负责制定这些监测、控制和评估体系的机制。

第十条　教育机构

国家将建立公立、私立教育机构。

国家将制定独立的章程管理教育机构。

第十一条　教育机构的组建

公共法人实体、私营法人实体和自然人均有权提议组建教育机构。

教育部门应根据公立、私立教育机构的类型，准备组建和管理公立、私立教育机构的章程和原则。

应制定独立的章程，用于关闭、合并、建立新机构以及教育机构的分离和转型。

所有教育机构和培训班在运营前都应获取教育执照。

第十二条　教育机构的类型

应根据教育机构的使命来确定教育机构的类型。

教育部门应准备确定教育机构类型所需的章程和指南。

第十三条　教育机构的自治

高等教育机构将拥有机构的管理自主权。

高等教育机构的行政应基于问责、透明和公共利益的原则。

教育部门应出台有关教育机构管理自主权规定的指南。

第十四条　发布证书和文凭

完成教育机构规定学习要求的学习者,应被授予相应的证书或文凭。

如果经调查发现,学习者受教育的过程存在虚假成分或者授予学习者证书或文凭的决定是错误的,那么,负责发放证书或文凭的相关部门或教育机构可以撤销或拒绝授予其证书或文凭。

教育部门将出台授予学习者证书或文凭的准确原则。

第四章　教育体系

第十五条　全面而独特的教育体系

国家将建立全面而独特的教育体系,具体包括正规教育、非正规教育和非正式教育。幼儿教育是整个教育体系的预备阶段。

柬埔寨的教育体系由公立教育和私立教育构成。教育部门将出台有关教育体系的规章制度。

第十六条　幼儿保育与教育

国家将支持面向从出生到上幼儿园之前的幼儿保育与教育,通常由社区内的幼儿保育中心提供。

幼儿园教育将先于初等教育,并为儿童接受初等教育做准备。

教育部门及其他相关部门或机构应明确幼儿保育与教育的意义。

第十七条　普通教育

普通教育将通过确保学习者使用知识和基本技能来提高其个人智力和身体素质,并帮助学习者发展有关道德和良好品质方面的知识。

普通教育是学习者继续学习和接受其他培训的基础。

普通教育包括:

(1)初等教育或第一级教育,包括正规教育的1~6年级。

(2)中等教育或第二级教育,包括初中教育(7~9年级)和高中教育(10~12年级)。中等教育应通过提高知识水平、技能、职业培训、德育来教育学习者形成健全的人格与品质,这有助于他们参与经济和社会发展,有资格继续接受高等教育、职业技术培训,或者参与社会活动。

基础教育共9年,包括1~9年级正规普通教育或同等水平教育。

第十八条　高等教育

高等教育或第三级教育是在高等教育机构内实施的中等后教育。

高等教育应教育学习者形成健全的人格与品质并促进科学、技术、文化和社会研究的发展,以便具备国家发展所需的知识、技术、能力、道德、创造观念和创新精神。

文凭和证书的框架与要求应由教育部门确定。高等教育机构共有两类,分别为大学和研究所。

高等教育机构的类型标准和入学条件应由教育部门确定。

第十九条 职业技术教育和培训

职业技术教育和培训包括由公立、私立职业技术教育和培训机构、企业、社区或家庭单独提供和由职业技术教育和培训机构、企业、社区及家庭联合提供的所有职业和技能。

第二十条 培训教育人员

国家将对职前和在职教育人员进行培训。

教育人员应接受教育部门认可的教育学培训,但高等教育机构的教授和员工除外。

教育部门将确定教育人员培训的基本程序,以及招聘公立、私立教育人员的身体素质和职业标准。

第五章 教育质量和效率

第二十一条 确保教育质量和效率

国家应提高教育质量以满足学习者的基本教育和职业需求,从而使他们可以更好地提高能力和更有效地为国家发展做贡献。

国家应注重配备适当且现代的教学设施,以确保教育的质量和效率。

教育部门应根据国家最高教育委员会的政策制定《国家教育标准》《国家培训标准》《国家能力标准》。

第二十二条 确保教育质量的评估机制

教育机构应实施《国家教育标准》《国家培训标准》《国家能力标准》,以提高教育质量。

公立和私立教育机构应建立内部评估机制,用于监测和评估自身的教育质量,并提出继续实施监测和评估的措施。

内部评估机制应广泛听取公众意见。

教育部门应建立外部评估机制,用于评估教育机构实施或履行《国家教育标准》的要求。

教育部门以及相关部委和机构,应根据国家最高教育委员会评估教育质量的政策,建立教育机构实施或履行能力标准的监测体系。

教育部门应出台有关监测和评估机制流程的指南。

第二十三条 教育项目

教育部门将明确规定普通教育的基本教育项目,该项目要求柬埔寨所有教育机构必须实施。

公民与道德教育、共同生活教育、和平教育、可持续发展教育、尊重文化与传统价值观教育,将是基本教育项目的主要内容。

教育部门将制定详细的课程框架,以便在柬埔寨各级教育机构内实施。

第二十四条　教学语言

高棉语是柬埔寨官方语言,而且是普通公立学校的一门基础课程。

普通私立学校应将高棉语课程作为基本课程。

面向具有少数民族背景的高棉语学习者所采用的教学语言,应由教育部法令确定。

作为国际语言的外语,应根据学习者的需要将它明确规定为普通教育的基本课程。

第二十五条　同等学力测验

同等学力测验应以普通教育的能力测验、职业技术教育与高等教育的能力测验为基础。

同等学力测验由教育部门根据国家最高教育委员会的相关政策实施。应对测验的形式和程序制定独立的章程。

第二十六条　考试

为确保教育的质量与效率,应举行公平、公正的考试。绝对禁止替考和各种作弊行为。

教育部门应负责准备有关考试的法律文件。

第六章　教育政策、原则、规划和战略

第二十七条　确定教育政策、原则、规划和战略

教育部门应根据国家最高教育委员会的政策制定总体的教育发展规划,根据国家的政策与战略发展规划开发、评估和修改教育政策、原则、规划和战略。

第二十八条　科学技术教育

国家应促进和支持科学技术的研究、发明和生产,以推动科学技术教育满足劳动力市场和全球化的需求,从而提高人力资源能力并促进国家发展。

教育部门应根据柬埔寨政府的政策确定有关柬埔寨各级教育机构实施科学技术教育的政策。

第二十九条　教育合作

在起草、监测、评估、实施、审查、修订国家教育政策、原则、规划和战略时,国家将诚邀相关利益者广泛参与。例如,公立和私立部门、国家和国家组织、非政府组织和团体。

国家大力鼓励和支持私立教育机构联合提供各级各类教育。

第三十条　奖学金和助学金

国家将确定关于学习者奖学金、助学金和学分的政策。

国家将鼓励自然人或法人向学习者提供奖学金和助学金。

第七章　教育权利和义务

第三十一条　入学的权利

所有公民均有权在公立学校内接受至少 9 年的免费优质教育。教育部门应逐步起草政策与战略规划,以确保所有公民获得本法案规定的优质教育的权利。

第三十二条　接受教育的权利

在正规普通教育内,一年级学生的法定入学年龄为 6 岁,或者在学年开始前至少已满 70 个月。

第三十三条　教育领域内的宗教信仰自由

国家尊重宗教信仰的权利和自由。

教育部门应考虑到佛教是柬埔寨的国教,无论直接还是间接,均不应强迫教育领域内学习者及其他人员参与宗教活动或将任何宗教活动作为教育和教育服务的一部分。

宗教教育应只限于常识方面。

第三十四条　教育机构内的政治活动

教育机构应遵循中立原则。绝对禁止在教育机构内开展政治活动或宣传任何政党。

第三十五条　学习者的教育权利与义务

学习者的教育权利包括:

(1)自由表达学术观点的权利。

(2)自由学习的权利。

(3)接受优质教育的权利。

(4)基于教育目的组建团体或社团的权利。

(5)参加考试和对教育做出自我解读的权利。

(6)直接或通过代表积极且充分地参与开发机构和国家级教育标准的权利。

(7)被尊重和关注人权的权利,尤其是要有尊严的权利,免受任何形式的酷刑或生理、心理处罚的权利。

学习者应履行的义务包括:

(1)行使个人权利时秉持责任意识并尊重他人的权利,以遵从教育机构的规章以及性别平等价值观。

(2)尽最大努力去学习以发展知识、技能和智力。

第三十六条　家长或监护人的权利与义务

未成年子女的家长或监护人应享有以下权利:

(1)选择学习者接受的教育项目和教育机构的权利。

(2)从教育机构获取学习者信息和学业成绩的权利。

（3）直接或通过代表积极且充分地参与开发学校和国家级教育标准的权利。

未成年子女的家长或监护人应履行以下义务：

（1）送年满 6 岁或在学年开学前至少已满 70 个月的儿童到具有正规教育执照的普通学校的一年级注册入学。

（2）尽最大努力支持学习者接受教育，尤其是基础教育。

（3）保持学校、家庭和社区之间的联系，以便参与职业教育并改革教育环境。

第三十七条　教育人员的权利与义务

教育人员应享有的权利包括：

（1）实现职业价值尊严和社会高度尊重的权利。

（2）发展自身职业的权利。

（3）根据现行法律，建立或参与教育人员协会及其他职业协会的权利。

（4）组织公共教育会议的权利。

（5）根据现行法律参与政治事务的权利。

（6）直接或通过代表积极且充分地参与制定教育标准的权利。

（7）平等地接受其他教育服务及现行法律赋予的其他权利。

教育人员应履行的义务包括：

（1）遵守职业道德准则。

（2）履行有效法律规定的其他职责。

（3）秉持吃苦耐劳的精神和高度的责任心来开展工作。

私立教育机构人员享有现行劳动法规定的其他权利与义务。

第三十八条　特殊教育

国家鼓励和推动发展面向残疾人士和具有天赋或才能的杰出学习者的特殊教育。

特殊教育应向杰出学习者提供适于其智力和才能的教育，应向残疾人士提供适合的教育。

特殊教育项目应由教育部门负责制定。

第三十九条　残疾学习者的权利

残疾学习者，除了享有普通学习者的权利外，还享有以下特殊的权利：

（1）残疾学习者，无论男女，均有权同普通学习者共同学习，如果学习过程中设施足够便利，残疾学习者可以完成教育机构的教育项目。

（2）具有特殊需要的残疾学习者，有权在常规教育项目外接受额外的教育，而这并不是专门的特殊教育项目。

（3）不能同普通学习者一起学习的残疾学习者，有权在单独的特殊班级内接受特殊教育。这些特殊学习者可在当地社区学校内学习。

第四十条　请求权、抗议权、投诉权、解决权

如果侵犯了本法案规定的家长或监护人、学习者、教育人员的权利，他们有权向各

级教育机关以及法院提出请求或抗议。

教育部门应出台有关请求、抗议、投诉和解决程序的章程。

第四十一条　学习者和教育人员接受健康检查的权利

在拥有正规教育执照的教育机构内的学习者和教育人员，有权接受健康检查。

健康检查指南应由教育部门和卫生部联合制定。

第四十二条　广告和宣传教育信息的权利

所有广告和宣传教育信息的行为均应获得教育部门的授权。绝对禁止各种误导性做法。

教育部门和相关部委应联合制定关于广告和宣传教育信息的章程和指南。

第四十三条　获取教育信息的权利

所有教育机构的教育信息除自然人的信息以外均为公共信息。教育机构应根据利害关系人的请求提供可用的信息。

提供教育信息的形式应由教育部门确定。

第八章　教育资源

第四十四条　参与、调动和管理教育资源

国家应根据合适性和必要性原则，推动和鼓励慈善人士认识到教育是最好的投资。

个人、家庭、宗教组织、社区、国家和国际非政府组织及公立、私立协会，有权参与并提供任何形式的人力资源，用于支持和发展教育。

教育机构的管理人员，有权从各种渠道调动法律资源，用于发展教育机构。提供这些资源应是自愿且无条件的。

第四十五条　公立、私立教育机构签署合同及其责任

公立、私立法人和自然人，有权与教育机构管理人员签订有利于发展教育的合同或协议。所有的合同或协议均应依法制定，并完全服务于教育机构。

教育机构的管理人员有责任根据教育机构的利益管理和使用所有资源。

签署合同或协议的形式和程序应由教育部门负责确定。

第九章　处罚规定

第四十六条　无证组建教育机构

教育机构和职业培训在建立或开业之前尚未获得本法案第十一条提及的教育执照，应被处以 200 万到 1 000 万瑞尔的罚款。

如果是累犯，罚金的额度应为本条所述罚款金额的双倍。

第四十七条　违反教育机构的用途类型

所有违反本法案第十二条规定的教育机构用途类型的行为,应被处以 100 万到 500 万瑞尔的罚款。

如果是累犯,罚金的额度应为本条所述罚款金额的双倍,且应临时暂停或取消该教育机构的教育执照。

第四十八条　违反关于发放证书或文凭的规定

所有违反本法案第十四条关于发放证书或文凭的行为,将被处以 100 万到 500 万瑞尔的罚款,且将被判 1 年到 3 年的监禁。

第四十九条　考试作弊

违反规定的人员、任何替考人员或本法案第二十六条提及的各种考试作弊行为,应被处以 100 万到 500 万瑞尔的罚款。

如果是累犯,对于违反规定人员来说,罚金的额度应为本条所述罚款金额的双倍,且应暂停其考试资格 2 年或者从考试名单中永久除名。

替考或在考试中采取任何作弊行为的人员将根据刑法予以处罚。

第五十条　与考试过程相关的犯罪行为

在考试过程中教育人员的任何活动违反了本法案第二十六条的规定,将被处以 200 万到 1 000 万瑞尔的罚款。如果是公务员,应被处以第一级行政处分。

私立教育机构人员应遵从现行法律。

第五十一条　违反关于教育内宗教自由的规定

所有因影响宗教自由规定而违反了本法案第三十三条规定的活动,将被处以 10 万到 200 万瑞尔的罚款,且将被判 1 个月到 1 年的监禁。

第五十二条　违反教育机构中立的规定

如果教育机构因政治活动或宣传任何政党而违反本法案第三十四条的规定,那么将对其处以 100 万到 500 万瑞尔的罚款。

如果是累犯,罚金的额度应为本条第一段所述罚款金额的双倍。

法人实体,应被处以 1 000 万到 2 000 万瑞尔的罚款。

如果是累犯,罚金的额度应为本条第三段所述罚款金额的双倍。

如果法人实体是教育机构,该机构实施了本条第一段规定的活动且是累犯,那么,应暂停或吊销其教育执照。

第五十三条　非法广告和宣传教育信息

任何广告和宣传教育信息的活动,如未获得许可或存在各种欺诈行为而违反了本法案第四十二条的规定,那么将被处以 200 万到 1 000 万瑞尔的罚款。

如果是累犯,罚金的额度应为本条所述罚款金额的双倍。如果法人实体是教育机构,则应暂停或吊销其教育执照。

第十章 过渡性条款

第五十四条 过渡性规定

本法案生效后,准备长期运营但又存在违反本法案规定之处的教育机构,应在为期2年的时间内向教育部门提供必要的调整文件。

第十一章 最终条款

第五十五条 废　除

任何违反本法案规定的条款均予以废除。

柬埔寨教育战略规划(2006—2010 年)

前 言

在推进柬埔寨教育改革的进程中,《教育战略规划(2001—2005 年)》是教育、青年与体育部工作的一大里程碑。在 2001—2005 年实施教育战略规划的 5 年中,教育、青年与体育部及其发展合作伙伴在促进教育机会公平,提高教育服务质量和标准与管理水平方面取得了长足的进展。与此同时,我们已经在如何进一步改善教育服务方面积累了许多重要经验。

我们认识到教育改革还有很长的路要走,而且必须进一步加速推进。《教育战略规划(2006—2010 年)》已经为 2006—2010 年的改革明确了前进的政策和策略。

在这一阶段,教育、青年与体育部在全国《全民教育规划(2003—2015 年)》策略与目标指导下,将继续高度重视促进基础教育入学平等和提高基础教育质量。《教育战略规划(2006—2010 年)》也高度重视扩大幼儿教育,重视由政府、发展合作伙伴、私营部门、非政府组织、社区以及家长合作实施的面向青少年的高中和中等后教育。

此外,应明确预算安排,确保最大限度地使用教育开支。培养高度自我激励且训练有素的劳动力是教育战略规划改革的核心内容。加强教育立法、治理和问责也将是2006—2010 年的重要工作。

《教育战略规划(2006—2010 年)》是教育部门工作组的部委高级技术人员和国际顾问起草的大量战略文件的综合体。我们相信,《教育战略规划(2006—2010 年)》将为快速而有效地发展教育提供关键路标和必要的推动力,从而为柬埔寨人民服务。

教育、青年与体育部和教育部门工作组,在此向为该战略规划做出巨大贡献的政府和教育、青年与体育部的所有官员、技术人员及国际组织和顾问致以最诚挚的感谢。

1 教育部门发展前景

1.1 响应更广泛的国家发展政策及重点策略

制定《教育战略规划(2006—2010 年)》,反映了教育、青年与体育部在通过能力建设和人力资源发展促进柬埔寨发展方面所承载的高度责任。该规划的起草主要基于《教育战略规划(2001—2005 年)》的实施经验以及近来《教育战略规划(2004—2008 年)》的修订结果,并以此来确定该规划的现实性和适用性。

能力建设和人力资源发展是柬埔寨政府矩形战略的主要策略之一。教育、青年与体育部将继续强调提高各级教育，包括基础教育、基础后教育和高等教育的质量。《教育战略规划（2006—2010 年）》中的政策和策略主要着眼于加快教育改革的速度，以实现《教育战略规划（2006—2010 年）》、柬埔寨千年发展目标以及《全民教育规划（2003—2015 年）》所规定的具体目标，也重视加强公立、私立部门间的合作，以便更为有效地调动和使用资源。

1.2 教育部门的总体政策

教育、青年与体育部的愿景是培养和发展具有最高品质和道德的人力资源，以便在柬埔寨构建知识型社会。

教育、青年与体育部的使命是为了实现以上愿景，领导、管理和发展柬埔寨的教育、青年和体育事业，积极应对社会经济和文化发展需要以及全球化趋势。

教育、青年与体育部的长期使命是根据柬埔寨宪法、王国政府对联合国《儿童权利公约》所做承诺，确保所有柬埔寨儿童和青少年，无论其社会地位、地理位置、宗教、语言、性别和身体状况如何，均有平等接受优质教育的机会。教育、青年与体育部的愿景是所有机构的毕业生达到国际和区域标准，并在全球就业市场更具竞争力，成为柬埔寨经济社会发展的重要引擎。

教育、青年与体育部的首要目标是促进所有柬埔寨青少年的全面发展。此外，该部门还试图培养青少年的国家自豪感和民族自豪感，使其具有较高的伦理道德标准和对国家、国民负责的强烈信念。

1.3 《教育战略规划（2006—2010 年）》的制定和磋商过程

采用部门参与的方法实施教育改革所得的经验，为柬埔寨政府、捐助者、非政府组织和制定《教育战略规划（2006—2010 年）》的其他相关利益者之间的进一步磋商奠定了基础。从捐助转向合作再到政府所有，表明了所有相关利益者之间良好的合作关系。教育、青年与体育部在协调外部援助的状况下已经成功建立起合作关系。

教育联合技术工作组已经建立了清晰且定期的磋商机制，该工作组主要由教育、青年与体育部的官员，部际官员、职员，教育部门工作组内的捐助者和非政府组织的代表组成。

为了建立并实现未来的教育政策和策略，教育、青年与体育部提出了以下协商：

（1）在教育、青年与体育部内部及其省办公室内进行磋商，确保《教育战略规划（2006—2010 年）》的制定是为了实现《全民教育规划（2003—2015 年）》所提及的目标。

（2）各直属部委，尤其是规划部，要确保《教育战略规划（2006—2010 年）》响应柬埔寨政府的矩形战略，有助于《全国战略发展规划（2006—2010 年）》的实施，符合国家减贫策略和柬埔寨千年发展目标。

（3）经济与财政部要确保《教育战略规划（2006—2010 年）》中所做预算是实际的、充足的且可以给予支持的。

（4）行政改革委员会要确保教育部门改革过程切实响应公共行政改革的目标，其中包括教育人员的聘用和薪资等内容。

（5）相关部委应确保所有相关的部际问题受到广泛关注，特别是艾滋病、残疾和性别问题。

（6）联合技术工作组应确保洞悉活跃于教育领域的捐助者和非政府组织的观点。

已经召开的关于制定《教育战略规划（2006—2010 年）》[与《教育部门支持项目（2006—2010 年）》相结合]的四个区域会议，将推动各级明确政策重点并对项目进行投入。

《教育战略规划（2006—2010 年）》将获得官方正式批准并在全国宣传，制成高棉语和英语双语光盘，在教育、青年与体育部网站上予以发布。

2 教育部门绩效（2001—2005 年）

本章内容总结了柬埔寨教育部门在入学、质量和能力发展方面实现《教育战略规划（2004—2008 年）》中提出的指标和目标的程度。

2.1 受教育机会均等

相关数据显示，小学净入学率几乎达到了预期设定的 92％的总目标，女童 91％的目标。值得注意的是，小学净入学率的提高在农村和偏远地区尤为重要。与 2000—2001 学年相比，2004—2005 学年的全国农村地区小学净入学率提高 8％以上，偏远地区提高 20％以上，同期城市地区约提高 5％。

初中入学率也显著提高，相较于 2000—2001 学年，2004—2005 学年的入学学生人数超过 66％，但仍未达到 2004—2005 学年预期的净入学率提高 40％这一目标。小学各年级升入中学的学生人数结果表明，应根据小学毕业率和升学率综合评估来确定未来初中的目标。这意味着，偏远地区初中净入学率仍低至 3.9％，即该地区超过 95％的 12 岁至 14 岁年龄段的儿童未能进入初中，也就是说这些地区的中学资源严重短缺。在全国 1 621 个公社中，只有 749 个拥有初级中学。高级中学入学人数的增长也非常缓慢，2001—2005 学年高级中学净入学率仅提高 1.6％。

非正式教育和高等教育的入学人数也未能达到《教育战略规划（2004—2008 年）》所预期目标。然而，值得注意的是，私立高等教育机构的入学人数却在迅速增加：2001—2005 学年招生人数从 18 000 人增长到将近 39 000 人，而公立高等教育机构的入学人数同期增长不超过 10％。事实上，在 2004—2005 学年高等教育内自费女性学生人数超过预定的 10 800 人这一目标。

为了实现《教育战略规划（2004—2008 年）》的年度目标，并最终实现柬埔寨千年发展目标以及全民教育的长期目标，仍需要付出极大的努力。尤其是要进一步提高初等后教育的覆盖率和入学率。

2.2 教育服务的质量与效果

用于测量教学质量与实际成效的标准化学习评估体系尚未建立,这也是我们正面临的一个严峻挑战。然而,一些替代指标表明进展情况远远低于预定目标。例如,年级升学率远低于预定目标,尤其是一年级,按照当前的发展速度,实现长期发展目标将遥遥无期。同时,各年级的留级率仍很高,尤其是一年级。2001—2005 学年,1～3 年级的留级率分别只下降 4.9%、1.5% 和 2.8%。按照这种速度,全民教育的长期目标将难以实现。

另一方面,2001—2005 学年教师的教育水平显著提高。至少拥有初中文凭的教师比例,从 2000—2001 学年的 26% 提高到 2004—2005 学年的 36%。但是,这仍未达到《教育战略规划(2004—2008 年)》预定的 51% 的目标要求。

为了系统测量教育的质量和效果,无论何种情况都有必要开发和收集一套指标和数据。引入标准化的学生学习评估体系和学校报告卡,以期望更为严格且系统地监测今后的教育质量。

2.3 用于下放权力的机构发展和能力建设

在机构发展和能力建设方面,2001—2005 学年所取得的主要成就如下:

(1)通过教育总局和管理与财政总局下属的能力建设协调小组,建立用于能力建设活动凝聚力较强的规划与实施机制。

(2)起草和提交经国民大会批准的教育法律。

(3)在财政报告、项目监测和信息管理方面,将能力建设项目推广到获得赋权的不同层级(省、地区和学校)。

(4)通过教育、青年与体育部网站,宣传活动和信息管理系统,推广使用信息通信技术。

(5)加强内部审计部门的职能,以及省、地区和学校预算管理中心实施的抽样审计。

(6)开发幼儿教育、基础教育以及用于监测和评估质量的生活技能指标标准。

(7)根据教育信息管理系统和其他数据,加强以结果为基础的部门绩效监测。

(8)准备预算管理和执行条例。

(9)与省、区召开磋商会议,尤其是定期组织对优先行动项目进行管理和实施的会议。

(10)提高中央和省级在开发和实施新课程上的技术能力。

(11)提高学校校长和学校员工规划和管理技能与知识的能力。

(12)提高考试行政与管理的能力。

(13)修订若干优先行动项目的管理系统。

(14)通过定期召开教育联合技术工作组会议,加强政府、捐助者以及非政府组织之间的合作。

比较《教育战略规划(2004—2008 年)》在机构发展和能力建设方面的若干定量结果,尤其是财政绩效方面,可以发现:教育部门占政府总体预算的份额大幅提高,从

2000 年 1 月的 13.9％提高到 2004 年 5 月的 17.3％,但仍未达到《教育战略规划
(2004—2008 年)》预定的 19.5％的目标。优先行动项目占总体教育预算的份额在
2001—2005 年从 5.5％提高到 27.9％,而这一比例基本上达到《教育战略规划(2004—
2008 年)》的预定目标。另一个拥有可参考数据的指标是师资占教育员工总数的比例,
但 2001—2005 年这一数据并未呈现下降的趋势。

为了更加系统地评估部门参与能力和机构发展的效果,确定额外的指标体系非常
必要。随着指标的修订,《教育战略规划(2006—2010 年)》和《教育部门支持项目
(2006—2010 年)》应提供一个改进的监测框架,用于更为严格且定期地评估个人、组
织、教育部门工作组的能力。

3　《教育战略规划(2006—2010 年)》战略框架

制度框架和柬埔寨政府策略

柬埔寨政府的矩形战略在支持王国政府于国民议会第三立法机构内政治平台的实
施上发挥着重要作用。矩形战略是一个连锁矩形的整体结构,具体如下:

(1)改善农业部门。

(2)进一步修缮和建设基础设施。

(3)发展私营部门并创造就业机会。

(4)促进能力建设和人力资源发展。

王国政府把良好的治理视为矩形战略的核心。

教育、青年与体育部尤其重视矩形战略中的能力建设和人力资源发展,即通过较高
的科学技术和技能来提高人力资源的能力,努力培养其创业精神、创造力、责任、纪律、
道德,有效应对劳动力市场的需求。此外,改善农业部门中所包括的生活技能发展也是
教育、青年与体育部关注的重要内容。

柬埔寨《教育战略规划(2006—2010 年)》中所提及的可成功实施的战略,取决于正
在进行的更大规模的公共行政改革。公共财政管理改革旨在对政府支出和收入达到更
高标准时进行管理和问责。教育、青年与体育部有责任改善教育战略规划项目的财政
管理和监测体系,并期望将其作为公共财政管理改革的试点。

公共行政改革侧重于向公众提供优质且高效的公共服务,并创建中立、透明、专业、
负责的行政部门。其中尤为关注的是拉近公共行政与民众之间的距离,这与分权策略
和由上向下赋权的策略相一致。通过明确界定省、市、区和公社各级权力机关的作用、
权力和职责,这一措施将得到有效实施。公共行政改革的另一方面是逐步提高公务员
薪资,每年提高 10％～15％。

以上改革对于教育、青年与体育部实现《教育战略规划(2006—2010 年)》和《教育
部门支持项目(2006—2010 年)》中预定的目标至关重要。例如,增加员工薪酬,加强绩
效监测,对运营预算进行问责。

王国政府认识到权力更接近群众可以提高公共服务的质量和公众参与的力度。地方政府的工作重点是构建地方管理能力，为公社提供合理的财政资源。

4　2006—2010 年教育政策和战略

教育、青年与体育部承认，虽然在过去几年里已经付出了很大努力，但教育部门绩效还未达到《教育战略规划（2001—2005 年）》和《教育战略规划（2004—2008 年）》中预定的政策目标。

在实施《教育战略规划（2006—2010 年）》期间，教育、青年与体育部致力于实现现行的重点政策，这与《全民教育规划（2003—2015 年）》、2015 年千年发展目标、《全国战略发展规划（2006—2010 年）》是一致的。

《教育战略规划（2006—2010 年）》的重点政策如下：

（1）确保受教育机会平等。

（2）提高教育服务的质量和效率。

（3）用于下放权力的机构发展和能力建设。

4.1　受教育机会均等

第二个柬埔寨千年发展目标是实现普及 9 年制基础教育，主要通过以下三个目标来实现：

（1）确保所有儿童到 2010 年完成初等教育，到 2015 年完成基础教育。

（2）到 2010 年消除 9 年制基础教育中的性别差异。

（3）着力减少高中和高等教育内城市与农村地区间的性别差异。

进一步推动王国政府致力于实现"全民教育"，确保所有儿童都可以接受 9 年制基础教育，并将通过向贫困家庭青少年提供奖学金和加强学校建设，来增加此类学生接受更高层次教育的机会。这些目标的重点是关注受教育的机会，这也是王国政府面临的主要挑战之一。

《教育部门支持项目（2006—2010 年）》的另一个重点政策是采取紧急行动增加 12 岁至 24 岁年龄段的青少年接受教育和培训的机会，这里的"青少年"是指目前已经辍学或难以接受初等后教育与培训的青少年。

实现政策结果和目标的策略：

（1）在入学率较低、辍学率较高的公社，增加面向 5 岁儿童接受幼儿教育的机会。

目标：在 2008 年，审查幼儿教育策略的有效性。

（2）通过定期的人口审查，发布 6 岁儿童进入小学的法令和指南，确保所有 6 岁儿童进入小学就读。

目标 1：结合 2006 年推广的面向 5 岁儿童的幼儿教育，发布 6 岁儿童入学的法令和指南。

目标 2：在 2010 年，对用于幼儿教育策略的相关新法令及其影响进行调查。

（3）通过增加用于学校和教师薪资的运营预算,减少家长的教育支出负担(例如,一些非正式的费用)。

目标1:到2008年底,取消全国1～9年级学生的非正式收费。

目标2:到2008年,发布条例和指南用于管理和记录来自家长的所有款项。

目标3:在2010年,审查2006—2010年的整个中小学的预算结算情况。

（4）通过改进更具相关性的学校课程、推广更有效的补习班以及定期连续的学生评估和标准监测等措施重点改善1～6年级,从而降低所有年级学生的留级率和辍学率。

目标1:在2006年,发布面向3～9年级学生重返学校项目的指南和行动规划。

目标2:在2008年,审查3～9年级学生重返学校项目的进展。

目标3:在2010年,对重返项目以及该项目对于进一步扩招和锁定目标的意义开展影响研究。

（5）推动私立部门或社区广泛地参与各阶段学校教育,以便加深对教育重要性的理解,推动教育结构更为透明,并加强问责力度。

目标:在2008年,研究公社委员会和家长委员会参与学校活动的情况。

（6）继续建立新学校,或向建制不全的小学提供额外设施,将学校设施建在离家更近的地方,从而降低家庭的直接或间接成本。

目标1:在2006年,为小学(包括建制不全的小学)制定设施发展规划。

目标2:在2008年,审查设施覆盖面。

目标3:在2010年,对设施发展有效性进行影响研究。

（7）通过在当前服务不足地区建设初级中学,来增加7～9年级学生的入学人数。

目标1:在2006年,制定面向7～9年级的设施发展规划。

目标2:在2008年,对扩大7～9年级规模进行审查,包括目标标准审查。

目标3:在2010年,对扩大7～9年级规模进行影响研究。

（8）通过为当前服务不足的地区建设高级中学,增加10～12年级学生的入学人数。

目标1:在2006年,制定面向10～12年级的设施发展规划。

目标2:在2008年,对扩大10～12年级规模进行审查,包括目标标准审查。

目标3:在2010年,对扩大10～12年级规模进行影响研究。

（9）根据特殊人才招聘标准招聘偏远和薄弱地区的准教师,确保这些地区的教师供给充足。通过为薄弱、偏远或少数民族地区教师提供额外的激励措施,提高师资分配的效率。例如,兴建教师住宅等。

目标1:在2006年,制定边境、偏远或少数民族地区引入多班教学和其他策略的行动规划。

目标2:在2006年,制定分配教师的行动规划,包括面向教育人员不足或新建学校的教学和对非教学人员所实施的适当的激励措施。

目标3:在2008年,审查员工分配策略的进展情况。

(10)确保大范围推广以学生成绩和 9 年级考试成绩为基础的优质高中教育,以响应国家、区域乃至本国和全球劳动力市场的需求。

目标:在 2010 年,对高等教育入学情况进行影响评价。

(11)增加面向贫困家庭青少年尤其是女童的奖学金金额,以确保其能够接受初等、中等和高等教育;引入新的面向贫困家庭、女性、少数民族和其他弱势群体学生的以成绩驱动的援助项目,确保小学供餐项目和 7～9 年级学生激励项目更好地锁定贫困学生。

目标 1:在 2006 年,教育、青年与体育部或经济与财政部商定政府对 1～12 年级学生奖学金项目的投入额度。

目标 2:在 2006 年,根据全额免费学生人数,报告给予各高等教育机构的资金额度。

目标 3:在 2008 年,扩大面向中等和高等教育学生的奖学金项目。

目标 4:在 2010 年,通过贫困、性别招生入学模式,对项目进行影响研究。

(12)通过促进公立、私立合作,可以推动高等教育机构实施自治改革和创收的机构和财政改革,公平地扩大优质高等教育。

目标 1:在 2008 年,制定分阶段增加高等教育机构的规划。

目标 2:到 2008 年,所有高等教育机构转变为公共行政机构。

目标 3:在 2010 年,对高等教育机构扩大项目,包括省级高等教育机构扩大项目进行影响研究。

(13)加强边境、偏远和贫困地区非正式教育领域与公立、非政府组织和社区间的合作,支持提供当地生活技能、职业培训以及基本且必需的专业技能,响应社会和劳动力市场的需求。

目标 1:在 2008 年,对青少年技能培训进行进展审查。

目标 2:在 2008 年,对非正式教育项目进行进展审查。

目标 3:在 2010 年,对非正式教育项目进行影响研究。

4.2 教育服务的质量和效率

与扩大受教育机会同样重要的是提高教育服务的质量与效率。因此,需要在中央、省、地区和学校各级建立可确保提高标准和质量的机构和治理框架。

先前的教育战略规划审查主要关注的是教师薪酬方面的问题。《教育战略规划(2006—2010 年)》提议提高教师薪酬以及以质量为导向的重点项目(如教学材料、教师发展和服务效率)。这些项目将与一系列需要高绩效(如员工绩效评价)、高透明度和更为注重达成结果的措施相结合。

实现政策结果和目标的策略:

(1)通过批准协同经济与财政部开展以绩效和责任为基础的教师薪资和津贴改革,提高绩效性服务薪酬和加强激励机制。

目标 1：在 2006 年，根据认可的标准与职责，联合经济与财政部以及行政改革委员会共同批准每年增加班主任的薪资和津贴。

目标 2：在 2008 年，联合教育、青年与体育部，行政改革委员会，经济与财政部，对薪酬改革及随后行动的有效性进行审查。

目标 3：在 2010 年，研究教育人员薪酬改革对服务质量与效率的影响。

（2）通过在全国实施致力于学校全面发展的爱生学校项目和学校准备项目，包括全纳教育、以儿童为中心的教学、有益且注重性别问题的学习环境、家庭或社区参与以及有效教育管理系统，来提高教学质量。

目标 1：在 2006 年，制定和采纳爱生学校政策和全国爱生学校实施规划。

目标 2：2007—2008 学年，在全国 24 个省份实施爱生学校项目。

（3）建立新的用于中小学运营预算的财政规划和问责机制，根据学校、家长和社区联合参与以及对特定部门进行内部审计的指南，扩大学校和培训机构在运营预算和项目决策方面的自主权和加强问责。

目标 1：在 2006 年，修订运营预算包括预算使用的指南和绩效指标。

目标 2：在 2008 年，审查增加预算分配对学校和机构所表现出的影响的进展情况。

（4）实施新的课程政策，包括小学和初级中学课程，重点关注 3 年级、6 年级和 9 年级的学生学习成绩标准以及引入当地生活技能项目。

目标 1：到 2007 年全面实施新的课程政策。

目标 2：在 2010 年，对新的课程政策进行进展审查。

（5）促进职前和在职教师的发展，并在各级教育系统内引入员工绩效评估体系，包括适当的报告程序。

目标 1：在 2006 年，扩大在职教师培训行动规划，包括各省赋予在职教师培训规划更大的自主权。

目标 2：在 2006 年，确定修订的教师供求策略，包括修订教师培训学院的作用以及提高教师培训学校员工和设施效率的措施。

目标 3：在 2008 年，对在职教师培训项目进行进展审查，包括对当前欠发达省份在教师效率和额外教师培训学院需求方面的影响进行审查。

（6）提高教学质量，确保中小学教师具备教育和信息通信技术意识。

目标 1：从 2006 年开始，每年培训各级教师 5 000 名，并在培训课程中纳入信息通信技术方面的内容。

目标 2：从 2006 年开始，培训各级新教师 10 000 名，并在培训课程中纳入信息通信技术方面的内容。

目标 3：从 2008 年开始，培训各级新教师 10 000 名。

（7）在全国 3 年级、6 年级和 9 年级实施学生成绩最低标准，确保教师、家长和其他利益相关者了解最低标准并追踪全国学校报告卡上测验的结果。

目标 1：从 2005—2006 学年开始，公开发布标准测验成绩。

目标2:自2008年中以后,公开发布每年标准测验成绩。

(8)通过向各级公共和教育主管部门公布学生成绩,明确界定中央、省和地区教育监督和督察员的作用与职责,提高透明度,改善绩效监测,加强教师、学校和中等后教育机构的绩效责任。加强公社委员会在学校绩效监测和监督上的作用。

目标1:在2006年,实施用于引入改进的绩效监测体系的行动规划以及有关监督责任的说明。

目标2:在2006年,开发各级教育质量标准,以确保有效绩效。

目标3:在2008年,公开发布公立、私立机构达到高等教育机构标准的状况。

目标4:在2010年,向国民议会报告各级提高教育标准的进展及教育、青年与体育部在保证教育质量上所发挥的作用。

目标5:到2010年,逐渐实行用于建立高等教育机构和认证所有高等教育机构的标准,以确保质量。

4.3 用于下放权力的机构发展和能力建设

提高所有参与提供教育服务的相关利益者的绩效非常重要,有助于实现《教育战略规划(2006—2010年)》所设定的目标。教育、青年与体育部目前的政策重点是赋予省、地区、公社和学校更大的权力和责任。教育、青年与体育部将逐步实施政策和战略发展以及部门和项目绩效监测。《教育战略规划(2006—2010年)》的一个重点是整合和推广用于发展向省、地区和学校下放教育管理权的能力的措施。

拓宽提议和深化公立、私立合作,也需要系统的机构和能力建设。另一个战略重点则是保证来自公立、私营、社区和外部资源的项目经费的可预测性。为了消除各相关利益者的疑虑,教育、青年与体育部将重点加强管理、会计和内部审计体系建设。

实现政策结果和目标的策略:

(1)到2006年底,通过采用教育法,为部门和子部门提供一个清晰明确的立法、监管框架。

目标:到2006年底,采用教育法。

(2)通过提高资源包括外部援助的透明度和问责,提高中期财政规划和分权管理的可预测性,改善治理和监管体系。

目标1:部长会议和经济与财政部批准在中期支出框架内到2006年为期5年的经常性和资本开支框架。政府与捐赠者联合工作组每3个月更新一次预算执行情况。

目标2:在2008年,政府和教育、青年与体育部对财政绩效进行进展审查。

目标3:在2008年,对捐助者预算支持进行进展审查,以提高财政的可预测性。

(3)完善对教育系统性能的监控和影响体系,包括《教育规划战略》和《教育部门支持项目》审查流程。

目标1:利益相关者可以获取由各技术部门起草的每个优先行动项目的年度行动规划。

目标 2：通过教育联合技术工作组每 6 个月报道一次进展情况，跟进全年的政策行动。

（4）通过扩大预算管理中心的培训，完善中央、省和地区财政监测体系。

目标 1：在 2006 年，准备面向所有预算管理中心的综合能力建设项目，以提高其项目和财政规划、监测和审计技能，尤其是公共会计方面。

目标 2：在 2006 年，中央、省和地区预算管理中心生成综合项目与财政报告，作为内部审计的基础。

目标 3：到 2008 年，启用部际政府教育资金公共会计系统。

（5）确保所有指定的预算管理中心的有效运营，并改善地区、学校和机构的管理系统，以保证教育质量。

目标 1：在 2006 年，准备省、地区和学校管理培训项目。

目标 2：在 2006 年，准备地区预算管理中心和学校关于管理职责的修订指南。

（6）完善人事管理和监测体系。

目标 1：在 2006 年，通过与行政改革委员会协调，根据中央和省级人事信息管理系统，实施信息通信技术。

目标 2：在 2006 年，根据各级信息管理，制定行动规划。

（7）通过机构和财政改革扩大高等教育机构的运营自主权和创收权，以此促进高等教育机构的发展并提高其能力。

目标：到 2008 年，制定高等教育战略规划，包括高等教育部和信息系统管理的能力建设。

4.4　解决交叉问题的策略

在实施《教育战略规划（2006—2010 年）》中的政策和战略时，应特别关注涉及社会弱势群体的问题。因此，应采取额外措施在边境地区提供教育和培训，包括解决跨境辍学青少年相关问题的措施，其中包括艾滋病、童工、非法交易、民族事务等。鼓励教育、青年与体育部的各级管理实现性别平衡。同样，教育、青年与体育部将着力增加各级学校教育内女性学生的数量，以便与柬埔寨千年发展目标相一致。

部委的部分交叉策略，主要是将教育、青年发展、体育和运动策略整合为《教育战略规划（2006—2010 年）》和《教育部门支持项目（2006—2010 年）》的一部分。其中关键策略包括：

（1）在课程中扩大公民教育与道德教育。

（2）拓展学生志愿者服务，如同辈教学、农村扫盲教学。

（3）学生兼职援助农村医疗、幼儿园和帮助老年人。

（4）扩大来自大学、师范学院和高中的志愿者活动，向农村和偏远地区提供其技能，尤其是非正式教育和扫盲。

(5)增加体育项目和全国社区的体育设施。作为该战略的一部分,教育、青年与体育部试图建立私营部门、社区群体和国际团体间的新型合作伙伴关系。

5 扶贫财政规划和管理

5.1 教育部门的预算

长期教育财政政策的目标是,所有有潜能的学生均有机会接受教育和培训,避免因难以支付正式或非正式的费用而无法入学。因此,考虑到政府、家长和其他潜在捐助者的承受能力,必须落实公平合理的财政机制。同时,确保所有捐助者获得充足的关于教育成本的信息,这将有助于他们对现在和奖励投资的价值做出有效判断。此外,在各级教育财政上明确政府、家长、私营部门和个体服务使用者的责任。

《教育战略规划(2006—2010年)》是根据经常性成本、资本成本、预计的总体运营经常性成本和资本成本而制定的,以便最佳使用公共和非公共教育资源。

《教育战略规划(2006—2010年)》最为重要的原则是教育预算将作为扶贫工具,用于扩大极贫困地区以及生源尤其是女童生源不足地区经常性开支和资本开支的份额和金额。

其关键特征是:

(1)增加基础教育的政府开支,基础教育的经常性开支从68%增长到71%(从2006年的3 060亿瑞尔增加到2010年的5 070亿瑞尔,主要用于增加学校的运营预算)。

目标:20.85%为可自由支配的经常性支出,70%用于基础教育。

(2)持续用于基础教育设施发展的资本开支和选择性用于基础教育后设施发展的资本开支。在贫困地区、服务水平低下地区建设额外的小学和中学,这将占资本支出的三分之二左右。这些项目的预算资本超过了4 700亿瑞尔(每年约930亿瑞尔)。

目标:每年约1 000亿瑞尔,其中基础教育约占75%。

(3)减少或免除家长对于基础教育的出资。预计家长在基础教育方面的支出将从当前的14.8%降低到12.5%,尤其是在此期间的校服、学费和交通费用。政府增加基础教育学习者的人均开支,预计从每人每年251 000瑞尔增加到2010年的335 000瑞尔。大幅提高人均开支,也将有助于实施质量改善策略,促使入学人数不断增加。

(4)阶段性绩效工资改革与入学率和质量提高相结合。取消非正式收取的费用,实施以绩效为基础的教师薪酬和津贴制度,旨在营造一种政府和社区推动学校董事、教学和非教学人员更具责任意识的氛围。重点是大力提高科任教师的薪酬和津贴,包括推广由政府薪资改革指导的优先行动项目,以便为提高贫困人口入学率和教育质量创建更为有效的制度框架。预计人事费用将从2006年的2 810亿瑞尔增长到2010年的5 040亿瑞尔,同时优先行动项目还将继续提供专门的激励措施。预计非人事费用将从2006年的37%降至2010年的30%,以便推行更为平衡且有效的财政策略。为确保预期薪酬策略能够发挥最佳作用,加薪措施将严格地与有效分配、年度职工绩效考核相结合,这也将是加薪、升职和加强学校监督的基础。

(5)提高高等教育非政府和私人支出份额,提供面向贫困学生制定的有针对性的政府奖学金和豁免条件。

目标:到2008年非公共支出份额最低达到40%,其中包括从2006年开始由政府支付的工资和奖学金。

(6)有关外部援助的规划是拓展混合模式,包括经常性预算支持、资本投资和技术援助。应以有效实施《教育战略规划(2006—2010年)》为基础,商讨适当的模式。所提议的改革,因其高昂的过渡性和经常性费用,要求在外部援助项目中给予更大的预算支持。

目标:在预算支持中50%的外部援助用于教育,每年750亿到1250亿瑞尔。

(7)通过广泛的公私立机构合作筹措以需求为主导的资金,用于高等教育以及教育、青年与体育部员工的住宿。预计2006—2010年高中和高等教育扩大设施的资本支出约为1700亿瑞尔。教育、青年与体育部承认,实施高等教育战略需要家长、社区和私营部门的持续资助。财政规划中包含提高这一层级家长支出份额的相关规定,但同时应向贫困家庭的优秀学生提供奖学金。相关部委将为中等后教育的使用者制定收费标准。

目标:通过上述设施,支出25%的资本开支。

一方面,相关部委有关教育资本支出的政策,将通过扩大需求方投资的方法,尤其是基础后教育服务,来加强政策联动。另一方面,确保所有公立、私立教育提供者按照合格的标准公平地获得资本发展。

5.2　预计总的财政需求和可用资源

相关部委承认,《教育战略规划(2006—2010年)》政策和策略的有效实施需要可用资源具有可预测性。因此,相关部委将继续与经济与财政部、行政改革委员会密切合作,确保中期教育支出规划与广泛的中期支出框架、当前公共财政管理改革相一致。加强教育、青年与体育部与部际之间的合作机制,特别是通过教育财政管理委员会加强教育、青年与体育部同经济与财政部之间在政策和技术方面的合作将成为重点。

相关部委将尽最大努力确保经常性预算需求出自政府税收和其他来源。通过提高教育在经常性支出中所占份额表明政府对提高教育支出的决心,如2004—2005学年所占比例达到17.3%。为了评估《教育战略规划(2006—2010年)》的现实性和可持续性,教育、青年与体育部采用了宏观经济和中期支出框架规划。预计在《教育战略规划(2006—2010年)》实施期间,教育在经常性支出中所占份额将急速提高并持续保持在20.85%,主要用于以绩效为基础的教师薪酬增长的支出。作为制定《教育战略规划(2006—2010年)》的一部分,教育、青年与体育部还准备了替代性方案,该方案的实施主要以到2010年教育预算维持在17.74%为前提。

在此基础上,替代性方案在2006—2010年潜在的经常性预算将下降约3030亿瑞尔。

因此,相关部委致力于增加来自国际团体以政策主导的经常性预算支持,以便缓解可能出现的财政不足问题,为持续的《教育战略规划(2006—2010 年)》改革提供可靠的财政基础。

2006—2010 年资本预算总计约为 4 700 亿瑞尔。在认识到当前的财政制约后,相关部委将努力确保增加来自政府的资本开支。相关部委将使用来自社区的捐助以填补这一潜在缺口,其中 50%的外部援助用于预算支持,50%用于设施发展和能力建设。

总体上,根据替代性的政府财政方案,在实施《教育战略规划(2006—2010 年)》期间,潜在的总体财政缺口总计约为 7 730 亿瑞尔。换言之,总体财政缺口总计每年约为 1 550 亿瑞尔。

为了确保获得更大的具有可预测性的外部援助,相关部委提出了以下措施:

(1)确认捐助者和非政府组织为当前规划实施提供预算。

(2)作为《教育战略规划(2006—2010 年)》和《教育部门支持项目(2006—2010 年)》的一部分,就额外援助进行初步协商。

(3)协商给予融合外部援助形式更大的空间,以便囊括改革的过渡性成本。作为过程的一部分,相关部委致力于同教育部门工作组和非政府组织教育合作伙伴开展深度合作与承诺,推动全民教育获得"快车道"举措地位。

5.3 改善财政管理和监测系统

当前政府财政体系将被整合和扩展为《教育战略规划(2006—2010 年)》的组成部分,并将更加重视进一步改善财政管理、会计和审计程序。相关部委将确保所有教育财政来源,包括外部援助的透明和问责,并将密切监测和报告开支、豁免和垫付情况。

相关部委提议将以下的经常性财政规划管理机制用于各种优先项目,具体包括:

(1)教育服务薪酬改革项目和绩效奖励计划。

(2)完善用于省和地区教育服务监测所需预算使用情况的指南。

(3)通过具体委托的预算分配,管理教育、青年与体育部相关部门和中等后教育机构的运营预算。

(4)绝大多数下属部门、机构和省级预算分配的优先行动项目。

(5)向省级和下属部门提供预算拨款用于实施面向贫困学生的奖学金项目,并根据资本预算框架提供额外支持。

相关部委承认,提议用于《教育战略规划(2006—2010 年)》的财政管理和监测体系将在之后的 5 年内进行调整,预计将逐渐转向更广泛的以项目为基础的预算和管理体系。作为指定的具有优先权的部委,预计教育、青年与体育部将作为试点部门进行公共财政管理改革。经常性和资本优先项目的具体情况将在第 6 章予以阐述。

相关部委提议大力加强财政监测体系和程序方面的能力建设,并将其作为《教育战略规划(2006—2010 年)》的一部分。通过新的公共财政管理信息系统,注重加强省、地区的会计和报告体系;加强对教育、青年与体育部,指挥部和部门内项目财务报告的协调和整合;扩大预算管理中心和项目的内部审计操作,目标为每年审计约 200 个单位。这些能力建设项目的财政管理包括审计和会计,都将以个案为基础,并根据项目的范围和复杂程度,与捐助者和非政府组织协商制定。教育、青年与体育部,财政部以及在某些情况下教育、青年与体育部的个别部门,将增加在国库中的专用账号。

相关部委试图拓展财务业绩报告的范围,并将其作为《教育战略规划(2006—2010 年)》审查过程的一部分。目标是提供最新的所有关于经常性和资本优先项目的支出,包括省一级使用的费用。此外,绩效报告将包括以下重要特征:

(1)总结建议和内部审计结果。

(2)分析有关扶贫和促进性别平等开支的趋势和影响。

6 《教育部门支持项目(2006—2010)》框架概述

6.1 经常性优先项目

在《教育战略规划(2001—2005 年)》实施的 5 年间,我们已经在将优先政策和战略与大量经常性优先项目、预算拨款相结合方面取得了极大成功。这些优先项目也确定了结果和绩效指标,并以此作为政策和项目监测的基础。来自捐助者和非政府组织用于《教育战略规划(2006—2010 年)》和《教育部门支持项目(2006—2010 年)》各种活动的一些支持,也被纳入预算资金当中。

相关部委承认,大量中期交叉策略需要根据可用的资源来实施和推广。因此,与其他相关部委合作,通过资本预算机制管理艾滋病、传染病和预防药物成瘾、卫生和营养意识项目非常重要。预计面向贫困人口的幼儿保育与教育以及奖学金项目将通过平行的资本预算支持得到进一步推广。

优先项目包括:

(1)教育服务效率项目。该项目将通过消除 1~9 年级学生家长的非正式支付款项、补偿完善的以绩效为基础的员工薪酬,来确保受教育机会的平等。此外,将提高分配教学和非教学人员的公平与效率,积极应对有针对性地扩大中小学教育机会。例如,对关键群体实施绩效激励,包括学校董事、在偏远和处境困难地区工作的员工、双班倒和多班教学的教师。教育、青年与体育部将审查关于这些津贴的目标和分配指南。项目最初将由省级预算管理中心根据已被认可的人力资源规章制度负责管理,而后逐步下放到地区教育办公室。

(2)幼儿保育与教育项目。该项目将为 5 岁儿童公平接受幼儿保育与教育项目创造更多的机会,尤其是那些小学净入学率低且辍学率高的公社。预计该项目将由其他捐助者和非政府组织资助的试点举措来补充,包括公社委员会管理的幼儿保育与教育举措和替代性的以家庭为基础的方法。幼儿教育部将负责战略监督和质量保证。

(3)初等教育入学率、质量和效率提高项目。该项目首先将通过不断加强政府对学校运营成本的支持、提供补偿班以及扩大爱生学校,来提高入学率、质量和效率。第一个环节将逐渐扩大全国初等学校运行预算供给。第二个环节将在各省发展爱生学校。第三个环节将通过每周四的补习班以及在课堂上不断帮助学生,尤其是那些未上过预备班的学生,来提高教学质量。初等教育部将负责对该项目进行整体监督。

(4)初中入学率、质量和效率提高项目。该项目目标是通过减少学生的入学障碍,提高7～9年级学生的巩固率和10年级学生的升学率来进一步提高质量和效率。第一个环节将通过增加全国初级中学的学校运营预算进一步降低家庭的直接教育成本。该环节将通过向7～9年级贫困学生提供奖学金激励项目,进一步降低贫困家庭的经济负担。第二个环节将通过加强9年级考试体系,引入学生最低评估标准、学校绩效监督和报告系统卡,并为成绩不佳学生开设补习班,以此进一步提高教学能力。该项目将与有计划地扩大初中设施以及教师分配和培训改革相结合。项目资金将由185个地区预算管理中心负责管理和发放。中等教育部将负责项目监督。

(5)高中入学率和公平项目。该项目主要目标是确保高中教育入学机会均等,确保准备向用户征收的费用不会阻碍贫困家庭有潜质的9年级毕业生接受高中教育。该项目第一个环节将根据已被认可的指南向中学提供基于贫困指数的补助金,用于教学材料的采购和学校维护。第二个环节将通过专门的学科教学和教学材料采购,不断扩大天才学生项目。新的学校、学区管理机构负责管理,省级预算管理中心负责发放。中等教育部将负责项目监督。

(6)高等教育入学率和公平项目。该项目目标是通过政府资助的以成绩驱动的奖学金,提高贫困家庭学生的入学动机,从而提高高等教育的入学率。优先目标群体是毕业于示范中学和农村中学但有资格进入大学的贫困学生。对于学习缺乏市场适应性且更具社会公益性专业的学生将给予优先照顾,尤其是教育、健康、农业、科学和数学教育专业的学生。该项目将与提议的高等教育资本发展资金和可能引入的高等教育学生贷款计划相结合。资金将通过选定的高等教育机构,根据年度奖学金分配直接管理。高等教育部将负责对质量保障和监督进行认证。

(7)教师发展项目。该项目的第一个目标是确保有效供应基础教育和高中教师,以便系统扩充和提升教师培训学院的训练人员,学校董事,以及教育、青年与体育部的其他关键人员。第二个目标是确保教师培训学院的招生人数和后续已培训教师的分配,尤其是通过从偏远和少数民族地区招收教师,以应对农村、偏远和处境困难地区日益增长的需求。第三个目标是提供在职教师培训。第一个环节是向中心幼儿园、18个省级教师培训学院、6个地方教师培训学院和6个新资源中心提供年度运营预算。第二个环节是促进教师培训学院的员工发展。第三个环节是加强中小学董事的能力建设。第四个环节是通过各种在职培训项目持续推进教师发展。相关机构的运营预算将通过省级预算管理中心和中央教师培训部予以发放。教师培训部将负责质量保障和监督。

(8)持续提供核心教学材料项目。该项目目标是确保全国教材的充分供应,并允许学校选择每个学科的教材。项目通过确保提供及时且充足的优质教学材料,实现提高中小学教育质量的政策目标。这将基于《通识教育课程发展(2005—2009年)》的政策,实施新的 3 年级、6 年级和 9 年级的学习标准。项目的目标是向小学和初中提供预算拨款，用于采购教学材料，以维持 1∶1 的学生与教材比例。项目资金将由 185 个地区预算管理中心负责管理和发放。教育研究部将负责管理项目监测。

（9）扩大非正式教育项目。该项目将提供经济适用的重返学校和针对性补偿学校的教育和项目、选择性的社区扫盲和技能发展项目。主要目标群体是辍学不到 3 年的学生和处于偏远地区、少数民族和边境地区的弱势群体。该项目的第一个环节是为扩大面向辍学学生的重返学校项目和更新课程及教材提供运营预算支持。第二个环节是为扩大补偿教育和生活技能提供运营资金。非正式教育部将负责项目质量保障和监督。

（10）青年和体育教育项目。该项目目标是通过推动社会经济和文化发展来确保青少年的健康发展。第一个环节是准备详尽的青少年政策、策略和项目，包括合作伙伴关系和制度安排。第二个环节是继续实施专业体育教育人员、教练、裁判员的培训项目。第三个环节是继续确定需要优先建设的新的或改造的运动场地，尤其是在欠发达农村地区。第四个环节是在资助国际、区域和国家体育赛事方面寻求与私营部门的合作。青年与体育总局的下属部门将通过各预算管理中心负责该项目。

（11）加强监督系统项目。该项目的首要目标是改善各级技术和财政监督，用于加强政策、策略和项目发展、管理与评价。这一时期的一个优先环节是提高财政管理、会计和内部审计能力。此外，该项目目标还有通过加强质量保障标准、部门效率和相关利益者的参与，来提高部门绩效监测。该项目将通过财政、规划和审计部内的中央预算管理中心进行管理。

（12）中等学校奖学金项目。该项目目标是通过逐渐增加有针对性的面向贫困学生的奖学金数量，确保扩大来自较为贫困和弱势家庭的具有较高学术水平学生的受教育机会，尤其是女童和少数民族儿童。第一个环节将向 7～9 年级的弱势贫困群体提供奖学金。第二个环节将根据贫困指数，给予示范学校更高的津贴，向城市和农村贫困人口提供以学业为基础的奖学金。教育总局将这项工作委派给总部，责成其负责规划、管理和会计工作。省教育办公室将组建奖学金管理小组，通过为学校和社区提供技术支持来管理和监督其活动。

6.2 资本优先项目

关键部委的目标是通过对规划准备、管理和监督的审查，加强经常性和资本预算项目之间的联系。

2006—2010 年的投资项目包括设施发展以及为用于实验、信息通信技术、员工培训和能力建设的设备提供后勤保障。此外，相关部委期望通过来自捐助者和非政府组织的额外支持，弥补诸如幼儿保育与发展、艾滋病预防意识、传染病、药物滥用、卫生、营养以及面向贫困学生的激励与奖学金项目等的资金短缺。

该项投资的关键特征是扩大和有效利用基础教育设施，以满足不断增长的全民教育需求并使之成为可能。另一个主要特征是根据需求投资设施，提高高中入学率和教学质量。此外，还通过加强公立、私立学校合作，推动高等教育按需发展。

(1)不完全学校推广项目。该项目将减少辍学，提高不完全小学升级率，尤其是附属学校和地处偏远、欠发达地区的学校。主要环节是建造1～3个教室区域，并提供办公用品。该项目将与员工的分配和激励、面向贫困学生的项目(如学校供餐)、多班或双班倒教学以及扩大基础教育公平入学战略相结合。

(2)初级中学推广项目。该项目将确保充足的7～9年级教育设施，以满足之后5年(2006—2010年)预计增长的需求。该项目的第一个环节是在当前拥有未充分利用设施的小学，创建提供1～9年级教育的基础，教育学校。第二个环节是以需求为基础，推广现有的7～9年级设施。第三个环节是基于需求扩大现有7～9年级的设施。最后环节是为人口稀疏地区(如少数民族地区)提供住宿和7～9年级教育设施。提供设施的策略将是在城市地区提供50%左右的部委规定标准的教室，在农村、偏远和弱势地区提供50%左右的微型学校。

(3)高级中学推广项目。该项目将确保充足的10～12年级教育设施，以满足之后5年(2006—2010年)预计增长的需求。第一个环节是提升24个省级现存的高级中学，建立30所示范学校。这些示范学校将提供高标准的设施和教学人员。第二个环节是通过在服务不足且存在较高潜在需求的地区综合扩大现存学校和提供额外学校，逐渐增加农村高级中学的设施。

(4)科学和信息通信技术设施推广项目。该项目的主要目标是通过提供适当的专业教学设施，提高优质教育效果。该项目将在高中和高等教育机构内提供此类设施。

(5)教育人员发展项目。该项目的主要目标是提高教育质量，更好地响应子部门的师资需求，改善教育战略和财政的规划与管理。该项目的第一个环节是在没有省级教师培训学院的6个省份引入微型教师培训设施，以招收所有需要接受再培训的教师。第二个环节是提升国家教育学院、地方教师培训学院和省级教育学院，增加专业设施和教室(如科学、数学、信息通信技术、外语专业的设施和教室)，以便更为灵活地响应教育、青年与体育部员工发展和教师培训的需求。

(6)教育人员住宿项目。该项目的目标是通过采取激励措施，包括购房贷款计划和由教育、青年与体育部有选择地提供住房，主要集中向流动的省级教育主管提供住房，促进员工的分配与保留，尤其是在偏远或困难地区。

(7)高等教育设施发展资金项目。该项目的主要目标是改善全国公私立高等教育机构的入学情况。该项目将创建公私立教育机构的发展融资机制，用于创造更多的入学机会，并制定资格标准。

(8)项目管理和监督能力建设项目。该项目的主要目标是继续提高中央和省级教育、青年与体育部各部门监督、评价教育改革进展和影响的能力。主要环节是继续完善总部和省级职员在监督和评估技术方面所需的进程、培训和提高其他能力(如强化使用信息通信技术的能力)。监督项目将通过部门预算管理中心予以管理。

（9）部门管理能力建设项目。该项目的主要目标是继续完善各个优先项目的规划、管理和监督体系。能力建设项目将包括面向教育、青年与体育部各部门,省级和区级权力机构及学校的组织发展、设备、其他后勤支持、咨询服务和培训项目。各自指挥部下属的能力建设协调小组将负责能力建设预算管理。

7 以结果为导向的部门绩效监测和审查

7.1 加强以结果为中心的部门监测

过去实施《教育战略规划》的一个重要经验是优先和简化政策行动矩阵和目标,以便进一步抓住改革议程的着眼点。预测每年政策行动转化成实际效果将会需要很长时间,因此制定政策和战略目标应被视为教育改革精神和追求的结合,并作为评估部门绩效趋势的目标。

《教育战略规划(2001—2005 年)》和《教育战略规划(2004—2008 年)》中包括了作为实现公平入学,提高教育质量、效率,用于下放权力的机构建设和能力建设措施的绩效指标和政策。《教育战略规划(2006—2010 年)》修订的绩效监测框架发生了以下变化:

（1）接受非正式培训的指标。

（2）重返学校项目、教师业绩和分配、机构和学生学习绩效的质量与效率指标。

（3）有关预算管理中心会计和审计,包括人员发展制度的发展指标。

《教育战略规划(2006—2010 年)》监测过程旨在加强更广泛的治理与问责策略之间的联系。因此,教育、青年与体育部将向各相关利益者提供以下内容的具体报告:

（1）上交国会的年度报告。

（2）省级教育绩效报告。

（3）单独的项目进度报告。

（4）部门活动报告。

（5）特别委托的运营研究报告。

（6）关于预算管理中心、学校和项目的年度内部审计报告。

教育、青年与体育部承认,过去的《教育战略规划》监测过程不足以呈现学校和学生的绩效标准。提议引入的全国学校报告卡和全国在选定年级进行的学生测验将解决这一问题。相关部委将公布关于学校和学生标准的信息,以便通知家长、其他决策者以及利益相关者。

《教育战略规划》监测体系的组织将基于以下责任:

（1）部门实施监测:由地方教育办公室官员、学校支持委员会、全国全民教育委员会负责。

（2）项目进程监测:由省级教育官员,尤其是规划办公室和督察办公室,省财政办公室,教育、青年与体育部内主管优先项目和其他项目的技术部门负责实施。

(3)部门绩效监测:通过教育督察员与规划部、全国全民教育委员会、技术部及教育、青年与体育部内相关组织联合实施。

(4)项目影响监测:由规划部,教育、青年与体育部以及相关组织联合实施。

(5)系统绩效审计:由行政和财务督察员、审计部和其他国家审计机关负责实施。

一方面,《教育部门支持项目(2005—2009年)》的审查结果主要是加强对有限绩效进行规划和信息管理的能力建设。另一方面,绩效报告是不及时且不完整的,尤其是财政报告。所以,应优先加强和推广各级以信息技术为基础的规划和信息管理的能力建设,尤其是学校和偏远、边境或欠发达地区。

7.2 完善年度部门联合绩效审查流程

在《教育部门支持项目》和《教育战略规划》年度审查之前,相关部委致力于主导实施透明的联合部门绩效监测和报告。《教育部门支持项目》审查过程的主要目标是报告实现《教育部门支持项目》和《教育战略规划》中所定目标的年度进展。若有需要,其将成为政策和战略调整吸取经验的机会,成为与捐助者、非政府组织和其他利益相关者共同规划的一个论坛。因此,教育、青年与体育部致力于加强与捐助者、非政府组织和其他利益相关者之间持续的磋商机制。此外,《教育战略规划》审查将在灵活的滚动项目改革中继续采用协调的方法。除教育部门审查之外,相关部委将继续:

(1)联合技术工作组:每两个月与捐助者和非政府组织代表召开一次会议,提供关键问题的进程监测报告以及认可必需的行动。

(2)通过进度报告,与社会部门工作组、作为协商小组准备一部分的全国社会发展委员会共同召开会议,加强与政府和捐助群体的协调安排。

(3)加强规划部的能力建设最为重要,尤其是年度教育绩效报告、年度捐助者报告、年度非政府组织报告。

(4)全国全民教育委员会也是加强教育绩效监测的组织之一。全国全民教育委员会需要准备以幼儿保育与发展、各级委员会活动等项目之间协调为核心的全民教育年度报告。该报告应被纳入部际规划和管理报告之中。相关部委将审查年度省级和国家会议日程表,以便与《教育部门支持项目》相结合。

2001—2005年对《教育部门支持项目》审查的经验,为当下甚至未来与捐助者和非政府组织就外部援助进行磋商提供了很好的帮助。因此,教育部提议,将《教育战略规划》审查用于协调论坛、推动项目制定、评估捐助者和个别非政府组织。该措施将降低捐助者和非政府组织实施各种项目的交易成本。

柬埔寨全民教育规划(2003—2015 年)

  《全民教育规划(2003—2015 年)》的起草主要基于柬埔寨政府实施的一系列相关的发展规划项目。全民教育的规划过程以政府 2002 年批准的《柬埔寨社会经济发展规划》为指导,提出了扶贫政策与战略。该全民教育规划也得益于现行的《减贫战略规划(2002 年)》,制定了系统且具有针对性的减贫干预措施,包括明确的教育政策、战略与财政目标。

  《全民教育规划(2003—2015 年)》直接对应着未来 10～15 年的柬埔寨人口、宏观经济和社会发展的前景。该规划对全民教育规划的发展背景进行了概述。尤其是全民教育规划的实施需要考虑现存的教育和贫困困境,这是导致贫困家庭在入学机会上不平等的主要原因。

  《全民教育规划(2003—2015 年)》充分响应了教育和培训体系要更为积极地应对流动且不稳定的劳动力市场和宏观经济发展的需求。此外,该规划尤为关注社会和文化的一系列限制因素,尤其关注那些导致在中小学和非正式教育中女童和少数民族学生入学率较低的因素。

  《全民教育规划(2003—2015 年)》非常重视能力建设,为规划的具体实施做准备。各级委员会均应重视能力建设,尤为重视提高地方全民教育委员会在实现预期目标上的作用,尤其是在如下方面:

  1. 全民教育原则的内化。

  2. 宣传。

  3. 实施。

  4. 监测。

  全民教育长期规划的设计与规划过程,主要基于有效整合中期教育政策、《教育战略规划》和《教育部门支持项目》中制定的重点战略和项目以及全民教育长期干预措施的原则。尤其是《教育战略规划》和《教育部门支持项目》,主要是通过改革实施滚动计划,而该计划主要根据由政府、捐助者、非政府组织、发展合作伙伴联合实施的年度部门绩效审查所做的年度战略与项目调整来推动。

  全民教育于 2000 年开始实施绩效评估,年度全民教育规划的审查将采用类似原则。全民教育规划和监测过程的一个关键特征是加强相关利益者的协商过程,从而加强其他政府部门、非政府组织、民间团体的广泛参与,以便充分利用全面的基础操作研究项目。

  《全民教育规划(2003—2015 年)》的制定,充分考虑了教育现状并提出了实施全民教育需要面临的主要挑战。报告第二部分概述了过去 3 年里实现全民教育目标的初步进展。2000—2002 年,9 年制基础教育的整体入学人数明显增加,内部效率(学生升学率)明显提高,贫困家庭(包括农村女童和少数民族)入学学生人数明显增长。

实现上述目标的主要政策措施是实施系统且有针对性的干预来降低贫困家庭的入学成本。《全民教育规划(2003—2015 年)》引介了一系列巩固和促进降低接受基础教育成本的假设和措施。《全民教育规划(2003—2015 年)》也基于这一系列的假设,例如,大幅提高教职员工薪酬、专项绩效薪酬、有针对性的激励教育(例如偏远学校津贴)、绩效驱动的晋升和培训政策等。

《全民教育规划(2003—2015 年)》关注到了部分有助于有效实施全民教育的中长期挑战。在该规划中已经列出了次教育领域(如幼儿保育与教育、基础教育等)的总体目标与目的。但随着全民教育的实施,需要通过跨部门合作更为准确地量化目标。尤其是,《全民教育规划(2003—2015 年)》将通过整体规划采取具体措施为目前偏远和受教育水平较低的地区提供全民教育机会。此外,采取措施实现入学率与质量提高的有效平衡,包括幼儿保育与教育、非正式教育、扫盲项目、非正规的技能培训项目。需要重点强调的是,在该背景下,质量的定义不仅仅是内部教育效率,它还包括课堂实践和学生学习表现。主要挑战将在本规划的具体章节中予以阐述。

《全民教育规划(2003—2015 年)》将采用中长期举措来提高正规和非正规基础教育的质量。这一政策的推动力是政府将向基础教育投入大量经费,如在规定时间内每年约投入政府经费的 70%。第二个政策推动力是通过严格的规划、认可的员工分配规范条例和根据公务员工资改革来遏制教育工资增长,在规定时间内保持较高比例(45%~55%)的非工资性支出。

同时,《全民教育规划(2003—2015 年)》试图扩大近来引入的有针对性的教育管理人员和教师绩效奖励,用于确保可以平等地向目前条件较差地区分配具有经验的合格人员。

预计到 2007—2008 年基础教育入学人数将会达到 380 万人,而随着内部效率的提升和学生在学率的稳定,到 2015 年入学人数仍将保持这一水平。幼儿教育和非正式教育入学人数在规定时间内预计每年分别会增长 28 万人和 1.5 万人。解决 2003—2008 年入学人数激增问题的短期措施,包括继续实施双班制和扩大多班级教学。

随着小学和初中入学人数开始趋于稳定,《全民教育规划(2003—2015 年)》计划自 2007 年开始逐渐增加中小学的教学时数。《全民教育规划(2003—2015 年)》预计自 2007 年开始,可用的教室、住宿将有助于逐渐引入全日制的上午教育和下午教育,并推动绝大多数中小学教师开展全日制教学,也将完善教师供给和需求计划,以确保可以有效应对中小学教育入学模式的变化。

《全民教育规划(2003—2015 年)》的制定和实施立足于目前部门间的合作以及与捐助者、非政府组织、民间团体间的合作,现行的合作协议将进一步加强。

实施全民教育的总成本,包括行政、幼儿教育、正规基础教育、非正式教育、扫盲项目和教师发展,将从 4 190 亿瑞尔(2002 年)提高至 8 550 亿瑞尔(2015 年)。用于全民教育的整体教育支出,包括教育、青年与体育部的资金,其他政府部委、非政府组织和私人、家长的资助,将从 90%(2002 年)降至 66%(2015 年)。这与政府及教育、青年与体育部扩大基础后教育的政策相一致,并将通过公立和非公立部门合作提供资金。

对于全民教育规划实施的监测,将基于现行由政府,教育、青年与体育部,捐助者和非政府组织联合开展的《教育部门支持项目》年度绩效审查。该计划将允许每年调整部门的绩效目标和项目策略。全民教育秘书处以及其他相关直属部委的工作组和技术部,将负责协调和管理全民教育监测流程。

作为强化中长期全民教育监测体系的一部分,全国全民教育委员会将采取措施强化中央、省、区级监测和管理信息体系。为了确保对全民教育的实施进行问责,全国全民教育委员会将通过各年度全民教育论坛以及相关直属部委的中央和省级教育大会,加强与省、区、公社一级全民教育委员会以及民间团体之间的信息交流。

全民教育监测过程的一个重要特征是重视评价质量改善项目,其基于 2003—2004 年引入的关于学习效果、活动和投入的新的最低标准。质量监测也包括扩大由教育、青年与体育部,非政府组织和小规模的项目管理小组实施的基础操作研究,确保全民教育改革的影响评价涵盖学校、教师实际情况。

一、国家概况

(一)贫困状况

各种评估结果显示,柬埔寨的贫困状况仍非常严峻。1999 年贫困人口所占比例估计为 36%。虽然难以对不同贫困衡量标准进行比较,但自 1997 年以来,贫困情况基本没有改变。农村地区的贫困率最高,约有 90.5% 的贫困人口。其余的贫困人口主要聚居于其他城市地区(7.2%)和首都金边(2.3%)。近来的柬埔寨社会经济调查很大程度上也确证了这一态势。农村地区的年均收入不到金边居民的三分之一。

在人口贫困指数方面,柬埔寨与其他亚洲国家之间存在较大差距。例如,使用联合国开发计划署的指标,柬埔寨人口贫困指数是 42.5%。相比之下,东南亚和太平洋发展中国家的贫困指数是 25%。小学毕业率较低、健康与卫生服务不足以及儿童营养问题等是导致柬埔寨人口贫困指数较高的主要因素。因此,在贫困农村地区增加基础教育入学人数,是降低贫困人口率的首要举措。

在人口贫困方面也存在巨大的城乡差距。例如,城市地区人口占总人口的 16%,其人口贫困指数是 34.2%。相比之下,农村地区人口占总人口的 84%,其贫困人口指数高达 44.9%。此外,其他因素也进一步加大了这一差距。城市地区人均消费是农村的 2 倍。城市居民的寿命比农村居民要长 5 年,且受教育程度更高。金边居民在教育上的花费是农村人口的 12 倍。可见,成本和准入上的障碍是重要影响因素。

近来调查显示,不少社会隐患(尤其是食品安全)与准入和接受教育存在某些相关性。例如,在 550 个公社内 10 岁至 14 岁年龄段的文盲率约为 63%,相比之下国家的平均文盲率为 68%。这些公社从未入学的人口比例占 50%，而国家的平均比例为 45%。以上数据表明，制订有针对性的学校供餐计划，尤其是面向小学高年级和初中年级的学校供餐计划，有助于提高学校的入学率以及贫困家庭学生的在学率。

上述讨论中出现了三个关键性问题：第一，扩大可用教育服务的范围，尤其是初中阶段；第二，降低接受初等和中等教育的入学成本；第三，检查平等的资源分配政策，政府的基础教育开支应尽可能用于确实贫困的指标。

(二)劳动力市场前景

农业仍是国家的支柱产业，该领域雇用了超过 80% 的劳动力。在农村地区，89% 的劳动力是农民或无薪家庭工人。在城市地区，随着 20 世纪 90 年代早期和中期国外直接投资的增长，约三分之二的劳动力受雇于服务业或小型制造业。相比之下，只有 11% 的农村工人就业于服务业，且主要作为政府雇员。

人口压力进一步加剧了对就业机会的迫切需求。据估计，到 2010 年劳动力年均增长 20 万人左右。并且随着劳动力市场前景日益不明朗，这一状况将不断恶化。国外直接投资近年来也在下滑。虽然旅游业呈上升趋势，但服装业（近来城市地区提供就业机会的主要渠道）的前景却不容乐观。

不确定的劳动力市场前景意味着，需要引入机制来提高教育和培训体系的应对能力。已有迹象表明，城市地区对于专门培训（如管理、电脑、会计、外语）的需求强烈。现行超过 90% 的技术教育和技能培训由私立机构和非政府组织掌控。结合改进的培训、市场研究和信息，确保私立教育可以选择性地使用用户费用和公共补贴，这也是加强市场信号的关键措施。

在农村地区，优质的初等教育、非正式教育和扫盲项目，对于提高家庭的生产力至关重要。在城市地区，专门的技能培训，应是短期的且满足劳动力市场的需求。近来恢复职业培训机构且给予其更大的自主权以及邀请雇主参与等各方面的努力，已经成功刺激了对技能培训的需求。这也满足了非正规和自主就业领域的需求。

政府的第一个作用将是在公共部门参与的、明确合理的地方有选择地提供项目（如专门的技术和技师项目）。政府的第二个作用将是加强对日益增长的公私立部门合作的管理和质量保证。政府的第三个作用将是提高公私立培训提供者的能力。将以需求驱动的国家培训资金与选择性的小额贷款相结合，是政府有计划地干预的典型措施。

(三)解决教育、贫困困境

教育体系的整体财政仍严重依赖于家庭对直接和间接教育成本的出资。各种调查对这些成本的估计差异较大，甚至保守的社会经济调查报告亦显示，每月平均的非正式学校费用中，小学阶段每个学生是 3 500 瑞尔，初中阶段每个学生是 8 000 瑞尔，高中阶段每个学生是 10 200 瑞尔，且这些费用中不包括其他诸如制服、文具等杂费。

近来的调查也强调家庭（尤其是较为富裕的城市家庭）愿意接受有保障的优质教育。全国家庭调查（1997 年）结果显示，家长愿意支付 10 倍的学费供子女接受优质的私立学校教育，尤其是中学阶段。家长似乎认为，接受具有竞争性的后期中等教育（尤其是精英型大学）是有价值的投资。

但这种基本不受监管的私人筹资教育，已经导致了潜在的教育和贫困困境。例如，贫困学生在小学内的人数比在中学或第三级教育内要多。这种状况在柬埔寨尤其明显。在柬埔寨 20% 最为贫困的人口中，20% 接受了小学教育，而只有 2% 进入了高中。相比之下，61% 的高中生来自柬埔寨 20% 最为富裕的人口。贫困学生接受第三级教育的比例是零，而 20% 最为富裕的人口却占第三级教育学生人数的 57%。

这一分析提及了部分重要的财政规划和管理问题。首先，向初等教育投入大量的公共资源，因为初等教育阶段贫困家庭学生人数比例较高。其次，确保降低中等教育的成本投资，支付给学校和教师的正式和非正式费用应控制在负担得起且便于监管的水平。在某些情况下，可以对中小学实施选择性的学费减免。

另一个导致教育和贫困困境的因素是学龄儿童，尤其是女童，需要忙于家务和家庭收入这类问题。例如，根据 1999 年柬埔寨社会经济调查，约有 160 万学龄儿童难以全日制入学，占学龄儿童总人数的 25%，究其原因主要是他们承担着家庭收入和工作的责任。相比之下，只有 8% 的数据显示，缺少适合且可接受的教育是接受教育的主要障碍。

(四)更广泛的社会发展视角

教育计划和规划也需要考虑其他的社会维度，尤其是儿童的健康与营养、艾滋病的潜在影响。例如，1993—2002 年，营养不良的儿童人数比例从 38% 提高到了 40%，约五分之一的儿童严重营养不良。此外，约 70% 的人口尚未获得安全的饮用水，约 85% 的人口卫生设施不足。

国际经验显示，这些健康因素对学生的在校表现有着非常大的影响。不安全的饮用水与腹泻的发生密切相关，这极大地影响着学生的出勤率。相反，作为综合健康和教育规划组成部分的家庭营养教育计划和可行的微量元素补充会产生积极的效果。

需要逐步将小学网络纳入该提议的综合健康规划中。全国健康诊所网络仅是小学网络的三分之一。健康诊所人员编制约为每 10 万人配备 17 人，而小学的人员编制为每 10 万人超过 80 人。

未来的教育规划需要逐步考虑在柬埔寨日益流行的艾滋病问题。1998 年，约 18 万人（约占性行为活跃人口的 3.7%）呈艾滋病阳性。虽然尚未有关于柬埔寨教师的可靠数据，但近来的研究显示，柬埔寨约 25% 的青年人已涉入高危性行为。国际经验显示，较为富裕的男性专业人士（包括教师）是潜在的高危人群。

艾滋病毒流行对于长期的教学服务计划有着极大的潜在影响。艾滋病会导致教学服务的流失率和缺勤率不断上升。如果艾滋病发展成为一个主要问题，那么，艾滋病的蔓延会极大增加教学服务和教师培训成本。同样的，在一些国家，教师培训机构经常也是高危性行为中心。鉴于对中等和中等后教育的大量公私立投资，首要措施应是实施面向教育部门的艾滋病宣传方案。其次应是深入研究艾滋病对教育规划的潜在影响，以着力实施由教育、青年与体育部发起的关于艾滋病教育情况的初步分析。

（五）更广泛的社会发展视角

女性在教育体系内面临着极大的不平等。虽然小学高年级在校女童的辍学比例较高，但是，许多国家总体数据掩盖了这一显著的地区差异。例如，在奥多棉吉省，1 年级入学女童比例为 46.5%，到 6 年级降至 36.8%。而且，接受中等教育的女童仅占总入学人数的三分之一。事实上，性别平等的指数，初中阶段仅为 0.63，第三级教育阶段则仅为 0.30。

这些问题是大量社会因素、文化因素和经济因素共同作用的结果。首先，虽然女童基本上与男童同龄入学，但却会由于青春期和开始承担家庭责任而较早辍学。这与日益增加的责任相关的机会成本关系密切。其次，据报道，家长通常不愿意花钱让女性接受教育，而当家长资助占据教育开支的大部分时，尤其在中等教育阶段，这便成为促进教育公平的一个关键性因素。

目前正在筹谋一系列确保教育公平的政策和战略干预，2003 年底可以进入实施阶段。类似的性别差异问题在教育服务行业亦很明显。小学和中学男性教职员工的比例分别为 63% 和 73%。在省、区级教育部门，男性约占员工总数的 80%。在大多情况下，女性从事的主要是较为低级的秘书和后勤人员的工作。其主要原因是女性较为缺乏从事更高级别工作和教学所必需的学术和专业资格，从而导致她们难以为农村和偏远地区年轻女性树立强有力的榜样。

虽然各个层级上男性人数都超过女性，但应该注意的是，城市地区性别平等的指数却超过 1.0。女性教师高度集中于城市地区，很大程度上反映了女性在偏远地区更为弱势。这也对现行的分配政策造成了极大的挑战。但无论如何，我们都需逐步确保中等和中等后教育机会均等的长期战略与短期发展合格女性教育人员的肯定性行动相结合。

（六）更广泛的政府社会经济发展规划和全民教育

长期的《全民教育规划》，是依据政府的《减贫战略规划》和 2001—2003 年《第二个社会经济发展规划》制定的。这方面广泛的政策推力主要是通过将系统性发展（如取消非正规支出）与一些针对贫困的干预措施结合起来，减少全民接受优质基础教育的成本壁垒。

长期的《全民教育规划》也整合了现行政府于 2001 年制定的中期《教育战略规划》和《教育部门支持项目》，该规划和项目的实施时间从 2001 年到 2006 年。这些战略和项目主要在考量年度影响调查和由政府、捐助者及非政府组织联合实施的年度《教育部门支持项目》的基础上每年调整，并通过部门参与的方法实施教育改革。

现行教育改革将被纳入长期《全民教育规划》当中，制定了合并教育、青年与体育部和其教育合作伙伴之间具体的安排和原则。

(七)教育改革过程中的重要里程碑(2000—2002 年)

1.设计与实施面向初等教育的《优先行动项目》,关注在 2000 年降低贫困人口的成本负担,提高内部效率。

2.在 2000 年中后期,制定初步的《教育政策与战略框架》,作为过渡性《减贫战略规划》的一部分。

3.教育、青年与体育部在 2000 年中后期召集政府、捐助者和非政府组织召开关于"部门参与方法国际经验"研讨会。

4.2000 年初,教育、青年与体育部、捐助者和政府组织顾问小组共同签署关于教育合作原则的正式协议,同时,重振捐助教育部门工作组。

5.联合审查和评价《教育战略规划》和《教育部门支持项目》,并于 2000 年中期推出联合《教育部门支持项目》评价报告、协同推进计划和高水平的教育圆桌会议。

6.在 2002 年初,设计和实施由重要的捐助者联盟主导的混合形态的教育部门支持项目和补偿性能力建设援助项目。

7.在 2002 年末,教育、青年与体育部和捐助者、非政府组织准备贫困影响、部门绩效、修订《教育部门支持项目》以及捐助者和非政府组织的报告,作为第一次《教育部门支持项目》绩效审查的一部分。

8.在 2002 年末,充分利用修订后的《教育部门支持项目(2002—2006 年)》的政策和战略指示,制定初步的《教育政策与战略框架》和《中期支出框架》。

9.建立官方的性别秘书处,在教育、青年与体育部内宣传性别平等问题,并建立多个政府支持的试验点,确保女童能够继续上学。

二、柬埔寨全民教育规划的背景

《全民教育规划》以柬埔寨政府全民教育承诺为支撑。政府不断重申的全民教育目标与原则的关键点包括:

2000 年全民教育评估,吸取了 1990 年在泰国宗迪恩召开的世界全民教育大会的经验,为制定中期《教育战略规划》《教育部门支持项目》和长期《全民教育规划》提供了宝贵的经验。

2000 年召开了亚洲太平洋地区全民教育评估大会。东亚、南亚、中亚和太平洋的许多国家均参加了 2000 年 1 月在曼谷举行的亚洲太平洋地区全民教育评估大会,回顾了国家、次区域和区域的进展及挑战,并形成了《亚洲太平洋地区行动框架》。

世界教育论坛:2000 年 4 月,在塞内加尔达喀尔召开的世界教育论坛上,通过回顾各地区的投入、委托研究、报告、圆桌会议和讨论,形成了《达喀尔行动框架》,即《全民教育:实现我们共同的承诺(2000 年)》。

用于全民教育的国际资源:达喀尔承诺和全球成本;在 2000 年进行十年回顾时,重点强调了国际社会在实现 1990 年目标上的失败之处,并强调国际社会不能再重复 20 世纪 90 年代的错误。

为了践行全民教育的承诺,王国政府于 2001 年 8 月 27 日制定了由首相洪森发布的二级法令。全国、省、区和公社全民教育委员会的工作,由全国全民教育委员会常设的秘书处负责统一协调,该秘书处由 1 名秘书长(其地位等同于局长)领导,以及 2 名副秘书长组成。二级法令列出了全国全民教育委员会的职责。

二级法令要求建立省、区和公社一级的全民教育委员会。随着管理权逐渐向省、区和公社一级转移,传统地通过学校群进行专业交换和数据收集,全民教育委员会获得了新的机会来保证完善的双向信息流动:从社区和学校到国家层面,从全球、区域和国家层面向社区、学校和其他学习中心流动。

作为 2001 年和 2002 年《教育部门支持项目》审查和《全民教育规划》实施过程的一部分,实施了旨在评估家长和教师对 2001 年《优先行动项目》了解程度的全面调查:降低家长的基础教育成本;对教学材料做预算;提高学校财政的透明度;提高教学质量;提升家长的参与度;对小学学生实施补偿课程。其结果和分析将作为 2002 年《教育部门支持项目》审查的一部分予以讨论。

初期的评估是振奋人心的。87％的教师和 72％的家长报告了学校全民教育改进的情况,尤其是较为明显的变化,如学校环境。受访者强调提高教具的使用率。相比于教师(41％),更多的家长(63％)报告了新建或修缮的建筑、水井、围墙和厕所。家长和教师认为补偿课程有助于改善学生的学习,且其中 82％的受访者报告了这些补偿课程已经帮助学生取得了进步。

三、教育立法

在实施《教育部门支持项目》和全民教育的背景下,部委的改革举措将通过适当的立法和监管予以支持和强化。柬埔寨宪法规定了公立学校实施免费的 9 年制教育。教育法的制定,将为实施这些规定提供明确的立法和监管框架,从而确保各级教育服务的实施及其质量。

教育法是根据宪法和国际文书来制定标准的,在这些国际文书中柬埔寨是缔约方。例如,《儿童权利公约》和以消除各类不平等(地理的、社会的、性别的、文化的)为主旨的《消除对女性一切形式歧视公约》。教育法也将作为指导框架,通过明确教育、青年与体育部各部门的权限、作用与职责来支持教育改革。

此外,也将不断加强政府的政策举措。例如,财政和学术权力的分立、家长和地方社区等所有相关利益者参与教育管理、提高教育体系的灵活性并加强问责等。

四、全民教育的初步进展(2000—2002 年)

《全民教育规划》是柬埔寨全民教育的又一重要里程碑,制订这一规划的过程又为进一步反思 2000 年全民教育评估和重新审查全民教育战略提供了契机。该规划过程也使得政府可以考量用于政策、系统改革、基础设施、资源和合作关系的各种规划和方案的内涵。

全民教育进展状况的中期审查（1995 年）和柬埔寨《全民教育国家评估报告（2000 年）》提出了在历史与发展的背景下柬埔寨实现宗迪恩六大目标的程度、状况和将要面临的挑战。《全民教育国家评估报告》也囊括了主要由教育、青年与体育部通过教育管理信息系统搜集的分类数据。

《全民教育国家评估报告（2000 年）》的主要调查结果可概述如下：

1.实现全民教育目标的进程较为缓慢，尤其是当幼儿保育与发展活动仅被限于正规学前教育之内以后。面向 3 岁以下儿童的项目不明确且不充足。

2.通常偏远地区在获得教育方面处于劣势。各项教育指标均比较低。学生的学习成绩较差，偏远地区女童的辍学率尤其高。

3.扫盲和非正式教育并未受到足够的重视。此外，现行项目的内容和覆盖面都非常有限。

4.技术与职业教育仅限于城市地区。可用的培训难以吸引青少年，并且所教技能难以适应市场需求。

5.基础教育的质量较差且入学率有限。身处偏远山区、贫困和少数民族的学生仍难以获得各种形式的教育机会和经验。

基于这一广泛的部门改革视角，在 1997—1999 年柬埔寨取得进展的重要特征可以概括如下：

1.确保优质基础教育入学机会均等。

(1)1998 年到 2001 年，小学入学人数从 210 万人增加到了 270 万人，农村女童、残疾人和少数民族学生入学率也相应提高。

(2)建设和装备了几千所小学教室，尤其是服务不足地区。

(3)通过对 6 万名中小学教师进行在职培训，提高了教师的质量和绩效，并且从1998 年到 2001 年，每年参加教师培训的人数都在 6 000～10 000 人。

(4)1997 年以来小学和初中教材数量激增，确保做到学生每门课程人手一本教材。

(5)通过非政府组织和教育、青年与体育部之间强有力的合作，大幅增加成人扫盲和非正式教育项目，尤其是面向弱势的农村群体。

2.面向贫困人口的教育资助政策。

(1)2001 年废除年初 1～6 年级家长缴费的做法，这促使在过去的 12 个月里小学入学人数从 235 万人增加到了 268 万人。

(2)废除年初 7～9 年级家长缴费的做法，这促使初中入学人数从 39 万人增加到了46 万人，相比提高了近 20%。

(3)从政府资金中引入小学和初中的学校运营预算，2002 年总额约为 350 亿瑞尔，用于抵偿父母缴费的部分并保证关键的教育供给。

(4)调集资金用于全国洪水多发和服务不足地区学校设施的修缮。2000—2005 年总额超过了 1 600 亿瑞尔（每年 300 亿～350 亿瑞尔）。

3.不断扩大初中教育机会。

(1)有选择地扩大初中教育机会,尤其是服务不足的农村地区,目标是到2005—2006学年,7~9年级入学人数达到842 000人。

(2)大幅增加优质初中教材,达到7~9年级学生每门课程人手一本教材。

(3)开发新的内含公民、环境、艾滋病和其他社会问题的初中生活技能课程,并于2002—2003学年引入学校。

(4)加强对9年级学生成绩的监测和考试体系,包括对1999—2001年的成绩和记录进行安全强化、数据管理和计算机化。

(5)加强用于下放教育权力的能力建设。

(6)在2000—2001学年,将中小学运营经费分散到183个地区预算管理中心,并将大量的技术与财政管理工作下放给1 000多名教育、青年与体育部的员工。

(7)2001年2月,进一步将教育培训机构的管理权下放给约60个预算管理中心,它们将管理约300名教育、青年与体育部管理人员的培训。

(8)2000年2月,对约6 000名中小学校的主管开展全国性管理培训。

(9)对中央和省级教育机关的教育规划和管理信息系统进行计算机化,这涉及在1998—2001年向50个办公室和职员提供新设备和在职培训。

(10)通过在1998—2002年开发学校的最低标准、新技能和基础教育的考试体系,加强关于基础教育质量保证和项目认证方面的能力建设。

五、实现全民教育和开发全民教育新项目的未来挑战

(一)重视部门间的合作

《全民教育规划》用于指导有进展且系统的行动框架,以实现国家对基础教育六个互补且相互关联的维度的承诺,这六个维度正是2000年达喀尔行动框架重申的内容,即幼儿保育与教育、初等教育、生活和工作技能、成人扫盲、性别平等和质量。

根据创建国家和地方全民教育委员会的二级法令,2002年《全民教育规划》经过磋商不断发展,以确保与《减贫战略规划》和《第二个社会经济发展规划》保持一致。在秘书处指导下,六个全民教育工作组同教育官员、社区领导、家长、教师和学生谈话以搜集他们对教育的认知与了解,并将这些内容体现于全民教育规划草案之中。其他磋商仍在部委、非政府组织、社区和捐助者之间展开。而且,在全国全民教育委员会完善和呈送内阁之前,全民教育规划将在全国全民教育研讨会上予以讨论。

通过访问教育管理信息系统的共同数据库、文档和规划设想,以及在2002年9月《教育部门支持项目》审查过程时进行广泛的磋商,确保全民教育和《教育部门支持项目》规划过程的一致性。基础教育之上的教育改革包括职业技术教育与培训、高中教育和高等教育。相反,为确保全民教育目标与子部门之间的协同作用,教育部门以外的重要合作与资源(如幼儿教育和成人扫盲)非常关键,体现在全国全民教育委员会和全民教育工作组广泛的构成和工作方式以及有关全民教育规划磋商的性质与范围上。

全民教育的核心原则是,教育体系的各个部分在本质上是相互依赖的,达喀尔目标的相互关联性正体现了这一点。任何一部分的短板都将影响整个体系达成目标的能力。例如,若不认真解决质量问题,或未能提供充足的非正式教育,则普及教育和学习成绩目标将难以实现。若父母接受了教育或参与了非正规教育项目,女童的受教育机会就会提高。幼儿教育项目提高了学前准备和教学的效率与效能。

《教育部门支持项目》目前致力于实现部分 2015 年全民教育目标,但尚未把所有必需的要素都置于适当的位置,来确保关于全民教育六个维度的全面行动处于可以实现全民教育目标的路径上。《教育部门支持项目》作为一个滚动计划,通过考量以下几个方面,不断分析其基本假设、目标和实施:

1.政府有责任向适龄学生提供 9 年制基础教育,在全民教育的框架下,这意味着所有儿童可以通过正规或非正规方式接受教育。

2.六个维度之间应是互补的,否则实现任何全民教育目标,包括正规体系目标在内的可能性都将会降低。

3.任何实现全民教育的规划,都需要以现实为基础,具有实施敏感性并以政策为导向。

滚动的审查与调整过程有助于确保中期和长期教育规划过程的整合。

通过使用同一来源的文件和教育关系信息系统,加强了《教育战略规划》和《教育部门支持项目》与全民教育政策、战略和目标的一致性。规划文件主要采用了柬埔寨 2000 年的全民教育评估,其高度强调了解决教育不平等(如女童和少数民族)、高留级率、辍学率问题的重要性,并保证要更为公平地配置有经验的教师。这些趋势和其他部门绩效指标在《〈教育部门支持项目〉审查:部门绩效报告(2002 年)》中已经详细阐述。这一报告被用作监测第一阶段全民教育规划的基准。

(二)确保《教育战略规划》《教育部门支持项目》和全民教育整体规划的质量

教育、青年与体育部认识到,必须密切关注政策主导的决策与提高学习成绩的一致性。《教育部门支持项目》如何结合诸如教师能力、专业的支持与监督、可用材料、班级规模和教学时间等质量因素。绝大多数学校都未达到每年预期的最低授课时间。对学生个人掌握基本学习能力和技能实施连续的教室监控、持续补偿、定期且独立审计教育质量和标准等这些尚未发展成为全国范围内实施的项目。通过学习成功且小范围的质量提升项目,可以加速研发良好的质量策略。

《全民教育规划战略》将基于预计提高的效率来提高全国小学的入学率,以期在中长期进一步解决质量问题。《教育部门支持项目》审查推动了以数据为基础的年度调整。与质量相关的选择包括:

1.缩减班级规模。

2.降低对于双班倒的依赖。

3.增加教学时间。

4.结合持续的补偿,对课堂内基本学习能力进行监测。

5.提供充足的经费,确保所有教师的专业发展。

6.鼓励发展爱生学习环境。

7.进一步积累柬埔寨有关学校集群发展的经验,以确保所有教师可以从定期的专业互动中受益。

8.对儿童学习成绩进行定期的教育审计和分析。全民教育的监测流程将采用2003—2004学年引入的新的最低测验标准,来关注评估学生的表现和学习效果。

全民教育的实施将利用来自《教育部门支持项目》实施过程所得经验,具体包括:

1.提高及时分配资源和项目管理的可预测性,尤其是关于中央和省级技术和财政规划与管理的能力建设。

2.巩固和扩展现行变革管理策略,包括利用实际情况和小范围操作研究的咨询和决策制定过程。

3.根据面向教师的新的有针对性的激励项目、可能试点的新的多班教学策略和新的面向偏远和少数民族地区不合格入职人员的职前培训项目等所积累的经验,采取措施确保将更具经验的合格教学人员公平地分配到偏远和弱势地区。

4.持续审查教学政策和策略的语言,包括采用持续的小范围举措来提高少数民族地区初等教育实施双语教育和双语文化的可能性。

《教育部门支持项目》年度审查过程将为广泛的咨询和战略谈判过程提供依据,并确保可以有效整合中长期的改革。

相关挑战和机会将会确保被选定的公社委员会可以在教育分权治理方面日益发挥重要作用,并将获得2003年新教育立法的支持。预期公社委员会将有助于凸显教育问题,宣传他们关于教育挑战和机会的观点。公社委员会很可能在解决教育质量问题和监督教育服务方面发挥更大的作用。

公社委员会在进行出生与死亡统计方面,可以确保所有儿童均被注册,并拥有名字和身份。他们也可以在追踪儿童方面发挥重要作用,确保没有遗漏儿童,所有儿童均接受免疫以及健康、成长与发展监测,以便于后续的将同年龄组儿童早期生活经验成效记录成册。公社委员会与公社全民教育委员会合作也可以在推动激励项目方面发挥重要作用,以便锁定地方公社内符合奖学金援助标准的贫困家庭。这些有助于推动幼儿保育与发展、幼儿保育与教育项目在社区层面的规划与实施以及政府研发扩大入学举措的策略。

以社区为基础的项目开发的程度,将影响全民教育实现幼儿保育与发展、面向失学儿童的非正式教育和成人教育相关目标的程度。这些目标处在正规学校教育体系之外,难以获得直属部委的经费支持,且需要更多的人力和财政资源。鼓励公社委员会在监测影响各种相互关联的基础教育项目(包括正规与非正规形式)的公平与质量方面发挥作用。

(三)开发新的全民教育项目

《全民教育规划》通过较为详细规划的非正式教育、成人扫盲、生活技能和谋生技能培训并结合儿童的早期保育与发展,在全民教育有关性别平等和质量的目标基础上,强调成人和辍学青少年的受教育权以及所有婴幼儿更好地开始生活和学习的权利,以此有效补充《教育战略规划》和《教育部门支持项目》。

《全民教育规划》将关注非正式教育的三大核心挑战:

第一个挑战是向濒临失学、超龄和新近辍学的儿童提供重新回归正规教育体系的机会。《教育部门支持项目》包含了重返策略,预计 2003 年将有 10 万名儿童会被纳入正规初等教育体系内,2004—2009 年余下的约 40 万名儿童将被纳入 4～6 年级之中。但是,重返正规教育体系必需的课程、教师发展和管理条件尚未到位。开发和扩大这些条件所需的时间和资源,建构正规和非正规教育部门间的合作基础,均需要予以考虑。在全民教育审查时应重新考虑重返策略及定位问题。

第二个挑战是向那些由于年龄或生活环境问题难以回归教育体系但拥有基础教育权利的失学青年提供其他的学习渠道,通过这一等同于学校资质的渠道可以帮助他们获得自身、劳动力市场和社会认可的能力。随着正规教育体系的发展,应在中长期逐渐减少这些渠道的数量,但为了全民教育和国家优先发展的实施,迫切需要同等的非正式教育项目。同等的非正式教育项目尚未开发,但将会按计划分阶段推进。目前项目预计覆盖的人数正在拟定,并将纳入《教育部门支持项目》的审查之中。

第三个挑战是向困难家庭、濒临失学青少年、退伍军人及其家庭、孤立的社区,提供创造和维持自身及其家庭环境所需的知识、生活技能和谋生技能。目前柬埔寨成人文盲比例仍非常高,农村贫困社区和妇女的状况尤为严重。而这些人在工作、创造财富、参与致力于降低生育率、改善健康和儿童保育、增加收入、民主参与等社会发展项目中的能力是扶贫策略的核心。

《全民教育规划》也将集中关注详细的幼儿保育与发展政策、战略与规划,并将吸纳除学前教育以外广受关注的社会发展问题。全民教育工作组承认,对于大多数柬埔寨儿童来说,学前教育形式的幼儿保育与教育"太少、太晚"。许多儿童在婴幼儿期即夭折,且其中超过 50% 的儿童在 2 岁之前就已经严重营养不良并发育受限。许多儿童在 6 岁时身体和认知发育滞后,这在儿童延迟入学和 1 年级较高的留级率上可见一斑。此外,产前、临产和幼儿保育长期不佳的状况,也对青少年和成年人的精神和身体健康产生了不利的影响。

作为共享的部际责任,教育、青年与体育部在幼儿保育与发展中的作用将包括提供各种形式的学前教育,对社区项目的心理组成部分予以技术投入,以提高日常生活中父母的养育水平并结合健康、营养和全面发展活动。2000 年 6 月出台的《全国幼儿保育与教育政策》,明确提出政府向弱势地区未获得教育的 3 岁至 5 岁年龄段儿童提供支持。随后又出台了《总体规划(2002—2005 年)(草案)》,概述了关键的规划挑战。

中短期内,部际幼儿保育与发展机制可以采取一些重要的行动。扩大"计算人数"的范围,将刚出生到 5 岁年龄段的所有儿童纳入早期教育的范围之内,并将全面发展、健康、营养和早期教育纳入幼儿保育与教育、幼儿保育与发展框架中非常重要。教育、青年与体育部可以协助相关部委（如卫生部）联合开发、试验、推广家长使用和保留的儿童健康、成长和全面发展的综合记录。目前还缺少心理发展这一部分。

《全民教育规划》将建议在短期内扩大与社区幼儿保育和发展项目之间的联系，以便儿童所在社区也可以明显地观察到儿童的发展状况。广泛使用家长保留的综合的健康、成长、发展记录，可以促进上述项目的发展并帮助家长认可多方良好照顾的协同效应。

在幼儿保育与发展项目中，一个广泛的政策目标将是通过扩招，到2015年将5岁儿童的净入学率提高至75%，并开发策略以确保幼儿保育与发展项目逐渐成为社区、非政府组织、私营部门和部门间共享的责任。与综合的幼儿保育与发展项目相关的家长教育，是全民教育和面向贫困人口的国家发展目标的关键部分。随着幼儿保育与发展项目范围和覆盖面的扩展，发展社区能力，提高非公共份额在成本和管理中所占比例，逐渐将改善基础教育入学、公平和质量问题的各种方法的影响记录成册。

《全民教育规划》将引入创新和可持续的方法，其中包括新的公、私立部门成本分担机制，以确保提高贫困社区儿童的入学率。基本的财政原则是教育、青年与体育部将关注质量保障和有针对性地援助贫困家庭。

通过解决所有的全民教育，包括非正式教育和幼儿保育与发展中的性别与质量等交叉问题，《全民教育规划》可以弥补《教育部门支持项目》，并推动不断关注全民教育目标的内在相关性。

六、其他全民教育政策与战略方案

(一)全民教育政策与战略方案

全民教育基本的财政性假设是：《教育战略规划》和《教育部门支持项目》可以为2006—2015年加速实现全民教育目标奠定基础。虽然随着改革的推进与发展可能会挑战战略、项目以及财政，但在2006—2020年上述方针将保持不变。

为了考察提议的改革、项目和目标的现实性和可持续性，相关部门开发了实施方案。尤其是，在保守地预测2006—2020年内GDP增长情况以及教育经常性支出和资本支出占GDP比例提高的情况下，方案分析将关注不同方案所需的资源状况。以上财政假设主要出自政府《中期支出框架(2003—2005年)》。

(二)全民教育政策、战略和财政假设

在《教育战略规划》和《教育部门支持项目》中，有助于实现全民教育长期目标的主要中期政策目标如下：

1.通过加强政府对基础教育和教师培训的支持，扩大社区、家长和私营部门对学前教育和基础后教育财政与管理的参与，确保基础教育和基础后教育入学机会均等；政府对学前教育和基础后教育的支出将锁定贫困家庭的学生，以确保受教育机会均等。

2.通过持续增加对教学材料、基础教育供给、教师发展、质量监测和治理改革的非工资运营支出,提高质量和效率;效率措施将关注更为有效地分配教学和非教学员工并提高内部效率。

3.通过扩大所有教育机构的办学自主权,增加省、地区在规划和管理教育上的权力,强化监测和审计体系,加强下放权力的能力建设。

在制定《全民教育规划(2006—2015年)》的过程中,将继续贯彻这些基本的政策原则。尤其是2006年以后,社区、家长和私营部门对除基础教育和教师培训以外的所有教育领域的参与度明显提升。

(三)主要的财政政策方案

在这一背景下,以下财政方案主要基于政府在财政和政策实施上发挥作用的不同假设。本方案的基本假设可概述为:

政府的作用主要是确保全体学生接受基础教育,以便所有贫困家庭儿童可以以最有效的方式接受9年优质教育。这也是《减贫战略规划》制定的以及2002年咨询小组会议上教育、青年与体育部所做的关于教育和扶贫陈述中最佳的扶贫方案。政府在学前教育和非正式教育中的作用,是在将绝大多数成本转移到家长和私营机构的同时,确保贫困人口享有公平的参与机会。因此,预计教师的职前、在职发展以及质量保证、监管都将是政府的职责。

《全民教育规划》的关键政策方向是扩大家长、社区和私营机构参与1~9年级基础教育之前和之后教育的筹资。在中短期之内,实施这些财政政策将需要时间。

预计2001—2020年入学增长情况,包括2015年全民教育的参与情况在内,都是提议的财政方案需要考量的重要因素。据推测,到2010年中小学升学率将继续提高,同期各级教育的辍学率将逐渐下降。良好势头保持至2010年,中小学升学率将达到100%。为了将辍学学生重新纳入正规和非正规教育之中,预计2002—2006年每年将约有10万个同等项目得以展开,并会随着辍学率的降低而逐渐降至最低水平。

对于学前教育(现在转变为幼儿保育与教育)来说,预计建立新的以社区为基础并由社区资助的托儿所,确保6岁以下所有儿童入学,将是工作的重中之重。

预计的目标是到2015年幼儿保育与发展项目可以覆盖约75%的5岁儿童,并到2020年趋于稳定。这与政府改革项目中现行的幼儿教育政策是一致的,且相关政策提出教育、青年与体育部的职责将是推动者而不是主要的服务提供者。在2006—2020年,初等教育的教师和教室供给过剩以及中等教育潜在的供给不足将会是实现该目标的一大隐患。但是,扩大入学人数和提高教育质量仍是可行的,具体包括:

1.到2010年,在增加教学时数的同时,消除小学和初中双班倒的教学和教室。

2.自2004—2005学年起,通过重新培训和分配小学和初中教师,确保1~9年级教师的有效供给和分配。

3. 直到 2005 年,在服务不足和建制不全学校选择性地提供额外小学,同时在小型学校内扩大多班级教学。

(四)评估为实施全民教育提供资源的可行性

上述方案的一个着眼点是确保实施所需资源在政府宏观经济前景下是可行的。

七、实现全民教育:具体的运营策略和性别回应策略

(一)范围和策略构想

注重性别问题的一个重要进展是 2002 年教育、青年与体育部采用的为期 5 年的《性别主流化战略——2002—2006 年:从承诺到行动》。该战略强调以下三个方面:

1. 女童平等接受教育。

2. 提高教育管理和提供服务上的性别平等。

3. 提高在教育规划和决策制定上的性别技术能力。

具体的干预将关注向女童提供激励和奖学金,以确保其顺利过渡到中等和中等后教育,并取得发展。

教育、青年与体育部建立了性别秘书处,用于支持性别工作小组的活动并将性别问题置于教育、青年与体育部各项工作的重要层面。该秘书处将提交年度报告,反映《全民教育规划》实施过程中女性平等入学方面的受益情况。

性别工作小组的工作计划已逐步成型:开发面向女童实现 6～7 年级过渡的奖学金试点项目,该项目由两个地方非政府组织联合评估并由省教育办公室负责实施;国家和省级层面已经实施了涉及教育、青年与体育部官员的性别培训活动;建立协调人员网络,用于促进和监测性别问题;正在协商中的短期活动规划。

(二)目的和目标

到 2005 年消除初等和中等教育上的性别差异,到 2015 年实现教育上的性别平等,着力确保女童完全、平等地接受和完成优质基础教育。

(三)挑战与问题

除非各级教育和教育体系各子部门全面解决性别问题,否则所有的全民教育目标均难以实现。在柬埔寨,性别问题与其他相关交叉目标问题协同解决是非常重要的。性别秘书处迫切需要与全民教育秘书处、各级教育体系的全民教育行动、以社区为核心的有关非正式教育和成人教育的活动建立正式和非正式的关系。

除了将所有两性平权教育项目的影响与效果记录成册以外,还需要从这些来之不易的经验中学习,记录什么最有成效,成本有多高,以及在性别差异严重地区实施的强有力的项目。要做到这些是很困难的,因为这些地区需要在教师培训的准入条件上做出让步,需要对入学女童给予奖学金和津贴等专门的激励,且每所学校和学习中心都需要提供促进两性平等的设施、项目和互动模式。

(四)运营策略

1.交叉方法:性别平等目标主要通过先前提到的交叉方法来实现。虽然会实施促进正规和非正规教育体系性别平等的不同项目,但这些项目同时也将会在一些方面存在交叉。

例如,在偏远地区的小学教室内,女性学生的缺失很大程度上是由于中等教育高昂的成本所致,而这一因素以及社会文化因素将导致城市和半城市中心小学高年级女童出现较高的辍学率。直接补助高昂教育成本的奖学金项目,通过基础设施投资扩大偏远地区可用中等教育的覆盖面,为偏远地区女童进入教师培训机构设置弹性入学条件以提高这些地区女性接受教育的比例等,以上均是实现性别平等目标的交叉方法的典型体现。

2.为了促进教育体系内的性别平等,教育、青年与体育部的性别工作小组、相关部门,将与全国全民教育委员会合作实施以下策略:

(1)基于贫困指数建立激励项目,用于防止女童辍学。

(2)加强机构能力建设,以促进教育体系内管理层面上有更多女性的声音。

(3)审查年度部门规划,以确保整合相关性别的问题。

(4)所有数据按性别予以分解。

(5)支持在政府相关利益者和社区内进行后续的性别意识培训。

八、具体的运营策略和幼儿保育与发展

(一)范围与策略构想

柬埔寨全国儿童理事会下属的幼儿发展分委会,通过跨部门指导来确定幼儿保育与发展的战略和项目范围。

幼儿保育与发展战略规划也将以政府 2001 年制定的《幼儿保育教育总体规划》为指导。

(二)幼儿保育与发展项目的目的与目标

与《达喀尔行动框架》一致,柬埔寨政府制定的幼儿保育与发展举措最重要的目标可概述为以下几点:

1.全面扩大和改善幼儿保育与教育,尤其是最为脆弱和处境不利的儿童。

2.全面提高教育质量并确保教育的卓越,这样所有人均可以达到公认的、可测量的学习效果,尤其是在识字、算术和基本生活技能方面。

作为这些重要目标的补充目标主要有:

1.改善所有柬埔寨儿童生存、生长和发展的状况。

2.促进所有柬埔寨儿童从出生到进入学校均参与综合且具包容性的以社区为基础的优质的健康、营养、发展和幼儿教育项目。

3.帮助所有柬埔寨儿童为 6 岁入学做好准备。

(三)指导原则

这些幼儿保育与发展和幼儿保育教育的战略和项目将由以下关键政策与策略原则予以指导。

1. 低成本：有效的高品质项目未必依赖昂贵的玩具、材料或设备，而是最大限度地使用可用的与日常生活密切相关的物品进行互动。

2. 包容性：全纳教育可在以社区为基础的幼儿小组中展开。所有项目的运作均要遵循容纳所有儿童，一个也不能少的原则。

3. 准确度：婴幼儿期是大脑通路、神经内分泌和神经免疫系统发展的关键期，也是感知觉和语言发展的敏感期。

4. 效率：以社区为基础的项目需要最大限度地为儿童与儿童、成人与儿童的互动提供机会，因此，小组规模、照顾人员与儿童的比率应尽可能小，以便尽可能减少相关专门设施和监督安排。

5. 公平：通过有限的资源来确保所有儿童在进入学校时已经做好了入学准备，这意味着必须将资源直接用于那些难以支付教育服务的儿童和家庭，其中绝大多数可能从一些学校准备项目中受益。

6. 整合：部门和部委的界限，不得妨碍良好的以社区为基础的规划、管理和监测。整合的、定期的儿童监测，有助于跨越传统的整合服务和项目所面临的学科和行政壁垒。

(四)问题与挑战

现行的文件并未对柬埔寨关于幼儿保育与发展的需求情况做出详尽的形势分析，但却充分表明越来越多的女童完成了更高层次的教育，并在社区内找到了有意义的工作，其中一些人对以专业或准专业身份开展儿童工作更感兴趣，其经济贡献很可能越来越重要。推广幼儿保育与发展项目，对于国家优先投资以及为毕业生提供重要的就业机会非常重要。因此，柬埔寨致力于为实施优质的幼儿保育与发展项目做好准备十分关键，这也可以扩大职业妇女的就业选择。

传统上，柬埔寨主要通过正规学前教育提供幼儿保育与发展，这在范围上是非常有限的，且更偏向于城市地区较为富裕的人群。对于负担得起的有限数量的家庭来说，幼儿项目的"私营化"是最好的长期举措。在今后一段时间，面向贫困家庭儿童的高品质且社区支持整合的幼儿保育与教育，需获得公共经费的资助。

教育、青年与体育部的政策并未预料到全国6年制小学会向下扩展并将面向5岁儿童的学前教育纳入其中这一状况。教育、青年与体育部现行的政策，面向6岁儿童的教育更多是以家庭和社区为基础，并与公共经费支持的面向最贫困社区的扶贫性幼儿保育与发展项目相结合。

幼儿保育与发展规划将逐渐发展成为社区、非政府组织、捐助者、私营部门和部委间的共同责任。此外，新的以社区为基础的策略、新的经费形式和不断提高的社区能力,将逐渐扩展到面向幼儿的项目和服务之中。幼儿保育与发展规划假定,在面向3岁至5岁年龄段儿童的运营方案中非公共份额将会提高。

相对于较为富裕的城市地区现行的学前班经费模式,用于幼儿保育与发展项目的公共资金将逐渐转向扩大贫困家庭儿童接受优质项目的机会。随着用于现行较为富裕社区学前教育项目的公共资金逐渐停止,且这些项目的成本将逐渐由具有支付能力的家庭来承担,教育、青年与体育部经常性的预算补偿也将相应增加。

学前教育的一个主要挑战将是利用《教育部门支持项目》的经费"窗口",发展、试点、评价和扩展低成本的以家庭和社区为基础的幼儿保育与发展项目,这些项目比幼儿保育与教育项目更为全面且更具跨学科性,并且面向的是贫困家庭儿童。但由于一些社区缺乏良好的模式、基础设施和有经验的提供者,这将使学前教育的发展充满挑战。

为了应对以社区为基础的幼儿保育的挑战,相关社区将需要提供战略性援助,以便建立、运营、管理、维持和记录低成本、以家庭为核心、全纳的和以社区为基础的幼儿保育与发展项目。由于这些项目将整合面向所有儿童的健康、营养与教育项目,所以需要参与式的社区规划、便利化、技术协助和部委的高度合作与整合。全国儿童协调委员会下属的幼儿保育与发展分委会,将在实现上述目标上发挥重要作用。

(五)运营策略

大量的战略指示均出自对幼儿保育与教育形势的分析。其中较为重要的战略是将这一领域从狭窄的学前教育体系目标定位扩展到包括所有儿童(从怀孕到婴幼儿和早期教育阶段)。为了在该方向上推动幼儿保育与教育的发展,则需要制定相关的政策和运营框架,来指导分别以社区、家庭、设施为基础的整合健康、营养、教育的项目的发展。因此,需要精心规划面向幼儿保育与教育工作人员和志愿者的能力建设和幼儿保育职业机会。

详细的幼儿保育与发展以及幼儿保育与教育规划,在2003年以后将作为全民教育规划的一部分来进行设计。预计幼儿保育与发展以及幼儿保育与教育规划将采用三管齐下的策略,这将涉及现行的学前教育网络以及将要引入的以家庭和社区为基础的方法。而这些方法在当前学前教育项目所积累经验的基础上,将通过试点中由非政府组织运作的用于扩大活动小组方法的项目,来促使幼儿保育与发展相关员工、家长和社区工作人员自愿且更多地参与规划和实施。作为政府下放权力战略的一部分,幼儿教育部将发挥推动作用但并不直接实施这些项目。预计教育、青年与体育部将集中在课程和材料开发、员工发展及质量保证上发挥作用。预计幼儿保育与发展项目将于2003年年底进行设计。

幼儿保育与发展项目覆盖了所有6岁以下儿童,并预计该项目草案将于2003年起草。该草案将涵盖必需的健康教育、营养教育和相关的健康项目,并在上述原则指导下,明确各级政府部委、非政府组织、社区团体在管理和资助幼儿保育与发展项目中的潜在作用。

幼儿保育与发展规划也将明确部分层级能力建设的需要。

中央能力建设将包括：

1. 设计和开发用于社区项目的课程和材料。

2. 培训可以协助社区开展和实施面向家庭和儿童的低成本项目的社区协调者。

省级和公社能力建设包括：

1. 培训学前教育教师、社区志愿者和儿童早期综合发展项目协调者。

2. 培训和支持社区协助者。

3. 选择、职前培训、持续支持和在职培训社区儿童保育员，负责管理社区的日常协调与护理。

由于国家、社区和家庭资源有限，所以鼓励以社区支持的低成本规划非常关键，可最大限度地利用那些喜欢通过以游戏和非正式教育为核心的日常活动来照顾和激励儿童的人员的时间和支持。随着越来越多的年轻人在完成更高水平的学校教育后仍愿意留在社区有所贡献，更多的人才考虑将幼儿保育作为职业。对培训年轻人协助实施社区项目进行投资，也是投资于培养未来更有自信的家长。

预计幼儿保育与发展项目的重点将包括以下几个方面：

1. 开发整体的儿童健康、成长和发展记录。

2. 通过儿童监测，重视质量和问责。

3. 监测柬埔寨儿童的状况。

4. 建立以社区为基础的儿童追踪体系。

5. 明确幼儿保育与发展专业人员的新职责。

6. 保持年幼的少数民族儿童的文化认同。

7. 鼓励开发、记录和资助以社区为基础的项目。

8. 从早期全纳教育发展到全纳的、以社区为基础的幼儿保育与发展。

全民教育中长期规划中用于幼儿保育与发展的优先行动，主要由学校入学者早期发展需要实现什么，社区项目中3岁至5岁年龄段儿童和从胎儿到早期教育阶段儿童的存活、健康、成长和全面发展状况的变化来确定。

用于幼儿保育与发展的《全民教育规划》将考虑到操作性研究和宣传策略。政府承认，需要基于一系列有计划的调查和研究，来审查柬埔寨儿童每年的存活、成长和全面发展的变化状况。幼儿保育与发展将考虑来自全面实施儿童综合监控社区所积累的信息。启动和支持群体追踪研究，以确保将加强妇女儿童护理的长期效益记录在案。

在这一背景下，《全民教育规划》将应对挑战，更好地理解幼儿保育与后来的学习和健康之间的联系，检查改善婴幼儿健康、营养和教育的成本和效益，对此则需要全面解决政策和运作框架，并且在该框架内分别以社区、家庭和设施为基础的整合健康、营养和教育的项目可以获得开发和支持。

《全民教育规划》中包括扩大以社区为基础且由社区运作的项目，以确保6岁以下儿童的全面参与，这也是柬埔寨《全民教育规划》的重要组成部分。作为公共资助的面向最为需要儿童保育的家庭和最需要提供"入学准备"儿童的项目,非政府组织和捐助合作伙伴将在开发推动普及学前教育且不需要依赖于教育、青年与体育部有限预算资源的新方法上发挥重要作用。

在中长期规划中,教育、青年与体育部将继续在各级培训、降低标准、课程及可持续且低成本的材料开发和质量监测体系中发挥重要作用。幼儿保育与教育相较于对开发教材或规范性指南的需要,更加需要的是鼓励每个社区利用自身的资源和婴幼儿的学习热情。基于新的方法来组织、管理和资助在短期内已发展为被开发、监控和完善的且以社区为基础的项目,这种由正规向非正规转移的策略需要在中期内落实。

九、实现全民教育:具体运营策略和正规基础教育

(一)范围和策略构想

确保基础教育入学机会均等的战略重点将是通过大幅提高以绩效为基础的教师薪酬,继续降低家长的直接和间接花费。该策略有助于取消家长非正式支付给教师的费用。而且相关策略将大幅提高学校运营预算以抵偿对于家长的费用要求,加强对省级和学校一级的管理。

作为提高质量措施的一部分,这些策略将有助于保证学生和教师的出勤率,提高晋升率和可用的基础教育教学用品利用率。其相关策略将是提高师资分配和使用教育设施的效率,以便充分利用资源的措施。

另一个策略重点是引入面向贫困家庭儿童的补助和激励项目,确保初中等学校和学校后培训的入学率。这些项目将依据贫困指数和学生成绩,将基层社区参与学生选择和管理纳入其中。

用于提高基础教育质量和效率的战略重点是确保工资和非工资经常性支出的有效平衡。《教育战略规划》预计,绝大多数质量和效率项目将在项目分配上予以规划和体现。

进一步的策略重点将是提高措施建设能力,为下放教育管理权力服务。基础策略将是加强政府规划和管理体系的能力。提议在项目规划、有选择性的设备与培训项目、更好的信息管理方面对省、地区的学校和机构赋予更大的责任,并完善中央和省级监测体系。用于加强质量保障和体系绩效监测的立法项目和新法规推动这些措施的实施。

最后一个策略重点将关注支持政策改革的资本预算支出。首要的策略重点是修复已有的教育设施并有针对性地扩大中小学校。其相关策略是在教师培训质量提升和能力建设项目方面提供有选择性的资本投资。

总体的财政策略是有效融合各种融资形式,以确保实施全方位的政策目标。《教育战略规划》预计,政府和捐助者需要将预算支持、资本投资和能力建设项目进行有机结合。而作为该策略的一部分,其重要的短期目标将是在教育、青年与体育部的年度预算内吸引各种形式的捐助者和非政府组织支持教育(如项目活动、技术支持等),以便更为清晰地界定实际经常性预算的构成。

部委的方法是在考虑政府、捐助者和非政府组织联合对教育部门实施的年度绩效

审查后,实施政策、项目改革和调整相结合的滚动项目。该审查过程将评估相关项目策略的影响和成本效益。

(二)目的和目标

在全民教育框架内,有关正规基础教育的总体全民教育目标可概述如下:

1.确保到 2015 年,所有儿童,尤其是女童、处境不利的儿童和少数民族儿童,均有机会进入学校并完成免费、义务的优质初等教育。

2.到 2005 年消除中小学内的性别差异,到 2015 年实现性别平等,重视并确保女童完全平等地接受并完成优质基础教育。

3.提高各级教育质量,以便使所有人都取得公认的、可测量的学习效果,尤其是在识字、算术和基本生活技能方面。

与总体目标相关的补充目标可概述如下:

1.6 岁儿童的入学率。

2.到 2010 年普及初中教育或同等教育。

3.提高学校教育的效率。

4.保证持续的基础教育公共财政。

5.普及可测量的学习效果,尤其是功能性的识字、算术和生活技能。

(三)问题与挑战

将普及九年制免费、优质基础教育作为柬埔寨重中之重的目标,这远比全民教育目标更为宏大。

为实现这一目标,应解决一些相关的挑战性问题。当所有 6 岁儿童入学时,要求其足够成熟以便于管理。此外,还需要适合年龄的方法和材料以确保可以入学,并在不留级的情况下顺利升入下一年级,且直到小学毕业一直保持这一状态。

另一个挑战是所有儿童继续和完成初中教育。一些刺激初中入学率和毕业率的具体策略已落实到位。

目前越来越多的儿童开始接受初等以上的教育,这一趋势在推动入学"膨胀"的同时还将继续面临资源严重短缺的问题。尽管近来取得了一些成绩,但 15 岁儿童中初中毕业生所占比例仍非常低。

《教育部门支持项目》规划推广的小学内的多班教学,主要是面向在只有 3 年级以下班级或者相对来说小学高年级学生人数较少的学校,在之后 5 年左右的时间内需要按阶段逐步推广,以确保教师供给和必要的在职培训、材料和支持落实到位。

多班级学校是非常适合小型社区发展的长期策略,据了解,许多国家的多班级学校均拥有悠久的传统和先进的文化。

关于班级规模的政策决策需要可接受的学习成绩水平。应结合质量因素,如教师能力、专业支持和监督、质量、可用的教学材料、班级规模、教学时间等对《教育部门支持项目》进行年度审查。

预计效率的提高以及中短期内小学和初中学生人数非正常减少,将共同导致在很长一段时间内全国小学入学率的降低,直到预计人口增长推动入学率超过当前水平。这一中短期的"空窗"为确保在以数据为基础的年度审查过程中全面解决质量问题提供了独特且及时的机会。

解决学校教育质量问题是柬埔寨基础教育需要面临的基本且持续的挑战。接受与生活相关、高质量的基础教育仍是所有柬埔寨儿童的目标。接受公共资金的正规学校教育则担负着实现这一目标的使命。可以预见,在接下来的几年内儿童和家庭将关注教育的质量,而不是预算、借款、行政网络或效率。这些将会在年度审查中有所体现。

需要系统解决的质量问题包括:

1.在 2010 年之前,缩减班级规模,尤其是低年级班级规模,使其低至目前规划水平,同时确保可用的预算补偿用于私立学校可能提高的入学率(目前不到 1%)以及进一步提升效率。

2.减少双班倒模式,确保每个儿童每年接受的最低上课时数为 875 小时(即所有学校每年至少要开课 35 周,儿童每天至少接受 5 小时的授课,且每周 5 天)。

3.使学校在设施、教学方法、环境、学校规划和质量方面更为关注儿童和两性平等问题。

4.在职教育中注重发挥集群的作用。

5.持续监测与正在进行的补偿课程相关的基本学习能力。

6.加强职前教育,鼓励指导教师在教学中采用合适的方法将其学员作为教师来培养。

7.对体系内的关键点进行常规教育审计(标准审核)。

8.加强督导,为校本视察提供充足的资金,以确保所有教师包括那些在恶劣和孤立环境下工作的教师的专业发展。

9.进一步积累柬埔寨在集群方面的经验,以确保所有教师在定期的专业交流与互动中受益。

10.保持和尽可能扩大目前学校的早餐计划。该计划目前由世界粮食计划署支持,由教育、青年与体育部和非政府组织合作伙伴进行监督与技术支持。

11.持续分析各级教育管理信息系统和预算数据,以确保在下放权力政策下公平配置、及时分配资金和提高地方在做出调整方面的弹性。

(四)运营策略:提高入学率和效率

面向基础教育的家长成本缩减和监管策略以及基础后教育的成本分担:

1.开发各级教育内部效率提升策略,重点关注 1～6 年级。

2.有针对性地发展教育设施,注重保持目前服务不足地区 1～6 年级和 7～9 年级学生的毕业率。

在家长成本缩减和监管方面,首要策略和目标如下:

1.通过废除学年初的收费和接受政府的学校运营预算,降低家长对基础教育的平均出资水平。

2.建章立制,用于公开透明地收取和记录对教育与培训成本的出资以及减免和其他措施,确保所有学生不会因为难以负担学费而失学。

3.结合新的4～6年级辍学学生重返学校项目,向4～9年级贫困儿童提供贫困补助金和奖学金。

4.随着9年级和12年级学生考试的逐渐推广,向所有到教育培训机构接受培训的学生提供补助金、奖学金。

在内部效率提升方面,首要策略和目标如下:

1.更多使用当地材料以及提高现有校外基础设施的利用率,以便提高入学率和对新生的容纳能力。

2.通过综合运用1～6年级学生补偿教学、面向优秀学生的强化措施、教师出勤和较为弹性的校历,提高1～6年级学生的晋升率和6～7年级学生的升学率。

3.通过给贫困学生提供补助金、奖学金和一系列有针对性的激励策略(如通过与非政府组织和其他相关利益者合作而实施的学校供餐计划和学校卫生保健)补偿,降低1～9年级学生的辍学率。

4.通过在全国范围内引入学前班和扩大重返学校项目,加强对1年级学生入学的管理,并为4～6年级辍学学生提供重返学校的机会。

在扩大公立、私立机构合作方面,首要策略和目标如下:

1.在各级教育部门和包括幼儿保育与教育及非正式教育在内的项目中,为公立、私立机构合作准备交叉政策和战略规划。

2.通过明确界定的立法、管理和质量保障安排,推动提高各级教育内私立部分所占比重。

3.通过新的公立、私立机构内的认证和学分转换,促进基础教育公立、私立机构间学生的转学和晋升。

在有针对性的教育设施发展方面,首要的策略和目标如下:

1.提供新的额外的教室,在学校1～6年级建制不全的村和公社提供有选择性的多班教学。

2.为没有7～9年级学校设施的公社,提供额外的教室和实用的多功能房间。

3.向目前或预计以后会人满为患的学校提供面向1～6年级和7～9年级学生的额外的教室。

(五)运营策略:提高质量和相关度

改革包括以下六个确保提高质量和效率的主要策略:

1.提高教育效率和生产力。

2.下放学校、机构运营规划与管理权力。

3.持续提供教材。

4.下放教师发展规划与管理权力。

5. 提高课程相关度(如生活技能)。

6. 支持革新教育实践(如爱生学校)。

因此,提高质量需要考虑更为广泛的教育人员的分配策略和项目。这些项目也基于以下假设:提高标准并根据该标准监测和传播信息,以提高问责并强化家长对于有效且相关教育的需求。最后,这一策略强调,在质量被界定为"教育效率"之外,还应支持将课程改革实践和在学校内关爱学生作为所有质量举措的关键部分。

在提高教育效率和生产力方面,首要的策略和目标是:

1. 继续同全国行政改革项目协商,确保教育系统员工的要求得到满足,并使员工的薪酬政策和规划与政府改革相一致。

2. 通过修订政府认可的基于生师比的员工规划标准、学校相关人力资源指南,强化规范执行机制,提高中小学规范和分配教学与非教学人员的效率。

3. 通过向任课教师提供津贴和其他激励措施,重新调配非教学人员进入教学岗位。

4. 根据修订的人力资源指南,从师资过剩学校向师资短缺学校重新调配大量教学和非教学人员。

5. 通过提高基本的公务员薪资和其他额外的收益、津贴,提高所有教育管理人员、教师培训人员和教学人员的薪酬。

6. 为教育管理和教学人员中的核心人员,尤其是提高了效率和生产力的人员,提供以绩效为基础的有针对性的激励。

7. 提高评价和规范员工绩效与工作量的最低标准,开发获得行政改革委员会认可的、用于执行的激励和惩罚机制。

8. 为教育管理人员和教学人员良好的职业发展道路制定策略框架,并以此作为员工需求规划、培训和薪酬改革的基础。

在下放学校、机构运营规划和管理权力方面,首要的策略和目标是:

1. 通过地区负责管理的优先行动项目的预算拨款,提高学校绩效,加强学校和家长委员会对贫困地区学前教育、初等和中等学校运营预算的管理。

2. 通过结合优先行动项目机制与年度发展规划,提高机构绩效和机构负责管理的用于教师培训机构的运营预算。

3. 通过地区预算管理中心与学校集群网络的合作,赋予优先行动项目和其他项目更大的责任,以加强区级技术和经费运营规划和管理。

4. 通过制定标准和提高用于监测的运营预算,改进省级和中央一级学校、机构绩效监测。

在持续提供教材方面,首要的策略和目标是:

1. 通过实施负担得起且与社会、公民和经济发展有关的中小学课程审查,确保政府持续提供教材经费。

2. 通过提供充足的年度政府预算,确保1～9年级学生平等地获得核心教材和选定的补充材料。

3.通过认可的优先行动项目和目标,提供充足的用于基础教育机构和教师培训机构的教材。

4.经由优先行动项目机制通过每年向学校下放关于提供教材的规划和管理权力。

5.在有效的立法、规范和管理之下建立作为公立企业的出版发行社,提高出版和发行核心教材的效率。

6.通过年度教材定位计划和强化的监测体系,确保提高教材质量。

在下放教师发展规划与管理权力方面,首要的策略和目标是:

1.通过新的教育、青年与体育部下属的技术委员会,包括人事、财政、规划和教师培训部以及相关直属部委,在综合考虑扩大入学人数和修订员工分配指南后,调整师资供需规划体系。

2.根据教育、青年与体育部的指南,赋予教师培训机构和省级、区级相关机构更大的规划新教师培训的权力。

3.通过学校和教师培训课程的改革与发展(例如,多学科、多班级、少数民族教学、生活技能)以及认证的员工发展,提高基础教育职前教师培训项目的质量和相关度。

4.通过积极从偏远和少数民族地区招收教师,给予专门的激励以及在入学条件和学习时限上做出弹性规定,来保证该地区教师的充足供应。

5.通过扩大运营自主权来实施教育、青年与体育部指南认可的项目,尤其是那些使用学校集群网络的项目,推动教师培训机构更好地响应在职教师的培训需求。

在提高课程相关度方面,首要的策略和目标是:

1.开发和修订现行1～9年级学生学习项目中整合生活技能的课程,其中包括农业、儿童保育、家庭预算、公民、环境、健康和营养。开发这些课程的目的是通过学习对家庭和儿童未来生活有用的内容,激励儿童在校读书。

2.继续支持新的生活技能举措,如病虫害综合治理,通过课外活动向儿童提供由亲身实践来学习环境的机会。

3.培训在职和职前教师,以便教授相关度更高的新课程。

4.使用优先行动项目机制,提供新课程可能需要的任何材料。

在支持教育革新方面,首要的策略和目标包括:

(1)持续的支持可以激发具有批判性和创造性的思维。

(2)能够改善社会心理学习环境。

(3)具有包容性、更健康且利于家长参与的革新试验。

(六)运营策略:完善质量保证体系

改革包括长期的能力建设措施,以便完善部门绩效和学校、学生绩效监测体系。作为改革的一部分,中央机关将通过加强广泛的监督和审计,关注部门和项目影响评价。省级和区级机关将通过与省级、区级和公社全民教育委员会的合作,关注监测项目过程以及学校和教师的表现。

在改善学校、机构和学生表现监测方面,首要的策略和目标是:

1. 确定 1～9 年级学生的最低成绩标准。

2. 通过全国性的信息、教育和通信项目,确保教师、家长和其他利益相关者对最低标准达成一致。

3. 引入 6 年级和 9 年级学生的最低标准测验和修订后的考试。

4. 通过明确中央监察员、教育研究部门、考试办公室和其他相关部门的职责,提高管理和规划学校以及学生绩效监测的效率。

5. 通过重新明确校长和省级、区级监察员的职责以及分配用于监测的年度预算,提高管理和规划学校绩效监测的效率。

6. 通过每年公布标准测验和考试的成绩,提高学校和学生表现的透明度和问责。

7. 通过教育、青年与体育部部门组织改革,修订管理学校以及学生绩效监测的制度和经费安排。

8. 引入严格的基础教育质量保障和调节机制。

(七)运营策略:用于下放权力的机构改革和能力建设

部委的长期目标是促使学校、机构和社区在运营和管理教育上享有更大的主动权和承担更大的责任。长期的教育服务组织和管理机制细节,将在更广大的政治和公共行政结构下做出更为清晰的界定(如公社委员会的作用)。

在这一背景下,改革包括用于机构发展和能力建设的三大中长期策略,可概述如下:

1. 通过与国家和省级全民教育委员会合作,完善中央和省级的规划与监测体系。

2. 通过与区级、公社全民教育委员会合作,完善地区、集群、学校、机构管理体系。

3. 完善治理和监管体系。

在加强中央和省级规划与监测体系方面,首要的策略和目标是:

1. 通过明确政府对于《中期支出框架》的职责,包括指定的优先行动项目和其他项目预算的规定和规划,提高中期财务规划和下放财政管理权力的可预测性。

2. 通过与全国全民教育委员会合作,提高对教育体系能力建设策略和项目的中央协调。

3. 通过能力建设项目、优先行动项目或项目预算拨款向省级赋权用于项目产出和结果监测的指南,加强中央和省级的战略和财政规划与监测。

4. 通过引入联合政府,教育、青年与体育部以及捐助者和其他利益相关者年度绩效评价、一致认可的关键绩效指标协议和用于绩效数据搜集与分析的年度工作规划,加强教育体系绩效和影响监测。

在完善区、集群、学校、机构管理体系方面,首要的策略和目标是:

1. 通过建设地区预算管理中心、学校校长和家长委员会在实施优先行动项目上的能力以及修订的优先行动项目管理指南,完善地区、集群和学习项目管理体系。

2.通过发展有关新的优先行动项目指南管理的能力,加强基础教育和教师培训机构管理体系。

3.完善省级、区级人事管理体系,通过发布新的员工指南和标准,扩大地区根据该标准来分配员工的权力,并加强省级、区级人事和学校规划人员的能力建设。

在改善治理和监管体系方面,首要的策略和目标是:

1.为基础教育学校和机构扩大运营自主权引入法律和法规,以加强问责。

2.通过新的关于出资的会计和管理指南,提高基础教育学校和其他机构使用家长、社区和私人捐助的透明度。

3.通过发布关于教育机关、家长和社区协会权力和职责的指南,加强基础教育学校的治理。

4.通过选择性的信息、教育和通信项目在全国传播关于体系和学校绩效的关键信息,以提高教育绩效的透明度。

(八)运营策略:解决性别平等和其他交叉问题

《全民教育规划》旨在考量关键性的治理问题,尤其是关于确保规划和监测教育支出和产出的透明度、问责、可预测性及参与性的政策和策略。

(九)运营策略:教育中的信息通信技术

信息通信技术包括:

1.推广作为教学工具的信息通信技术。

2.通过加强信息共享、交流和知识管理,提高教育服务的生产力和管理水平。

3.扩大远程学习机会,尤其是对于偏远地区弱势群体。整体目标将确保柬埔寨在全球化和联系日益紧密的知识经济中具有国际竞争力。

用于信息技术教育的具体策略正处于终结阶段,其中关键策略包括:

1.在选定的中学、教师培训机构、技术和高等教育院校中,引入信息技术教育。

2.选定课程整合项目,尤其是对于学生人数较少不适于大量投放设施、员工和设备的项目。

3.以信息技术为基础,有针对性地面向多种多样社会弱势群体的项目,确保学生可以重返主流正规学校。

十、实现全民教育:具体运营策略、非正式教育和成人扫盲

(一)范围和策略构想

柬埔寨长期扫盲行动的首要策略必须着眼于学校教育,确保所有柬埔寨儿童完成优质基础教育。在《全民教育规划》背景下,可在正规学校体系之外采取富于革新和灵活性的措施提供教育。

《全民教育规划》干预非正式教育和扫盲的范围,包括采用综合方法向弱势群体提供非正式的技能和生活技能培训。这将通过部际方法,由教育、青年与体育部,妇女和

退伍军人事务部,社会福利和职业培训部,农业发展部,国内外非政府组织和社区群体共同规划和实施。

非正式教育和扫盲项目的主要目标群体是:

1.偏远低密度和多山地区的社区,尤其关注少数民族群体。

2.新近整合、安置的原红色高棉社区。

3.在城市贫民区流浪和工作的儿童与青少年。

4.退伍军人及其家庭。

5.上述人员与女童、妇女和残疾人员的交叉群体。

《全民教育规划》的项目策略将着眼于以下两大群体:

1.非正式教育项目将确保 7 岁至 12 岁年龄段儿童重新返回正规基础教育,确保 12 岁至 15 岁年龄段儿童获得等同于基础教育的证书。

2.非正式教育项目将确保失学青少年和文盲或缺乏技能的成人获得基本的读写能力,并促使其具有核心的生活和工作能力,包括为人父母的技能和职业培训。

(二)全民教育目标

《全民教育规划》中涉及非正式教育部分的主要目标包括:

1.通过平等地获得适当的学习和生活技能项目,确保满足所有青少年和成人的学习需求。

2.到 2015 年成人扫盲率提高 50%,尤其是妇女,确保所有成人平等接受基础和继续教育。

3.到 2005 年消除中小学的性别差异,到 2015 年在教育领域实现性别平等,并重点确保女童全面且平等地接受和完成优质基础教育。

4.全面提高教育质量并确保教育的卓越,确保所有人均可达到公认的、可测量的学习效果,尤其是在识字、算术和基本生活技能方面。

非正式教育的具体目标包括到 2005 年 15 岁至 24 岁年龄段的群体扫盲率达到 90%。但是,由于各个省份之间差异巨大,所以实现这些目标的资源分配需要结合各省的需求分析。

(三)问题与挑战

在上述背景下,且鉴于柬埔寨非正式教育可用的人力、机构和财政资源有限,《全民教育规划》并未详细规划大规模的实施活动,而是在部分领域开展行动,同时期望这些行动可以分成几个阶段推进,在合适的地方进行调整,尽可能地将其划分为若干个更小的阶段并辅以其他措施。

此外,还应每年制定详细的非正式教育部门工作规划,并以此作为提交预算的基础。尤其是《全民教育规划》假定,大量的私人、社区和非政府组织捐助会被用于非正式教育项目实施的经常性和资本开支。

(四)运营策略:非正式教育信息管理和监测能力建设

为了确保有效的策略规划和策略重点,《全民教育规划》中包括重要的非正式教育信息管理和监测体系的能力建设。发展管理信息系统将有助于提高评价整体进展和非正式教育项目影响的能力,根据所学经验辅助非正式教育改革的决策制定和项目滚动。

(五)运营策略:重返和同等项目

通过非正式教育部与中小学教育之间的合作,联合相关非政府组织,开发面向4~6年级的重返项目。这些项目将为近来辍学和濒临辍学但有意愿且有能力完成正规基础教育的超龄儿童,提供弹性且以儿童为中心的途径。例如,近来由于家庭和贫困压力而引起的大量旷课现象。

通过非正式教育部与中小学教育之间的合作,联合相关非政府组织和直属部委,开发、实施和评价致力于向12岁至18岁年龄段的失学青少年提供6年级和9年级证书的同等项目。在少数民族地区,将致力于通过与现行非政府组织活动的合作来综合双语教学和材料。

这一活动的目标并不是创建一个与正规学校并行的系统,而是利用非正式教育模式的方法和弹性,向由于年龄或生活状态很可能难以重回正规教育体系的青少年提供认可的基础教育证书。

(六)运营策略:功能性扫盲和扫盲后项目

1.扩大社区学习中心。

重视持续的地域扩展、学习质量和社区学习中心的服务范围,并将其作为地方社区管理非正式教育和学习的机制,尤其是在预期的信息技术发展的背景下,还可以结合已经建立或将要建立的传统图书馆。预计现存的教育和社区设施(如学校、妇女和社区中心)在一定情况下可兼顾实施以社区学习中心为基础的非正式教育项目,以便实现资本开支的最小化。

关于功能性文盲和生活技能培训,将持续关注从《国家行动规划》到进一步发展社区学习中心。社区学习中心作为传递机制,设立于专门建造的建筑、学校、寺庙或传统村庄集会场所,旨在提供由社区管理,为社区服务,且可以开放进入具有人性化的灵活的学习空间。

2.非正式教育与创收项目相结合。

支持提高生活管理水平、工作技能和创收技能,从长远来看,这是所有非正式教育项目都将要面临的问题。重视功能性扫盲,并由此赋予相关人员生活管理和工作必需的态度、知识和技能。重返和同等项目的课程,也要确保强有力的反映生活技能要素,并提供多于目前正规学校的材料。

《全民教育规划》设想,通过将非正式教育项目与其他以社区为基础的提供者,尤其是参与农村信贷、农村就业和同等策略的提供者进行重要整合,以援助城市贫困人口。

此外,职业技术部、非正式教育部和相关直属部委的培训中心员工之间应合作开发面向地方非正式教育和生活技能提供者的培训项目。

3.扫盲后项目。

《全民教育规划》中非正式教育部分承认,在最初的功能性扫盲后,保持读写水平非常重要。该项目将包括自助的扫盲后资源材料,社区学习中心和其他社区中心的后续项目以及来自比较优秀的社区有文化人员的非正式支持。

4.用于幼儿保育与发展的以家庭为基础的非正式教育。

《全民教育规划》承认,需要将非正式和非正规教育项目与广泛的幼儿保育与发展举措结合起来。

提升家庭的文化素养水平,有助于实施幼儿保育与发展以及幼儿保育与教育,加强青少年儿童尤其是 3 岁至 5 岁年龄段儿童的认知、社会与身体发展。现行的幼儿保育与发展材料,尤其是家长所需的材料,可以为近来具有文化素养的家长所采用。

十一、用于全民教育规划与实施的合作

基于 2000 年全民教育评估结果,《教育战略规划》和《教育部门支持项目》的规划与监测,为相关政府部委、捐助者、非政府组织和民间团体的合作提供了动力。教育、青年与体育部,捐助者,非政府组织之间每月的协商会议,年度《教育部门支持项目》联合审查,公认的合作原则、绩效目标和共同政策矩阵,都为合作发展提供了主要机制。

《全民教育规划》过程为进一步扩大和深化合作关系提供了依据,并将推广到实施和监测层面。全民教育规划合作过程的关键特征包括:

1.其他政府部委,非政府组织的顾问,联合国机构,教育、青年与体育部选择的参与《全民教育规划》起草与磋商的技术顾问的积极参与。

2.与柬埔寨全国儿童理事会下属的幼儿发展分委会跨部门合作,该委员会成立于 2002 年,主要用于促进、监测和协调所有有关儿童健康、成长和发展的部委行动。

3.将《全民教育规划》的指示整合到《教育部门支持项目》工作规划中,作为 2002 年《教育部门支持项目》联合审查的一部分呈送给政府、捐助者和非政府组织。

4.在 2002—2003 学年,与捐助者、教育部门工作组和非政府组织教育合作伙伴共同评价和审查《全民教育规划》。

以上合作将不断深化,以便协调全民教育策略和项目的实施与财政,尤其是幼儿保育与教育、非正式教育、扫盲和非正规技能培训方面的关系。除了教育、青年与体育部负责制定关于正规基础教育、幼儿保育与教育和非正式教育具体组成部分的政策指示和目标之外,其他政府部委也将在其授权的领域内发挥类似作用。直属部委、非政府组织和社区群体将主导这部分的实施、管理和财政。

十二、资源需求

(一)长期的财政规划

预计教育的经常性预算需求将提高至 2.4 亿美元,在全民教育的规划阶段将增长

3～4 倍。资本预算需求（包括设施和能力建设）预计到 2015 年每年将增加约 2 330 亿瑞尔。但应注意的是资本支出将在 2007—2008 学年后逐渐转向基础后教育，届时小学和初中学校设施的发展和修缮也将基本完成。

(二)部门整体和全民教育财政规划(2002—2015 年)

全民教育实施包括行政、幼儿教育、正规基础教育、非正式教育、扫盲项目和教师发展在内的总体成本，将从 4 190 亿瑞尔（2002 年）增加至 8 550 亿瑞尔（2015 年）。全民教育实施的整体教育开支，包括教育、青年与体育部的资金，其他政府部委，非政府组织，私人及家长的捐助，将从约 90%（2002 年）下降至 66%（2015 年）。这与政府和教育、青年与体育部政策向基础后教育扩展相一致，并将通过公私立机构合作来提供经费支持。

还有部分全民教育规划、战略和项目，都未纳入这一部分的财政规划当中。例如，关注儿童健康与营养的幼儿保育与发展项目，面向未满 4 岁儿童的相关信息教育与通信项目，都未被纳入该阶段的项目经费之中。全民教育这一组成部分的财政规划，将根据一致的政策和目标，由教育、青年与体育部以及非政府组织和社区为幼儿保育与教育提供资金。财政规划还包括用于幼儿保育与教育项目意识提高和能力建设的成本。

财政规划很难覆盖这一系列由各级政府和非政府组织合作伙伴管理的非正式教育、扫盲、非正规技术培训项目。该阶段用于非正式教育和扫盲项目的费用，将根据一致认可的项目发展目标和财政策略，由教育、青年与体育部负责管理的重返项目和功能性扫盲项目提供。

《全民教育规划》承认，其他合作者也提供了一系列非正规技能培训项目，包括由政府部委、非政府组织和私人提供的在职辅导和技能培训、私人定制课程（如外语、计算机培训）、短期技术教育和职业培训课程。

与全民教育滚动项目一致，部门和全民教育财政规划将不断修订和更新以便整合来自其他合作伙伴的项目，并将其作为可用的幼儿保育与发展、非正式教育和非正规教育培训的经费支撑。与全民教育项目策略一致，其他合作部委将负责适当的项目规划并调动来自政府、捐助者、非政府合作伙伴和私人的资源。

(三)2002—2015 年教育、青年与体育部对部门和全民教育财政规划的出资

综合考虑先前所述的教育财政政策，预计教育、青年与体育部对实施全民教育的预算将从 3 290 亿瑞尔（2002 年）提高至 8 050 亿瑞尔（2015 年）。其中包括教育、青年与体育部的行政费用，幼儿教育、非正式教育、扫盲和正规基础教育的费用，教育、青年与体育部用于职前和在职教师发展的经费。整体上，在实施《全民教育规划》期间，《全民教育规划》的实施费用所占比例仍将保持在 85%～95%。换句话说，教育、青年与体育部的开支将优先用于通过正规和非正规途径来实施的《全民教育规划》。

为了保持入学人数和提高质量之间有效的财政平衡，预计在公平且有效的分配教师期间非工资性收入所占比例将维持在 45%～50%。对于基础教育来说，预计到 2015 年，随着入学人数开始趋于稳定，非工资性收入将占到总的经常性开支的 55%。

预算规划和假设将预留较高比例的非工资性收入,以确保质量逐渐提高。其非工资性收入的目标将为非工资性收入比例下调预留空间,当财政和捐助前景不乐观时,不会因此影响部门和全民教育政策目标的实现。子部门的预算拨款也旨在保证基础教育的支出,确保若出现财政压力,全民教育仍可继续。

(四)资本项目预算规划

资本预算需求仅用于基础设施发展和能力建设项目。预计资本需求将由 2002 年的 950 亿瑞尔,到 2010 年提高至 1 700 亿瑞尔,再到 2015 年进一步增长至 2 330 亿瑞尔。保守估计 2002—2015 年教育的资本开支约占政府总体资本支出的 10%。

资本开支规划主要基于额外设施将由私营部门和社区投资策略来提供这一假设。政府只是部分服务项目的提供者,尤其是幼儿保育与教育、幼儿保育与发展以及非正式教育项目。

资本投资项目也包括能力建设支持,预计约占总体资本开支的六分之一。大量能力建设开支将关注完善全国中央、省、区和公社的全民教育监测体系。预计社区全民教育规划和监测所需的微观规划,其他全民教育监测体系的类似策略,将于 2003 年年初制定。

预计用于全民教育实施的资本开支(主要是额外设施和能力建设)将从 2002 年的约 780 亿瑞尔,提高至 2015 年的 1 350 亿瑞尔。随着基础后教育的发展以及全民教育后项目的推广,预计全民教育实施的资本开支将有所下降。

资本开支项目的主要特征可概述如下:

1.2002—2010 年资本开支将关注提供中小学教育、有选择的教室住宿和教师培训学校的修缮,尤其是在目前服务不足的地区和公社。

2.2002—2015 年持续实施面向规划者、管理者和教师的全面能力建设项目,进一步推动下放教育权力,综合后勤保障、设备、交通、在职和短期课程培训。

预计在中长期规划中,将会有越来越多的外部援助投入资本预算支持项目。

(五)整合中长期财政规划和预算过程

全民教育实施的财政规划包括总成本和由教育、青年与体育部提供的资金,这为整合教育、青年与体育部的财政规划和来自其他政府部委、捐助者、非政府组织以及私人、家长对于全民教育的财政资助提供了机会。全国全民教育委员会将为协调和获取除中期《教育部门支持项目》实施开支规划以外的各种用于全民教育规划的资助提供平台。然而,预计全民教育的实施主要通过持续实施《教育部门支持项目》以及选择性地推广幼儿保育与发展、非正式教育和扫盲项目来推动。这些项目将由教育、青年与体育部,其他政府部委和私人、家长捐助提供经费。

有效实施《教育战略规划》政策和《教育部门支持项目》需要可用资源具有可预测性。教育、青年与体育部将从三个层面采取措施来确保更大的可预测性。在第一个宏观层面上,对于中期财政规划和预算来说,教育、青年与体育部将采用《中期支出框架》

来制定中期教育预算规划,包括确定的全民教育项目部分。预计现行的教育《中期支出框架》将为长期的全民教育预算规划提供基础性依据。

用于《教育部门支持项目》中期实施的《中期支出框架》表明,提议的有关薪资、运营以及优先的经常性、资本和能力建设项目方面的预算超出了 2001—2005 年预计的资源需求。由于《中期支出框架》需要考虑资源投入,所以每年都需要对其进行修订。2002—2005 年教育经常性预算的整体拨款与政府和捐助者合作协议是一致的,并预计到 2005 年经常性公共开支将达到 20%,预计 2006 年的规划将占到经常性开支的20.5%。

全民教育财政规划也推动了现行政府和教育、青年与体育部制定的关于薪酬改革的政策。用于《教育部门支持项目》实施的《中期支出框架》,而后将被推广到长期的《全民教育规划》之中,其关键特征是用于以绩效和效率为基础的薪酬改革的预计开支。为了实现教育薪酬改革的目标,需要充分考虑潜在的抑制教育员工薪酬增长的因素。

教育、青年与体育部已经采取措施提高省教育办公室在制定更为详尽的财政规划和用于单独经常性和资本重点项目的资源分配上的责任,具体包括:

1.加大对省教育办公室的赋权,用于向地区和学校分配单独的重点项目。

2.引入分配公式和标准,用于省教育办公室规划教育设施发展,包括从 2002 年起在六个省内试点对这些资源的财政管理。

3.对省级权力机关、地区和学校在项目预算规划、管理和报告方面进行持续的能力建设。

从长远来看,《全民教育规划》将建基于这些能力建设政策与项目。

(六)经常性项目管理流程

教育、青年与体育部正在不断完善各级经常性项目管理体系,尤其是准备明确的财政管理职责和报告指南。对于上述管理安排尤其是预算管理中心职责的分配,教育、青年与体育部将对其进行定期审查。任何改革的决策都将考虑先前的管理绩效、评估能力建设实践及其成功与否。

将通过持续使用政府经常性预算管理体系来实施《全民教育规划》,包括长期完善省、地区和学校一级的财政管理和会计体系。

十三、巩固对全民教育绩效评估的监测

《全民教育规划》非常重视能力建设需求,以便为进一步商讨规划的具体实施奠定基础。虽然各级委员会均可以解决能力建设需求问题,但需要尤为重视加强地方全民教育委员会在实现上述目标上的作用,尤其要关注:

1.内化全民教育原则。

2.传播。

3.实施。

4.监测。

监测《全民教育规划》将以修订过的各级全民教育委员会监测体系为依据,包括长期审查中期绩效目标。在中长期规划中,部门在实现全民教育的绩效监测流程与进展时,将关注少量的关键政策绩效指标,以便确保及时且可靠地搜集和分析数据。

十四、部门监测和评价体系的组织

部门监测和评价体系的组建主要依据各级的职责。总体上,全民教育秘书处的优质教育小组、教育督察员、其他相关部门和直属部委的职责如下:

1. 中央一级

(1)部门绩效监测。

(2)财政状况监测。

(3)项目影响监测。

2. 次中央一级

(1)省级项目进展监测。

(2)地方项目绩效监测。

(3)村级运营监测。

监测指南的目标是完善优质教育小组和各级全民教育秘书处部门绩效和项目绩效评估的程序,包括技术和财政的报告与审计。该指南的目的是提供关于监测进展和项目影响的程序、时间表以及报告格式的说明。更进一步的目的是明确优质教育小组和各级全民教育秘书处的监测职责。该流程将被用于每年监测全民教育的进展,并作为调整全民教育政策与策略的基础。

十五、管理和实施监测体系

全民教育监测流程的管理,将确保全民教育目标和政策拥有持续且高水平的领导和投入。例如,全国全民教育委员会主席和副主席将领导高水平的审查任务,以确定可能影响教育、青年与体育部整体改革和具体重点项目实施的政策和策略问题。优质教育小组将负责组织这些任务,并协调项目报告在各直属部委间的传递。

全国全民教育秘书处将负责协调各自指挥部内机构和部门的进展和影响监测。全国全民教育委员会也将同高级管理人员一起开展定期的审查。优质教育小组将与规划部合作协调部门绩效监测,起草各种关于具体的捐助者、非政府组织试点项目和其他信息源的影响和进展报告。

直属部委将独自负责组织监测具体项目。相关机构将确保监测活动覆盖所有省份以及每个项目的所有活动。在收到地方各级报告(如省、地区等)之后,将在全民教育秘书处内进行传阅,而相关部门和机构将会对每个项目的技术和财政进展报告进行汇总。负责具体项目的机构,也将提交关注这些项目的年度影响报告。这些报告将作为年度部门绩效报告的一部分,纳入年度全民教育审查并将作为全民教育进展年度和中期评估的基础。这一安排将确保中期和长期监测流程的协调。

省全民教育委员会将通过与省教育办公室合作监测每个项目活动的进展情况，以及检查活动是否有效且按时完成。该监测小组也将跟踪项目资金向学校和机构流动的情况。省全民教育委员会将确保地区教育办公室负责分配监测资金，并对学校进行定期的监测与支持。这些小组将通过地区、集群和公社来提供技术支持和指导。

优质教育小组将与规划部合作，并在搜集和分析必要的信息方面发挥主导作用。而信息搜集和分析的确切性质和时间，则需要考虑相关直属部委的各种规划和审查活动。全民教育秘书处将协调各级监测，以便确保拥有充足的可用信息来监测全民教育进展。

此外，全民教育监测流程，将允许相关利益者参与磋商和评价教育改革和实现全民教育政策与战略目标。例如，在适当的地方，教育、青年与体育部将委托非政府组织实施单独的评估与监测。教育、青年与体育部也计划通过自身对于捐助者和非政府组织小规模行动研究和经验的定期反馈机制，推广基层操作研究，进而推进《教育部门支持项目》和全民教育监测。

十六、日益关注提高质量和加强全民教育监测

长期的全民教育监测流程将日益关注对各级教育质量和效率的监测。优质教育小组承认，中期全民教育监测流程关注如何提高入学率，尤其是明确界定学校教育效果、活动和投入的最低标准所需时间。全民教育质量监测流程的关键特征包括：

1.教师培训和教师部署对学生和教师绩效的影响。

2.各级教育环境，包括幼儿保育与发展、初等和中等教育的有效性。

3.部门和机构能力建设活动的有效性，尤其是在职培训和职前培训。

4.所有基础教育发展项目以及机构内性别平等措施的有效性。

5.扩大服务不足地区中等教育的机会以及中等教育教师供求和分配政策上女性比例的影响。

6.现行中期教师分配激励项目（如偏远地区教师津贴）的影响以及如何将中期有针对性的干预与中期系统改革结合起来。

7.用于提高质量预计增加的教学时数以及持续提供教学材料的影响。

以上具体的监测流程，也将与持续地监测教师和教育管理人员薪资改革的影响相结合，尤其是扩大以绩效为基础的薪酬策略和以绩效驱动的晋升或员工发展举措的范围。同时，全国全民教育委员会将严格监测工资和非工资性教育预算之间的平衡，并将其作为广泛的质量提高规划与监测的一部分。

作为该质量提高规划、监测和技术支持流程的一部分，《全民教育规划》将包含扩大全国技术支持网络以及提高公社委员会的参与，以确保有效安排教育质量监测。

《全民教育规划》包括具体的中央和省级常规管理、质量保障和影响监测具体成本的规定。此外，项目进展监测费用将被纳入具体的子部门预算和能力建设项目之中。

十七、提高对监测信息的使用

监测流程将在全国全民教育委员会上针对有效的信息进行磋商,以确保主要利益相关者了解全民教育进展。全民教育秘书处将通过其他相关直属部委促进有效协调监测信息。

每年,全民教育秘书处都将负责确保部门和项目监测信息,包括技术和财政方面的,定期向内外部相关机构或其他主要用户传播。

优质教育小组与教育监察员将通过运用所学经验,确保中期国家规划和策略审查,以便到 2015 年改善长期全民教育的规划和策略审查。

优质教育小组和全民教育秘书处将协调联合活动,将通过运用更新和调整长期《全民教育规划》以及 2020 年愿景所得经验,来确保定期审查中期全民教育政策、策略和项目。

十八、用于信息监测的行政工具

需要强调的是,省级到公社一级地方全民教育委员会在监测和实施地方实现全民教育目标的规划上发挥着重要作用。作为全民教育实施过程中最基本的监测单元,公社全民教育委员会在这方面发挥着不可替代的作用。其中最为突出的职能包括:

1. 搜集数据,用于确定距实现全民教育目标的距离,以及每年实现全民教育目标的项目。

2. 基于搜集的数据,开发实现全民教育目标的实施规划。

3. 鼓励当地利益相关者参与实施《全民教育规划》规定的活动。

4. 制定关于资源分配的财政决策,以实现全民教育目标。

5. 与各自当地机构的其他利益相关者协调活动。

6. 定期监测实现全民教育的进展。

7. 报告实现全民教育目标的进展,如有必要,列出补救措施。

十九、能力建设需求

赋予地方全民教育委员会监测及实施职责,需要作为其成员的教育行政人员尤其是学校董事接受大量的技术支持,以确保其可以有效地执行这些任务。全民教育能力建设项目将弥补和协调由《教育部门支持项目》中规定的下属各部门制定的年度能力建设工作规划。这与柬埔寨政府向省、地区和公社下放规划、管理和实施基础教育服务的权力的期望相一致。能力建设流程将通过以下四步实现全民教育策略:

1. 认可和内化流程。

2. 推广程序和流程。

3. 实施。

4. 监测。

　　为此,提供管理、规划和监测领域的专业人员,支持政府确立面向地方全面教育委员会的能力建设规划。这方面的初期目标将是协助全国和地方全民教育委员会在试点基础上开发公社全民教育规划流程。该实施流程将包括:

　　1.审查全国实施权力下放规划的政策背景,包括内政部等采取措施支持的村级和公社一级规划流程。

　　2.审查全国《全民教育规划》《社会经济发展规划Ⅱ》《减贫战略规划》《教育战略规划》《教育部门支持项目》,以便构建《地方全民教育规划框架》。

　　在完成上述任务后,全国全民教育委员会和部分公社的地方全民教育委员会将开发适合各地需求的公社全民教育规划。基于开发这些规划的经验,将制定适用于全国的全民教育规划流程的指南。这些指南随后将作为主要的培训文件用于各级全民教育秘书处内重要官员的能力建设,并由其负责在全国推广。

二十、全民教育年度论坛

　　在上述各部分规定中,已经假定确立通过全国全民教育论坛进行以数据为基础的年度审查流程。各级教育体系需要记录相互依赖、相互补充的全民教育目标,并由所有相关人员(如儿童、家长、教育行政人员、社区领导者、各级选举和任命的官员、社区和捐助合作者)进行分析。

　　因此,通过全民教育秘书处和各级全民教育委员会“自上而下”或“自下而上”的沟通,逐年细化以信息为基础的目标和规划。成功的措施将被记录在案,并对其进行分析,若确定可行,再予以推广,以便加速全民教育向大众普及。

　　核心问题是当被赋权的学校、社区或个人决定通过以切实可行且有计划的方式,来履行各自职责以便配合政府确保所有柬埔寨人民享有接受基础教育的权利时,将会加快全民教育目标的实现。

　　这种反复的年度审查流程的一个重要成果便是教育管理信息系统。这些已经在从学校到集群、地区、省和国家各级系统的数据投入与产出双向过程中开始运营。

　　柬埔寨全民教育的一个重要策略是对“认可”进行记录。每年的挑战是发现、记录、公布和认可“良好的实践”,并且记录、奖励和公布已经达到具体目标的学校、社区、集群、地区和省份。

　　在无成本的情况下,有效奖励革新和成就。例如,柬埔寨政府高级官员可以提供信件、证书、宣传报道、宣传机会或其他公共和个人认可的形式。全民教育秘书处和相关工作组可以在这方面发挥重要作用。

　　通过每年描绘全民教育目标实现的状态,通过额外支持需要额外技术、财政或材料资源来加速实现具体目标进程的部分团体和场所,全民教育目标将会越来越准确。此外,这也与全球全民教育策略相一致。

　　通过由全民教育秘书处持续提供信息,并与教育、青年与体育部和相关部委保持定期联系,全民教育秘书处将发挥"信息交流中心"的作用。并且,其所支持团队需要了解且定期解决部分有关基础教育的数据和报告问题。

二十一、全民教育秘书处的作用

全民教育秘书处负责协调准备全民教育和国家行政项目。2001年8月,二级法令指出秘书处将作为教育、青年与体育部和相关部委重要的联络枢纽不断发挥作用,若2015年目标得以实现,则秘书处将会在未来几年具有全民教育基本特征的区域活动中代表柬埔寨政府。

为了明确秘书处的作用,二级法令列出了常务秘书处的主要职责:

1.研究和起草政策、规划和策略,并将其结果提交全国全民教育委员会进行审查和批准。

2.基于全民教育目的,与相关部委、全国和国际机构进行联系和协调。

3.组织全国全民教育委员会会议,监测工作绩效,并实施由委员会做出的决议。

4.及时报告全国全民教育委员会的工作绩效成果,以便呈送王国政府。

5.在明确全民教育委员会的作用与职责以及秘书处的职责方面,柬埔寨政府则将全民教育视作工作的重中之重。规划到2015年实现全民教育目标的时间框架,且保持这种连续性非常重要。《全民教育规划》保持与更为广泛且正在进行的教育改革过程相一致是柬埔寨全民教育和国家行政项目的重要特征。

二十二、监测目标

柬埔寨政府的目标是根据提议的"快车道"行动计划实现全民教育。"快车道"设想包括以下重要的定量目标:

1.教育花费占总体政府开支的百分比:不低于18%。

2.初等教育开支占总体教育预算的百分比:不低于50%。

3.小学阶段生师比:40:1或更小。

4.非工资性份额占经常性预算的百分比:不低于30%。

5.小学留级率:不高于10%。

6.小学辍学率:不高于5%。

7.小学毕业率:不低于70%。

8.小学净入学率:不低于80%。

对于部分"快车道"目标来说,柬埔寨已经超过了预期或者非常接近提议的目标。例如,小学净入学率已经超过了"快车道"目标的80%,经常性教育预算占整体政府开支的比例已经超过了18%。至于其他目标,例如,小学留级率,教育体系只超过"快车道"目标1%。

其中部分目标,若按时实现可能会比较困难。例如,降低辍学率,大幅提高升学率。但是,"快车道"框架仍有助于相对了解在实现全球全民教育目标方面柬埔寨所处的位置。

二十三、千年发展目标与全民教育监测

全民教育监测活动将结合千年发展目标,而该目标是基于 2002 年柬埔寨政府参加的纽约"千年发展目标首脑会议"制定的。在柬埔寨政府根据峰会指南制定的 8 个目标中,目标 5 和目标 6 对全民教育而言是最为重要的目标。具体内容如下:

目标 5:受教育机会。到 2015 年实现初等教育的普及。

目标 6:性别平等。在各级决策制定过程中向女性赋权,并最大限度地缩小性别差异。

根据柬埔寨政府的初步分析,千年发展目标框架将为教育资源进行地理定位,以便为全民教育提供强有力的指导。

缅　甸

缅甸教育法

2014 年第 41 号议会法
（本法自 2014 年 9 月 30 日起生效）

本法由缅甸联邦议会制定。

第一章　名称与释义

第一条　本法可视为国家教育法。

第二条　本法中部分术语解释如下：

（1）国家：缅甸。

（2）政府：缅甸政府。

（3）委员会：根据本法第五条规定组成的国家教育委员会。

（4）部：教育部。

（5）有关部门：政府授予的能够执行这项法律职责的部门。

（6）区域政府：分区政府，州政府，自治区，地区，乡镇，社区和村庄。

（7）国家教育：重视、保护和发展语言、文学、文化、艺术、传统和国内所有民族历史遗产的教育，或能够培养具有正确的思想和良好品德的人力资源，并根据时代的需要可以指导和实施国家现代化发展的教育。

（8）学习者：学生，追求各种阶段和水平的教育，以提高其能力和资质。

（9）教师：在某一教育阶段达到既定指导标准的指导者。

（10）正规教育：一种以学校为基础的教育制度，规定学习者年龄、学习时间、地点、等级、评价系统和特定课程。具体包括学前、小学、中学、高中、职业技术教育和高等教育。

（11）非正规教育：在正规学校系统之外的教育，基于提高学习者教育水平的课程，并通过灵活的方法组织和指导学习者。

（12）等效教育计划：在非正规教育与正规教育之间确立的资格等效性计划。

（13）个人教育：一个人根据自己的需要和兴趣建立和追求自己的教育。

（14）幼儿保育和发展教育：对从出生到 8 岁年龄段的儿童，使用与其发展相适应的方法，促进其全面发展的教育。

（15）学前教育：3 岁至 5 岁年龄段儿童的教育，旨在发展其身体、智力、道德、社会和心理技能，并为其进入小学教育做好准备。

(16)幼儿园教育:对5岁儿童施以恰当的教育方法,使其顺利过渡到一年级,促进其全面发展的教育。

(17)基础教育:包括每个公民必须接受的规定的教育以及为学习者继续进行职业和技术教育或高等教育做准备的基础性教育。

(18)技术与职业教育:系统地培养实用型技术专家、职业教育学者、技术人员和专家的教育。

(19)高等教育:由国家教育委员会认证的学校所提供的,为成功完成基础高级阶段水平教育或同等水平学习者的教育。

(20)教师教育:为职前或正式教师提供必要的知识、技能和经验,以便他们可以更好地改善学习者学习水平的教育。

(21)远程教育:由教育组织指导,基于自学基础之上,使用信息和通信技术以及其他渠道的公共媒体作为教学助手而连接教师和学习者的教育。

(22)社区教育:在乡镇社区中基于学习者的自身意愿,通过教育提高其生活水平或提高人们知识水平的教育。

(23)免费义务教育:国家指定为"免费和义务教育",要求政府和各级地方政府按照规定提供全面支持,使所有学龄儿童都可以完成学业的教育。

(24)特殊教育项目:建立有特殊教育项目的学校,用于教授残疾儿童的教育项目。

(25)特殊教育服务:在有冲突的边境地区、欠发达地区、交通不便地区以及遭受自然灾害地区开设临时紧急学校。

(26)国家教育质量保障委员会:确保各级各类教育政策和项目实施质量的组织。

(27)质量保障:按照国家教育委员会的标准不断地评估和保障学校质量水平。

(28)课程:为实现教育目的编写的针对正规教育和非正规教育所有领域的课程,包括学习成果、内容、教学方法和评估。

(29)学校:承担学前教育、基础教育、技术职业教育或高等教育的场所。

(30)家长教师协会:由父母或监护人和教师组成,在基础教育学校提高学习者学习效率及其身体、言语和性格发展水平的组织。

(31)学校支持组织:由教育界和社会上德高望重的人士组成,在基础教育学校给予家长教师协会援助并促使其发展的组织。

(32)教育管理员:在教育部或学校执行行政职责的人。

第二章　教育目的

第三条　国家教育目的包括:

(1)培养具有批判性思维能力且在德智体、社会、心理方面发展良好的公民。

(2)培养尊重法律并依据公民法律践行其公民或民主义务且维护人权的公民。

(3)培养充满联邦精神,尊重保护和传承发展各民族语言、文学、文化、艺术、传统和历史遗产的公民,尊重保护自然环境,能够贯彻执行可持续发展理念并传递给他人的公民。

(4)培养为国家经济发展做出贡献的人力资源。

(5)通过有效利用信息和通信技术,创造国际性标准的学习环境,提高教学科研管理水平。

(6)培养各知识领域的专家、学者和技术专业人士。

(7)加强体育教育和系统化的学校健康教育设施建设。

第三章　教育原则

第四条　教育原则如下:

(1)所有公民均可参与到发展和提高教育的工作当中。

(2)按照法律规定,鼓励各级教育中的私人合作,依法批准建设私立学校。

(3)建立特殊教育服务设施以保证每一个适龄儿童都能够享有接受教育的权利,包括残疾儿童或因其他原因导致无法接受教育机会的公民。

(4)使所有公民获得接受教育的机会,创造国民持续学习的机会。

(5)使用现代科学技术以达到国际化标准。

(6)教育将会应用到社会经济领域。

(7)大学和学院拥有独立和自我管理的权利。

(8)若学习者达到学校的要求和标准,则将拥有权利结合自身意愿选择进入任何一所学校。

(9)学校不受宗教和政治的干预。

(10)教育一旦免费,义务教育将会在小学阶段得到成功贯彻,并逐步扩展到更高年级。

(11)各个教育领域平衡发展,培养为国家社会经济发展做出贡献的各领域专家、学者、科技人才。

(12)在教育的各个阶段和各个领域,将会设置教育标准并实施质量保障机制。

(13)特别强调提高教职工的个人素质和生活质量,并根据其所做决定和承担责任的发展程度实行分权制度。

第四章　国家教育委员会的组成、权利和职责

第五条　政府:

(1)可以选取一位联邦级人士担任委员会主席,经联邦议会同意成立国家教育委员会,并通过教育部部长、其他部长、民族专家、其他适当人士来实施本法中制定的法规。

(2)经联邦会议同意,根据本条 1 款成立的委员会可以在任意时间重组。

第六条　国家教育委员会的权力和职责:

(1)指导实现国家教育目的和实施国家教育基本原则。

(2)根据法律和需求成立委员会和其他组织,授予其权力以实现国家教育目的。

(3)评估并指导教育系统、教育政策和教育方案。

(4)为建立质量保障标准制定政策并给予指导。

(5)为教育部获得资金和支持,同政府进行协商。

(6)为当地教育取得资金和支持或获得国际资源制定政策。

(7)制定开办国内和国际学校、暂停或关闭国内和国际学校的政策。

(8)根据教育部和其他部门的短期或长期教育规划进行合作和协商。

第七条　不侵犯大学的独立和自我管理的权力,而协助大学、学院和机构以及与其合作的事项,仅与促进其发展和提高的政策有关。

第八条　非公务员的委员会成员可享受政府发放的奖金和经费。

第九条　委员会的工作和行政需求将由教育部负责安排和提供。

第十条　委员会的经费由教育部承担。

第五章　国家教育制度

第十一条　为实施国家教育制度,政府将设置以下教育类型并建立联系:

(1)正规教育。

(2)非正规教育。

(3)个人教育。

第十二条　早期儿童教育将由父母、乡镇、合适的机构和组织根据现行政策实施。

第十三条　学前教育将在 3 岁至 5 岁年龄段实施。

第十四条　政府根据以下分类划分和实施正规教育:

(1)基础教育。

(2)技术与职业教育。

(3)高等教育。

第十五条　基础教育水平的正规教育以及非正规教育由政府和各级相关区域政府帮助实施。

(1)在完成幼儿园教育之后,十二年制的基础教育分为以下三个阶段:

①小学教育。

②初中教育。

③高中教育。

(2)幼儿园教育视为小学教育的基础。

(3)为完成本条 1 款中列举的教育阶段将设立教育性权限。

第十六条　成功实施免费义务教育之后,逐步向更高阶段扩展义务教育制度。

第十七条　满 5 岁的儿童就读幼儿园;满 6 岁的儿童就读小学一年级。

第十八条　从小学阶段开始教授英文。

第十九条　教育部和其他相关部门:

(1)应致力于正规教育和非正规教育中的教师教育发展事业。

(2)应在相关培训的附则中制定教师入学要求、教材和学习期限。

(3)应培养重视语言、文学、文化、艺术、传统和国家民族历史遗产的教师,培养有能力指导所有民族发展和国家现代化发展的教师。

第二十条　技术与职业教育分为以下几个部分:

(1)完成小学阶段教育的毕业生可以参加基础阶段的技术与职业教育。

(2)完成初中阶段教育的毕业生可以参加中等阶段的技术与职业教育。

(3)完成高中阶段教育的毕业生可以参加毕业阶段的技术与职业教育。

(4)用以提高能力的非正规教育和职业教育,无教育水平、性别或年龄的区分,而由政府开办或个人开办的学校,只要符合标准,都可以开展教育工作。

第二十一条　相关部门应建立课程、学习期限、学位类型或证明,奖励本法第二十条列举的各阶段的教育。

第二十二条　相关部门应努力提供和扩大公民接受技术与职业教育的途径。

第二十三条　根据相关管理规定建立技术与职业教育学校或者班级。

第二十四条　大学、学院或与大学、学院相当水平的学校应实施高等教育。

第二十五条　实施高等教育的学校应采用独立的学习系统和独立的管理方式。

第二十六条　委员会应成立一个由适当人员组成的独立的高等教育合作委员会,进行与高等教育相关事宜的合作与谈判。

第二十七条　实施高等教育的学校:

(1)应该优先研究与发展。

(2)应为学习者提供自由选择学校和学习领域的途径,而这种途径须基于学习者的意愿,并满足学校设定的资格要求。

第二十八条　高等教育的实施应包括远程教育系统。

第二十九条　应该有一种可以在高中、技术与职业教育学校、教师培训学校以及高等教育之间进行转换的方式。

第三十条　政府部门应鼓励由社区组织和非政府组织实施的非正规教育。

第三十一条　关于非正规教育,政府部门应当:

(1)实施基本识字和进一步的相关活动。

(2)为希望在校外学习或由于某种原因未能完成基础教育阶段教育的公民提供机会。

(3)建立一个等同程序,学生可以从非正规教育转化为正规教育或技术与职业教育。

第三十二条 为提高每位公民的资历,为包括个人教育在内的继续教育提供机会,政府部门应当:

(1)提供场所和实施学习方案。

(2)除鼓励私人或其他组织执行本条1款中的方案外,还应允许其自身实施。

(3)应通过各种媒体实施图书出版、发行及广播教育方案。

(4)若个人和地方组织想建立图书馆,应当给予支持和帮助。

第六章 学校类型

第三十三条 学校种类包括:

(1)公立学校。

(2)在政府帮助下开办的学校。

(3)地方机构所属学校。

(4)私立学校。

(5)寺院学校。

(6)公益学校。

(7)特殊教育计划学校。

(8)流动与紧急学校。

(9)教育部或相关政府部门在必要的情况下开办的学校。

第三十四条 基础教育学校、专业学院、技术与职业学校、大学以及国际大学分校,都必须依据现行教育法开办。

第三十五条 只有法律规定的学校根据本法或者相关法律授权才可以颁发证书、学位或文凭。

第三十六条 教育部和相关政府部门可为残疾人开办学校,或者经评估后批准社会团体为残疾人开办学校。

第三十七条 教育部和地方政府应当:

(1)采取措施开办流动学校,使流动工人的儿女完成小学义务教育。

(2)要为欠发达地区、社会不安定地区、交通困难地区、遭遇灾害地区开办紧急临时学校。

第七章 教材与教材标准规定

第三十八条 委员会必须确定的课程教材内容如下:

(1)培养知识渊博、拥有批判性思维、全面发展的良好公民。

(2)培养对整个缅甸社会有用的、拥有知识和技能的个人。

(3)培养具有良好品格、理解和接受多样性、价值平等、了解自己的职责、有责任感、重视民主和人权的良好公民。

（4）培养每位公民都具备重视各民族文学、文化、艺术、传统和历史遗产的能力。

（5）符合当代需要并符合国际教育课程。

（6）为每个基础教育阶段的学习者提供全国性的课程框架和课程标准。

（7）课程教材应该与实际生活息息相关。

第三十九条 学校有权根据现行法律修改和改进教材，以适应教育形式，并根据需要改善和发展国家社会经济形势。

第四十条 教育部和其他部门应该：

（1）为每个基础教育水平制定教材标准，并经教育委员会批准。

（2）通过与各个教育领域专家的合作并经其批准，为残疾人制定特殊教育课程教材标准。

第四十一条 政府部门、省邦政府、自我管理区或地区政府应当：

（1）设置具有在政府和其他学校之间进行沟通和转移能力的机构。

（2）帮助开办可发展民族文学、语言、文化、艺术和传统的课堂，并在大学中开设有关本民族文化、文学和历史的课程。

第四十二条 可用英语或缅甸语进行教学，也可用英语、缅甸语结合教学；在基础教育过程中，必要时可将少数民族语言作为教学语言，与缅甸语一起使用。

第四十三条 在相关省、邦政府的安排下，可在各省、邦地区从小学教育起传授少数民族文学和语言，并逐步扩展至初中教育、高中教育。

第八章 教育任务和权利

第四十四条 父母或监护人有责任让自己的儿女完成国家实施的小学义务教育。

第四十五条 若子女达到入学要求，父母或监护人有权利让子女去任何一所根据本法和其他相关法律设立的学校。

第四十六条 父母或监护人有权加入家长教师咨询小组或学校支持的组织，以提升教育质量并为子女提供继续接受教育的机会。

第四十七条 所有村镇成员都应参加，以确保儿童在其社区完成免费义务教育。

第四十八条 地区政府：

（1）应当根据现行法律帮助和指导教育事项。

（2）应当致力于帮助每位儿童完成免费义务教育。

（3）应当有奖励特殊学生的方案。

（4）应当实施一种可以帮助所有特殊学生和学习困难学生的教育方案。

（5）应当努力帮助非本地教师和教育管理者在其生活区域生存。

（6）应当有权根据本法管理教育问题。

（7）为了发展教育，应该同各部门、各组织以及社区组织进行有效的合作。

（8）就教育问题同当地或国际组织以及学者进行合作。

第九章　教　师

第四十九条　教师的职责与资质：

(1)应当具有为国家发展做贡献的大局意识,应该热爱、重视、保护和发展民主实践。

(2)应当拥有热爱本职工作的责任感,成为学生学习的好榜样。

(3)从事基层教育,应具有师范教育学历、文凭、证书或同等证书。

第五十条　有关学前教育、基础教育、技术与职业教育、高等教育以及培训学校的教师资格要求,将在单独的教育细则中阐明。

第五十一条　教育部和其他相关部门应努力提高教师资格并为其提供国际化经验。

第五十二条　教育部和其他相关部门规定教师的权利和责任。

第十章　教育质量评估与保障

第五十三条　各级教育均应有质量保障措施;在教育质量和标准的评估过程中,应有一个内部质量评估和外部质量评估的方案;国家教育委员会应当为巩固质量制定评判标准和方法。

第五十四条　委员会应召集适当的人员组成一个独立的国家教育标准和质量保障委员会来开展工作,详见本法第五十三条。

第十一章　教育管理

第五十五条　教育部、相关政府部门以及高等教育协调委员会应当依法管理有关高等学校;除高等学校以外,全国所有教育制度的管理与监督工作由教育部、相关政府部门及地方行政机构分别负责。

第五十六条　基础教育学校的管理与监督工作由教育部及相关政府部门负责;除宗教部、国防部、内政部和联邦职务署开办的高等学校以外,其他大学、学院可同高等教育协调委员会协商管理事宜;高等教育合作委员会通过合作和协商,帮助高等教育机构发展,但不侵犯其独立行政的权力;为了执行教学和行政事务,高等教育机构应当根据相关法律成立一个分支管理机构。

第五十七条　教育部的职责和作用：

(1)制定政策、战略并获得政府对项目和计划的批准,为发展和提高教育质量实施该政策、战略。

(2)广泛地向公众传播有关政策、战略、项目、方案、法律及途径的事宜。

(3)通过提供专家、技术和资金开设学校,确立教育质量评估标准,帮助地区政府发展教育。

（4）为了教育的发展，须同政府部门、政府机构、其他地区及国际发展组织进行有效合作。

（5）为有效利用教育预算提供帮助和指导。

（6）监督当地或国际组织以及专家在教育问题上的合作。

（7）必要时履行政府指派的其他职责。

第五十八条　为了快速有效地实施教育计划和帮助管理，教育管理者应当建立一个数据和统计系统。

第五十九条　教育委员会应召集适当的人员组成一个独立的组织，负责监督私立学校。

第六十条　若需要在学年内对寺院学校、公益学校、特殊教育计划学校、流动和紧急学校、乡镇教育部门、基于社区的教育项目以及非正规基础教育提供财政支持时，教育部和相关部门应当对其进行评估。教育部还应当在技术、专家和教学助理等方面提供支持，帮助其教授课程并达到既定水平和标准。

第十二章　财　政

第六十一条　相关学校或教育机构，可以核查由国内外人士或合法机构捐赠的财政物品。

第六十二条　学校或教育组织：

（1）有效使用本法第六十一条规定的财政捐赠或实物捐赠。

（2）根据现行法律和规定使用资金，并向捐赠者和公众公示详细的使用记录。

（3）应当按照规定向政府或相关部门提交账单。

第六十三条　根据预算法，政府部门或者省邦政府应当使用从国家财政中获得的用以支持教育的经费；高等教育合作委员会和相关学校有权自筹资金。

第六十四条　教育委员会：

（1）应当通过本部门和相关部门向政府提出年度预算请求。

（2）经政府准许，为委员会和组织成员提供运营费用和酬金。

第十三章　过渡时期

第六十五条　本法颁布前已存在的学校，需在本法生效之日起的 5 年内完成依据本法办理的事宜。

第十四章　总　则

第六十六条　本法颁布前已存在的相关教育法律，若同本法不相抵触，可以继续施行。

第六十七条　专门教授宗教科目的学校同本法无关；若国家个人或者宗教组织要建立一个本法第三十条中涉及的学校，需遵循政府和政府有关部门的方法、规定、章程、说明和制度。

第六十八条　教育部和相关政府部门经政府同意有权颁布法规、规章、规则；国家教育委员会、由国家教育委员会成立的机构、教育部、相关政府部门及下属司局，可颁布命令、通告、指示和工作方法。

附　录

推动共建丝绸之路经济带
和 21 世纪海上丝绸之路的愿景与行动

国家发展改革委　外交部　商务部
（经国务院授权发布）
2015 年 3 月 28 日

前　言

2000 多年前,亚欧大陆上勤劳勇敢的人民,探索出多条连接亚欧非几大文明的贸易和人文交流通路,后人将其统称为"丝绸之路"。千百年来,"和平合作、开放包容、互学互鉴、互利共赢"的丝绸之路精神薪火相传,推进了人类文明进步,是促进沿线各国繁荣发展的重要纽带,是东西方交流合作的象征,是世界各国共有的历史文化遗产。

进入 21 世纪,在以和平、发展、合作、共赢为主题的新时代,面对复苏乏力的全球经济形势,纷繁复杂的国际和地区局面,传承和弘扬丝绸之路精神更显重要和珍贵。

2013 年 9 月和 10 月,中国国家主席习近平在出访中亚和东南亚国家期间,先后提出共建"丝绸之路经济带"和"21 世纪海上丝绸之路"(以下简称"一带一路")的重大倡议,得到国际社会高度关注。中国国务院总理李克强参加 2013 年中国-东盟博览会时强调,铺就面向东盟的海上丝绸之路,打造带动腹地发展的战略支点。加快"一带一路"建设,有利于促进沿线各国经济繁荣与区域经济合作,加强不同文明交流互鉴,促进世界和平发展,是一项造福世界各国人民的伟大事业。

"一带一路"建设是一项系统工程,要坚持共商、共建、共享原则,积极推进沿线国家发展战略的相互对接。为推进实施"一带一路"重大倡议,让古丝绸之路焕发新的生机活力,以新的形式使亚欧非各国联系更加紧密,互利合作迈向新的历史高度,中国政府特制定并发布《推动共建丝绸之路经济带和 21 世纪海上丝绸之路的愿景与行动》。

一、时代背景

当今世界正发生复杂深刻的变化,国际金融危机深层次影响继续显现,世界经济缓慢复苏、发展分化,国际投资贸易格局和多边投资贸易规则酝酿深刻调整,各国面临的发展问题依然严峻。共建"一带一路"顺应世界多极化、经济全球化、文化多样化、社会信息化的潮流,秉持开放的区域合作精神,致力于维护全球自由贸易体系和开放型世界经济。共建"一带一路"旨在促进经济要素有序自由流动、资源高效配置和市场深度融合,推动沿线各国实现经济政策协调,开展更大范围、更高水平、更深层次的区域合作,共同打造开放、包容、均衡、普惠的区域经济合作架构。共建"一带一路"符合国际社会的根本利益,彰显人类社会共同理想和美好追求,是国际合作以及全球治理新模式的积极探索,将为世界和平发展增添新的正能量。

共建"一带一路"致力于亚欧非大陆及附近海洋的互联互通,建立和加强沿线各国互联互通伙伴关系,构建全方位、多层次、复合型的互联互通网络,实现沿线各国多元、自主、平衡、可持续的发展。"一带一路"的互联互通项目将推动沿线各国发展战略的对接与耦合,发掘区域内市场的潜力,促进投资和消费,创造需求和就业,增进沿线各国人民的人文交流与文明互鉴,让各国人民相逢相知、互信互敬,共享和谐、安宁、富裕的生活。

当前,中国经济和世界经济高度关联。中国将一以贯之地坚持对外开放的基本国策,构建全方位开放新格局,深度融入世界经济体系。推进"一带一路"建设既是中国扩大和深化对外开放的需要,也是加强和亚欧非及世界各国互利合作的需要,中国愿意在力所能及的范围内承担更多责任义务,为人类和平发展做出更大的贡献。

二、共建原则

恪守联合国宪章的宗旨和原则。遵守和平共处五项原则,即尊重各国主权和领土完整、互不侵犯、互不干涉内政、和平共处、平等互利。

坚持开放合作。"一带一路"相关的国家基于但不限于古代丝绸之路的范围,各国和国际、地区组织均可参与,让共建成果惠及更广泛的区域。

坚持和谐包容。倡导文明宽容,尊重各国发展道路和模式的选择,加强不同文明之间的对话,求同存异、兼容并蓄、和平共处、共生共荣。

坚持市场运作。遵循市场规律和国际通行规则,充分发挥市场在资源配置中的决定性作用和各类企业的主体作用,同时发挥好政府的作用。

坚持互利共赢。兼顾各方利益和关切,寻求利益契合点和合作最大公约数,体现各方智慧和创意,各施所长,各尽所能,把各方优势和潜力充分发挥出来。

三、框架思路

"一带一路"是促进共同发展、实现共同繁荣的合作共赢之路,是增进理解信任、加强全方位交流的和平友谊之路。中国政府倡议,秉持和平合作、开放包容、互学互鉴、互利共赢的理念,全方位推进务实合作,打造政治互信、经济融合、文化包容的利益共同体、命运共同体和责任共同体。

"一带一路"贯穿亚欧非大陆,一头是活跃的东亚经济圈,一头是发达的欧洲经济圈,中间广大腹地国家经济发展潜力巨大。丝绸之路经济带重点畅通中国经中亚、俄罗斯至欧洲(波罗的海);中国经中亚、西亚至波斯湾、地中海;中国至东南亚、南亚、印度洋。21世纪海上丝绸之路重点方向是从中国沿海港口过南海到印度洋,延伸至欧洲;从中国沿海港口过南海到南太平洋。

根据"一带一路"走向,陆上依托国际大通道,以沿线中心城市为支撑,以重点经贸产业园区为合作平台,共同打造新亚欧大陆桥、中蒙俄、中国-中亚-西亚、中国-中南半岛等国际经济合作走廊;海上以重点港口为节点,共同建设通畅安全高效的运输大通道。中巴、孟中印缅两个经济走廊与推进"一带一路"建设关联紧密,要进一步推动合作,取得更大进展。

"一带一路"建设是沿线各国开放合作的宏大经济愿景,需各国携手努力,朝着互利互惠、共同安全的目标相向而行。努力实现区域基础设施更加完善,安全高效的陆海空通道网络基本形成,互联互通达到新水平;投资贸易便利化水平进一步提升,高标准自由贸易区网络基本形成,经济联系更加紧密,政治互信更加深入;人文交流更加广泛深入,不同文明互鉴共荣,各国人民相知相交、和平友好。

四、合作重点

沿线各国资源禀赋各异,经济互补性较强,彼此合作潜力和空间很大。以政策沟通、设施联通、贸易畅通、资金融通、民心相通为主要内容,重点在以下方面加强合作。

政策沟通。加强政策沟通是"一带一路"建设的重要保障。加强政府间合作,积极构建多层次政府间宏观政策沟通交流机制,深化利益融合,促进政治互信,达成合作新共识。沿线各国可以就经济发展战略和对策进行充分交流对接,共同制定推进区域合作的规划和措施,协商解决合作中的问题,共同为务实合作及大型项目实施提供政策支持。

设施联通。基础设施互联互通是"一带一路"建设的优先领域。在尊重相关国家主权和安全关切的基础上,沿线国家宜加强基础设施建设规划、技术标准体系的对接,共同推进国际骨干通道建设,逐步形成连接亚洲各次区域以及亚欧非之间的基础设施网络。强化基础设施绿色低碳化建设和运营管理,在建设中充分考虑气候变化影响。

抓住交通基础设施的关键通道、关键节点和重点工程,优先打通缺失路段,畅通瓶颈路段,配套完善道路安全防护设施和交通管理设施设备,提升道路通达水平。推进建立统一的全程运输协调机制,促进国际通关、换装、多式联运有机衔接,逐步形成兼容规范的运输规则,实现国际运输便利化。推动口岸基础设施建设,畅通陆水联运通道,推进港口合作建设,增加海上航线和班次,加强海上物流信息化合作。拓展建立民航全面合作的平台和机制,加快提升航空基础设施水平。

加强能源基础设施互联互通合作,共同维护输油、输气管道等运输通道安全,推进跨境电力与输电通道建设,积极开展区域电网升级改造合作。

共同推进跨境光缆等通信干线网络建设,提高国际通信互联互通水平,畅通信息丝绸之路。加快推进双边跨境光缆等建设,规划建设洲际海底光缆项目,完善空中(卫星)

信息通道,扩大信息交流与合作。

贸易畅通。投资贸易合作是"一带一路"建设的重点内容。宜着力研究解决投资贸易便利化问题,消除投资和贸易壁垒,构建区域内和各国良好的营商环境,积极同沿线国家和地区共同商建自由贸易区,激发释放合作潜力,做大做好合作"蛋糕"。

沿线国家宜加强信息互换、监管互认、执法互助的海关合作,以及检验检疫、认证认可、标准计量、统计信息等方面的双多边合作,推动世界贸易组织《贸易便利化协定》生效和实施。改善边境口岸通关设施条件,加快边境口岸"单一窗口"建设,降低通关成本,提升通关能力。加强供应链安全与便利化合作,推进跨境监管程序协调,推动检验检疫证书国际互联网核查,开展"经认证的经营者"(AEO)互认。降低非关税壁垒,共同提高技术性贸易措施透明度,提高贸易自由化便利化水平。

拓宽贸易领域,优化贸易结构,挖掘贸易新增长点,促进贸易平衡。创新贸易方式,发展跨境电子商务等新的商业业态。建立健全服务贸易促进体系,巩固和扩大传统贸易,大力发展现代服务贸易。把投资和贸易有机结合起来,以投资带动贸易发展。

加快投资便利化进程,消除投资壁垒。加强双边投资保护协定、避免双重征税协定磋商,保护投资者的合法权益。

拓展相互投资领域,开展农林牧渔业、农机及农产品生产加工等领域深度合作,积极推进海水养殖、远洋渔业、水产品加工、海水淡化、海洋生物制药、海洋工程技术、环保产业和海上旅游等领域合作。加大煤炭、油气、金属矿产等传统能源资源勘探开发合作,积极推动水电、核电、风电、太阳能等清洁、可再生能源合作,推进能源资源就地就近加工转化合作,形成能源资源合作上下游一体化产业链。加强能源资源深加工技术、装备与工程服务合作。

推动新兴产业合作,按照优势互补、互利共赢的原则,促进沿线国家加强在新一代信息技术、生物、新能源、新材料等新兴产业领域的深入合作,推动建立创业投资合作机制。

优化产业链分工布局,推动上下游产业链和关联产业协同发展,鼓励建立研发、生产和营销体系,提升区域产业配套能力和综合竞争力。扩大服务业相互开放,推动区域服务业加快发展。探索投资合作新模式,鼓励合作建设境外经贸合作区、跨境经济合作区等各类产业园区,促进产业集群发展。在投资贸易中突出生态文明理念,加强生态环境、生物多样性和应对气候变化合作,共建绿色丝绸之路。

中国欢迎各国企业来华投资。鼓励本国企业参与沿线国家基础设施建设和产业投资。促进企业按属地化原则经营管理,积极帮助当地发展经济、增加就业、改善民生,主动承担社会责任,严格保护生物多样性和生态环境。

资金融通。资金融通是"一带一路"建设的重要支撑。深化金融合作,推进亚洲货币稳定体系、投融资体系和信用体系建设。扩大沿线国家双边本币互换、结算的范围和规模。推动亚洲债券市场的开放和发展。共同推进亚洲基础设施投资银行、金砖国家开发银行筹建,有关各方就建立上海合作组织融资机构开展磋商。加快丝路基金组建运营。深化中国-东盟银行联合体、上合组织银行联合体务实合作，以银团贷款、银行授信等方式开展多边金融合作。支持沿线国家政府和信用等级较高的企业以及金融机构在中国境内发行人民币债券。符合条件的中国境内金融机构和企业可以在境外发行人民币债券和外币债券，鼓励在沿线国家使用所筹资金。

加强金融监管合作，推动签署双边监管合作谅解备忘录，逐步在区域内建立高效监管协调机制。完善风险应对和危机处置制度安排，构建区域性金融风险预警系统，形成应对跨境风险和危机处置的交流合作机制。加强征信管理部门、征信机构和评级机构之间的跨境交流与合作。充分发挥丝路基金以及各国主权基金作用，引导商业性股权投资基金和社会资金共同参与"一带一路"重点项目建设。

民心相通。民心相通是"一带一路"建设的社会根基。传承和弘扬丝绸之路友好合作精神，广泛开展文化交流、学术往来、人才交流合作、媒体合作、青年和妇女交往、志愿者服务等，为深化双多边合作奠定坚实的民意基础。

扩大相互间留学生规模，开展合作办学，中国每年向沿线国家提供1万个政府奖学金名额。沿线国家间互办文化年、艺术节、电影节、电视周和图书展等活动，合作开展广播影视剧精品创作及翻译，联合申请世界文化遗产，共同开展世界遗产的联合保护工作。深化沿线国家间人才交流合作。

加强旅游合作，扩大旅游规模，互办旅游推广周、宣传月等活动，联合打造具有丝绸之路特色的国际精品旅游线路和旅游产品，提高沿线各国游客签证便利化水平。推动21世纪海上丝绸之路邮轮旅游合作。积极开展体育交流活动，支持沿线国家申办重大国际体育赛事。

强化与周边国家在传染病疫情信息沟通、防治技术交流、专业人才培养等方面的合作，提高合作处理突发公共卫生事件的能力。为有关国家提供医疗援助和应急医疗救助，在妇幼健康、残疾人康复以及艾滋病、结核、疟疾等主要传染病领域开展务实合作，扩大在传统医药领域的合作。

加强科技合作，共建联合实验室（研究中心）、国际技术转移中心、海上合作中心，促进科技人员交流，合作开展重大科技攻关，共同提升科技创新能力。

整合现有资源，积极开拓和推进与沿线国家在青年就业、创业培训、职业技能开发、社会保障管理服务、公共行政管理等共同关心领域的务实合作。

充分发挥政党、议会交往的桥梁作用，加强沿线国家之间立法机构、主要党派和政治组织的友好往来。开展城市交流合作，欢迎沿线国家重要城市之间互结友好城市，以人文交流为重点，突出务实合作，形成更多鲜活的合作范例。欢迎沿线国家智库之间开展联合研究、合作举办论坛等。

加强沿线国家民间组织的交流合作，重点面向基层民众，广泛开展教育医疗、减贫开发、生物多样性和生态环保等各类公益慈善活动，促进沿线贫困地区生产生活条件改善。加强文化传媒的国际交流合作，积极利用网络平台，运用新媒体工具，塑造和谐友好的文化生态和舆论环境。

五、合作机制

当前,世界经济融合加速发展,区域合作方兴未艾。积极利用现有双多边合作机制,推动"一带一路"建设,促进区域合作蓬勃发展。

加强双边合作,开展多层次、多渠道沟通磋商,推动双边关系全面发展。推动签署合作备忘录或合作规划,建设一批双边合作示范。建立完善双边联合工作机制,研究推进"一带一路"建设的实施方案、行动路线图。充分发挥现有联委会、混委会、协委会、指导委员会、管理委员会等双边机制作用,协调推动合作项目实施。

强化多边合作机制作用,发挥上海合作组织(SCO)、中国-东盟"10+1"、亚太经合组织(APEC)、亚欧会议(ASEM)、亚洲合作对话(ACD)、亚信会议(CICA)、中阿合作论坛、中国-海合会战略对话、大湄公河次区域(GMS)经济合作、中亚区域经济合作(CAREC)等现有多边合作机制作用,相关国家加强沟通,让更多国家和地区参与"一带一路"建设。

继续发挥沿线各国区域、次区域相关国际论坛、展会以及博鳌亚洲论坛、中国-东盟博览会、中国-亚欧博览会、欧亚经济论坛、中国国际投资贸易洽谈会,以及中国-南亚博览会、中国-阿拉伯博览会、中国西部国际博览会、中国-俄罗斯博览会、前海合作论坛等平台的建设性作用。支持沿线国家地方、民间挖掘"一带一路"历史文化遗产,联合举办专项投资、贸易、文化交流活动,办好丝绸之路(敦煌)国际文化博览会、丝绸之路国际电影节和图书展。倡议建立"一带一路"国际高峰论坛。

六、中国各地方开放态势

推进"一带一路"建设,中国将充分发挥国内各地区比较优势,实行更加积极主动的开放战略,加强东中西互动合作,全面提升开放型经济水平。

西北、东北地区。发挥新疆独特的区位优势和向西开放重要窗口作用,深化与中亚、南亚、西亚等国家交流合作,形成丝绸之路经济带上重要的交通枢纽、商贸物流和文化科教中心,打造丝绸之路经济带核心区。发挥陕西、甘肃综合经济文化和宁夏、青海民族人文优势,打造西安内陆型改革开放新高地,加快兰州、西宁开发开放,推进宁夏内陆开放型经济试验区建设,形成面向中亚、南亚、西亚国家的通道、商贸物流枢纽、重要产业和人文交流基地。发挥内蒙古联通俄蒙的区位优势,完善黑龙江对俄铁路通道和区域铁路网,以及黑龙江、吉林、辽宁与俄远东地区陆海联运合作,推进构建北京—莫斯科欧亚高速运输走廊,建设向北开放的重要窗口。

西南地区。发挥广西与东盟国家陆海相邻的独特优势,加快北部湾经济区和珠江—西江经济带开放发展,构建面向东盟区域的国际通道,打造西南、中南地区开放发展新的战略支点,形成21世纪海上丝绸之路与丝绸之路经济带有机衔接的重要门户。发挥云南区位优势,推进与周边国家的国际运输通道建设,打造大湄公河次区域经济合作新高地,建设成为面向南亚、东南亚的辐射中心。推进西藏与尼泊尔等国家边境贸易和旅游文化合作。

沿海和港澳台地区。利用长三角、珠三角、海峡西岸、环渤海等经济区开放程度高、经济实力强、辐射带动作用大的优势,加快推进中国(上海)自由贸易试验区建设,支持福建建设 21 世纪海上丝绸之路核心区。充分发挥深圳前海、广州南沙、珠海横琴、福建平潭等开放合作区作用,深化与港澳台合作,打造粤港澳大湾区。推进浙江海洋经济发展示范区、福建海峡蓝色经济试验区和舟山群岛新区建设,加大海南国际旅游岛开发开放力度。加强上海、天津、宁波-舟山、广州、深圳、湛江、汕头、青岛、烟台、大连、福州、厦门、泉州、海口、三亚等沿海城市港口建设,强化上海、广州等国际枢纽机场功能。以扩大开放倒逼深层次改革,创新开放型经济体制机制,加大科技创新力度,形成参与和引领国际合作竞争新优势,成为"一带一路"特别是 21 世纪海上丝绸之路建设的排头兵和主力军。发挥海外侨胞以及香港、澳门特别行政区独特优势作用,积极参与和助力"一带一路"建设。为台湾地区参与"一带一路"建设做出妥善安排。

内陆地区。利用内陆纵深广阔、人力资源丰富、产业基础较好优势,依托长江中游城市群、成渝城市群、中原城市群、呼包鄂榆城市群、哈长城市群等重点区域,推动区域互动合作和产业集聚发展,打造重庆西部开发开放重要支撑和成都、郑州、武汉、长沙、南昌、合肥等内陆开放型经济高地。加快推动长江中上游地区和俄罗斯伏尔加河沿岸联邦区的合作。建立中欧通道铁路运输、口岸通关协调机制,打造"中欧班列"品牌,建设沟通境内外、连接东中西的运输通道。支持郑州、西安等内陆城市建设航空港、国际陆港,加强内陆口岸与沿海、沿边口岸通关合作,开展跨境贸易电子商务服务试点。优化海关特殊监管区域布局,创新加工贸易模式,深化与沿线国家的产业合作。

七、中国积极行动

一年多来,中国政府积极推动"一带一路"建设,加强与沿线国家的沟通磋商,推动与沿线国家的务实合作,实施了一系列政策措施,努力收获早期成果。

高层引领推动。习近平主席、李克强总理等国家领导人先后出访 20 多个国家,出席加强互联互通伙伴关系对话会、中阿合作论坛第六届部长级会议,就双边关系和地区发展问题,多次与有关国家元首和政府首脑进行会晤,深入阐释"一带一路"的深刻内涵和积极意义,就共建"一带一路"达成广泛共识。

签署合作框架。与部分国家签署了共建"一带一路"合作备忘录,与一些毗邻国家签署了地区合作和边境合作的备忘录以及经贸合作中长期发展规划。研究编制与一些毗邻国家的地区合作规划纲要。

推动项目建设。加强与沿线有关国家的沟通磋商,在基础设施互联互通、产业投资、资源开发、经贸合作、金融合作、人文交流、生态保护、海上合作等领域,推进了一批条件成熟的重点合作项目。

完善政策措施。中国政府统筹国内各种资源,强化政策支持。推动亚洲基础设施投资银行筹建,发起设立丝路基金,强化中国-欧亚经济合作基金投资功能。推动银行卡清算机构开展跨境清算业务和支付机构开展跨境支付业务。积极推进投资贸易便利化,推进区域通关一体化改革。

发挥平台作用。各地成功举办了一系列以"一带一路"为主题的国际峰会、论坛、研讨会、博览会,对增进理解、凝聚共识、深化合作发挥了重要作用。

八、共创美好未来

共建"一带一路"是中国的倡议,也是中国与沿线国家的共同愿望。站在新的起点上,中国愿与沿线国家一道,以共建"一带一路"为契机,平等协商,兼顾各方利益,反映各方诉求,携手推动更大范围、更高水平、更深层次的大开放、大交流、大融合。"一带一路"建设是开放的、包容的,欢迎世界各国和国际、地区组织积极参与。

共建"一带一路"的途径是以目标协调、政策沟通为主,不刻意追求一致性,可高度灵活,富有弹性,是多元开放的合作进程。中国愿与沿线国家一道,不断充实完善"一带一路"的合作内容和方式,共同制定时间表、路线图,积极对接沿线国家发展和区域合作规划。

中国愿与沿线国家一道,在既有双多边和区域次区域合作机制框架下,通过合作研究、论坛展会、人员培训、交流访问等多种形式,促进沿线国家对共建"一带一路"内涵、目标、任务等方面的进一步理解和认同。

中国愿与沿线国家一道,稳步推进示范项目建设,共同确定一批能够照顾双多边利益的项目,对各方认可、条件成熟的项目抓紧启动实施,争取早日开花结果。

"一带一路"是一条互尊互信之路,一条合作共赢之路,一条文明互鉴之路。只要沿线各国和衷共济、相向而行,就一定能够谱写建设丝绸之路经济带和 21 世纪海上丝绸之路的新篇章,让沿线各国人民共享"一带一路"共建成果。

附录二

教育部关于印发
《推进共建"一带一路"教育行动》的通知

教外〔2016〕46 号

各省、自治区、直辖市教育厅(教委),各计划单列市教育局,新疆生产建设兵团教育局,部属各高等学校,部内各司局、各直属单位:

为贯彻落实中办、国办《关于做好新时期教育对外开放工作的若干意见》和国家发展改革委、外交部、商务部经国务院授权发布的《推动共建丝绸之路经济带和21世纪海上丝绸之路的愿景与行动》,我部牵头制订了《推进共建"一带一路"教育行动》,并已经国家教育体制改革领导小组会议审议通过。现印发给你们,请结合实际认真贯彻执行。

教育部

2016 年 7 月 13 日

推进共建"一带一路"教育行动

推进共建"丝绸之路经济带"和"21世纪海上丝绸之路"(以下简称"一带一路"),为推动区域教育大开放、大交流、大融合提供了大契机。"一带一路"沿线国家教育加强合作、共同行动,既是共建"一带一路"的重要组成部分,又为共建"一带一路"提供人才支撑。中国愿与沿线国家一道,扩大人文交流,加强人才培养,共同开创教育美好明天。

一、教育使命

教育为国家富强、民族繁荣、人民幸福之本,在共建"一带一路"中具有基础性和先导性作用。教育交流为沿线各国民心相通架设桥梁,人才培养为沿线各国政策沟通、设施联通、贸易畅通、资金融通提供支撑。沿线各国唇齿相依,教育交流源远流长,教育合作前景广阔,大家携手发展教育,合力推进共建"一带一路",是造福沿线各国人民的伟大事业。

中国将一以贯之地坚持教育对外开放,深度融入世界教育改革发展潮流。推进"一带一路"教育共同繁荣,既是加强与沿线各国教育互利合作的需要,也是推进中国教育改革发展的需要,中国愿意在力所能及的范围内承担更多责任义务,为区域教育大发展做出更大的贡献。

二、合作愿景

沿线各国携起手来,增进理解、扩大开放、加强合作、互学互鉴,谋求共同利益、直面共同命运、勇担共同责任,聚力构建"一带一路"教育共同体,形成平等、包容、互惠、活跃的教育合作态势,促进区域教育发展,全面支撑共建"一带一路",共同致力于:

推进民心相通。开展更大范围、更高水平、更深层次的人文交流,不断推进沿线各国人民相知相亲。

提供人才支撑。培养大批共建"一带一路"急需人才,支持沿线各国实现政策互通、设施联通、贸易畅通、资金融通。

实现共同发展。推动教育深度合作、互学互鉴,携手促进沿线各国教育发展,全面提升区域教育影响力。

三、合作原则

育人为本,人文先行。加强合作育人,提高区域人口素质,为共建"一带一路"提供人才支撑。坚持人文交流先行,建立区域人文交流机制,搭建民心相通桥梁。

政府引导,民间主体。沿线国家政府加强沟通协调,整合多种资源,引导教育融合发展。发挥学校、企业及其他社会力量的主体作用,活跃教育合作局面,丰富教育交流内涵。

共商共建,开放合作。坚持沿线国家共商、共建、共享,推进各国教育发展规划相互衔接,实现沿线各国教育融通发展、互动发展。

和谐包容,互利共赢。加强不同文明之间的对话,寻求教育发展最佳契合点和教育合作最大公约数,促进沿线各国在教育领域互利互惠。

四、合作重点

沿线各国教育特色鲜明、资源丰富、互补性强、合作空间巨大。中国将以基础性、支撑性、引领性三方面举措为建议框架,开展三方面重点合作,对接沿线各国意愿,互鉴先进教育经验,共享优质教育资源,全面推动各国教育提速发展。

(一)开展教育互联互通合作

加强教育政策沟通。开展"一带一路"教育法律、政策协同研究,构建沿线各国教育政策信息交流通报机制,为沿线各国政府推进教育政策互通提供决策建议,为沿线各国学校和社会力量开展教育合作交流提供政策咨询。积极签署双边、多边和次区域教育合作框架协议,制定沿线各国教育合作交流国际公约,逐步疏通教育合作交流政策性瓶颈,实现学分互认、学位互授联授,协力推进教育共同体建设。

助力教育合作渠道畅通。推进"一带一路"国家间签证便利化,扩大教育领域合作交流,形成往来频繁、合作众多、交流活跃、关系密切的携手发展局面。鼓励有合作基础、相同研究课题和发展目标的学校缔结姊妹关系,逐步深化拓展教育合作交流。举办沿线国家校长论坛,推进学校间开展多层次多领域的务实合作。支持高等学校依托学科优势专业,建立产学研用结合的国际合作联合实验室(研究中心)、国际技术转移中心,共同应对经济发展、资源利用、生态保护等沿线各国面临的重大挑战与机遇。打造"一带一路"学术交流平台,吸引各国专家学者、青年学生开展研究和学术交流。推进"一带一路"优质教育资源共享。

促进沿线国家语言互通。研究构建语言互通协调机制,共同开发语言互通开放课程,逐步将沿线国家语言课程纳入各国学校教育课程体系。拓展政府间语言学习交换项目,联合培养、相互培养高层次语言人才。发挥外国语院校人才培养优势,推进基础教育多语种师资队伍建设和外语教育教学工作。扩大语言学习国家公派留学人员规模,倡导沿线各国与中国院校合作在华开办本国语言专业。支持更多社会力量助力孔子学院和孔子课堂建设,加强汉语教师和汉语教学志愿者队伍建设,全力满足沿线国家汉语学习需求。

推进沿线国家民心相通。鼓励沿线国家学者开展或合作开展中国课题研究,增进沿线各国对中国发展模式、国家政策、教育文化等各方面的理解。建设国别和区域研究基地,与对象国合作开展经济、政治、教育、文化等领域研究。逐步将理解教育课程、丝路文化遗产保护纳入沿线各国中小学教育课程体系,加强青少年对不同国家文化的理解。加强"丝绸之路"青少年交流,注重利用社会实践和志愿服务、文化体验、体育竞赛、创新创业活动和新媒体社交等途径,增进不同国家青少年对其他国家文化的理解。

推动学历学位认证标准连通。推动落实联合国教科文组织《亚太地区承认高等教育资历公约》,支持教科文组织建立世界范围学历互认机制,实现区域内双边多边学历学位关联互认。呼吁各国完善教育质量保障体系和认证机制,加快推进本国教育资历框架开发,助力各国学习者在不同种类和不同阶段教育之间进行转换,促进终身学习社会建设。共商共建区域性职业教育资历框架,逐步实现就业市场的从业标准一体化。探索建立沿线各国教师专业发展标准,促进教师流动。

(二)开展人才培养培训合作

实施"丝绸之路"留学推进计划。设立"丝绸之路"中国政府奖学金,为沿线各国专项培养行业领军人才和优秀技能人才。全面提升来华留学人才培养质量,把中国打造成为深受沿线各国学子欢迎的留学目的地国。以国家公派留学为引领,推动更多中国学生到沿线国家留学。坚持"出国留学和来华留学并重、公费留学和自费留学并重、扩大规模和提高质量并重、依法管理和完善服务并重、人才培养和发挥作用并重",完善全链条的留学人员管理服务体系,保障平安留学、健康留学、成功留学。

实施"丝绸之路"合作办学推进计划。有条件的中国高等学校开展境外办学要集中优势学科,选好合作契合点,做好前期论证工作,构建人才培养模式、运行管理模式、服务当地模式、公共关系模式,使学校顺利落地生根、开花结果。发挥政府引领、行业主导作用,促进高等学校、职业院校与行业企业深化产教融合。鼓励中国优质职业教育配合高铁、电信运营等行业企业走出去,探索开展多种形式的境外合作办学,合作设立职业院校、培训中心,合作开发教学资源和项目,开展多层次职业教育和培训,培养当地急需的各类"一带一路"建设者。整合资源,积极推进与沿线各国在青年就业培训等共同关心领域的务实合作。倡议沿线国家之间开展高水平合作办学。

实施"丝绸之路"师资培训推进计划。开展"丝绸之路"教师培训,加强先进教育经验交流,提升区域教育质量。加强"丝绸之路"教师交流,推动沿线各国校长交流访问、教师及管理人员交流研修,推进优质教育模式在沿线各国互学互鉴。大力推进沿线各国优质教学仪器设备、教材课件和整体教学解决方案输出,跟进教师培训工作,促进沿线各国教育资源和教学水平均衡发展。

实施"丝绸之路"人才联合培养推进计划。推进沿线国家间的研修访学活动。鼓励沿线各国高等学校在语言、交通运输、建筑、医学、能源、环境工程、水利工程、生物科学、海洋科学、生态保护、文化遗产保护等沿线国家发展急需的专业领域联合培养学生,推动联盟内或校际教育资源共享。

(三)共建丝路合作机制

加强"丝绸之路"人文交流高层磋商。开展沿线国家双边多边人文交流高层磋商,商定"一带一路"教育合作交流总体布局,协调推动沿线各国建立教育双边多边合作机制、教育质量保障协作机制和跨境教育市场监管协作机制,统筹推进"一带一路"教育共同行动。

充分发挥国际合作平台作用。发挥上海合作组织、东亚峰会、亚太经合组织、亚欧会议、亚洲相互协作与信任措施会议、中阿合作论坛、东南亚教育部长组织、中非合作论坛、中巴经济走廊、孟中印缅经济走廊、中蒙俄经济走廊等现有双边多边合作机制作用,增加教育合作的新内涵。借助联合国教科文组织等国际组织力量,推动沿线各国围绕实现世界教育发展目标形成协作机制。充分利用中国-东盟教育交流周、中日韩大学交流合作促进委员会、中阿大学校长论坛、中非高校 20+20 合作计划、中日大学校长论坛、中韩大学校长论坛、中俄大学联盟等已有平台,开展务实教育合作交流。支持在共同区域、有合作基础、具备相同专业背景的学校组建联盟,不断延展教育务实合作平台。

实施"丝绸之路"教育援助计划。发挥教育援助在"一带一路"教育共同行动中的重要作用,逐步加大教育援助力度,重点投资于人、援助于人、惠及于人。发挥教育援助在"南南合作"中的重要作用,加大对沿线国家尤其是最不发达国家的支持力度。统筹利用国家、教育系统和民间资源,为沿线国家培养培训教师、学者和各类技能人才。积极开展优质教学仪器设备、整体教学方案、配套师资培训一体化援助。加强中国教育培训中心和教育援外基地建设。倡议各国建立政府引导、社会参与的多元化经费筹措机制,通过国家资助、社会融资、民间捐赠等渠道,拓宽教育经费来源,做大教育援助格局,实现教育共同发展。

开展"丝路金驼金帆"表彰工作。对于在"一带一路"教育合作交流和区域教育共同发展中做出杰出贡献、产生重要影响的国际人士、团队和组织给予表彰。

五、中国教育行动起来

中国倡导沿线各国建立教育共同体,聚力推进共建"一带一路",首先需要中国教育领域和社会各界率先垂范、积极行动。

加强协调推动。加强国内各部门各地方的统筹协调工作,有序开展"一带一路"教育合作交流。推动中国教育治理体系完善、相关法律法规修订和教育综合改革,提升中国开展"一带一路"教育行动的质量和水平。教育部与国家发展改革委、外交部、商务部等部门和全国性行业组织紧密配合,围绕共建"一带一路"大局,寻找合作重点,建立运行保障机制,畅通教育国际合作交流渠道,对接沿线各国教育发展战略规划。

地方重点推进。突出地方推进共建"一带一路"的主体性、支撑性和落地性,要求各地发挥区位优势和地方特色,抓紧制订本地教育和经济携手走出去行动计划,紧密对接国家总体布局。有序与沿线国家地方政府建立"友好省州""姊妹城市"关系,做好做实彼此间人文交流。充分利用地方调配资源优势,积极搭建海内外平台,促进校企优势互补、良性合作、共同发展。多措并举,支持指导本地教育系统与"一带一路"沿线国家广泛开展合作交流,打造教育合作交流区域高地,助力做强本地教育。

各级学校有序前行。各级各类学校秉承"己欲立而立人"的中国传统,有序与沿线各国学校扩大合作交流,整合优质资源走出去,选择优质资源引进来,兼容并包、互学互鉴,共同提升教育国际化水平和服务共建"一带一路"能力。中小学校要广泛建立校际合作交流关系,重点开展师生交流、教师培训和国际理解教育。高等学校、职业院校要立足各自发展战略和本地区参与共建"一带一路"规划,与沿线各国开展形式多样的合作交流,重点做好完善现代大学制度、创新人才培养模式、提升来华留学质量、优化境外合作办学、助推企业成长等各项工作的协同发展。

社会力量顺势而行。开展更大范围、更深层次、更高水平的"一带一路"教育民间合作交流,吸纳更多民间智慧、民间力量、民间方案、民间行动。大力培育和发展我国非营利组织,通过购买服务、市场调配等举措,大力支持社会机构和专业组织投身教育对外开放事业,活跃民间教育国际合作交流。加快推动教学仪器和中医诊疗服务走出去步伐,支持企业和个人按照市场规则依法参与中外合作办学、合作科研、涉外服务等教育对外开放活动。企业要积极与学校合作走出去,联合开展人才培养、科技创新和成果转化,积极服务"一带一路"国家经贸发展。

助力形成早期成果。实施高度灵活、富有弹性的合作机制,优先启动各方认可度高、条件成熟的项目,明确时间节点,争取短期内开花结果。2016 年,各省市制订并呈报本地"一带一路"教育行动计划,有序推进教育互联互通、人才培养培训及丝路合作机制建设。2017 年,基于三方面重点合作的沿线各国教育共同行动深入开展。未来 3 年,中国每年面向沿线国家公派留学生 2500 人;未来 5 年,建成 10 个海外科教基地,每年资助 1 万名沿线国家新生来华学习或研修。

六、共创教育美好明天

独行快,众行远。合作交流是沿线各国共建"一带一路"教育共同体的主要方式。通过教育合作交流,培养高素质人才,推进经济社会发展,提高沿线各国人民生活福祉,是我们共同的愿望。通过教育合作交流,扩大人文往来,筑牢地区和平基础,是我们共同的责任。

中国愿与沿线各国一道,秉持开放合作、互利共赢理念,共同构建多元化教育合作机制,制订时间表和路线图,推动弹性化合作进程,打造示范性合作项目,满足各方发展需要,促进共同发展。

中国教育部倡议沿线各国积极行动起来,加强战略规划对接和政策磋商,探索教育合作交流的机制与模式,增进教育合作交流的广度和深度,追求教育合作交流的质量和效益,互知互信、互帮互助、互学互鉴,携手推动教育发展,促进民心相通,构建"一带一路"教育共同体,共创人类美好生活新篇章。

后　记

  本书是张德祥教授主持的中国高等教育学会高等教育科学研究"十三五"规划重大攻关课题"'一带一路'国家高等教育政策法规研究"(16ZG003)的研究成果。

  本书由张德祥教授和李枭鹰教授负责总体规划、设计和架构,确定编译的主旨与核心,组织人员搜集、选取、翻译和整理这些国家的相关教育政策法规,最后审阅书稿。其中,《越南高等教育法》由韦洁璨编译,政策法规文本的语言为越南语;《老挝教育法》(修订版)、《老挝国家教育体系改革战略规划(2006—2015 年)》由苏婷婷编译,政策法规文本的语言为老挝语;《泰国教育法》《泰国私立高等教育法》《泰国第二个十五年高等教育长期发展规划纲要(2008—2022 年)》由唐敏莉编译,政策法规文本的语言为泰国语;《柬埔寨教育法》《柬埔寨教育战略规划(2006—2010 年)》《柬埔寨全民教育规划(2003—2015 年)》由王喜娟、刘玉成编译,政策法规文本的语言为英语;《缅甸教育法》由齐小鹍编译,政策法规文本的语言为英语。

  本书的出版得到了中国高等教育学会、大连理工大学出版社的大力支持,课题组在此深表感谢!

课题组